原油投资翻倍赚

YUAN YOU TOU ZI FAN BEI ZHUAN

基础知识 + 投资策略 + 实战技术

崔宏毅◎著

SPM
南方出版传媒
广东经济出版社
—广州—

图书在版编目（CIP）数据

原油投资翻倍赚：基础知识+投资策略+实战技术／崔宏毅著.—广州：广东经济出版社，2017.4
ISBN 978-7-5454-5239-6

Ⅰ.①原… Ⅱ.①崔… Ⅲ.①原油-投资-基本知识Ⅳ.①F830.9

中国版本图书馆CIP数据核字（2017）第030460号

出 版 人：姚丹林
责任编辑：蒋先润
责任技编：许伟斌
装帧设计：视觉传达

出版发行	广东经济出版社（广州市环市东路水荫路11号11～12楼）
经销	全国新华书店
印刷	湛江日报社印刷厂 （广东省湛江市赤坎康宁路）
开本	730毫米×1020毫米 1/16
印张	16.25
字数	248 000字
版次	2017年4月第1版
印次	2017年4月第1次
印数	1～5 000
书号	ISBN 978-7-5454-5239-6
定价	48.00元

如发现印装质量问题，影响阅读，请与承印厂联系调换。
发行部地址：广州市环市东路水荫路11号11楼
电话：（020）38306055 37601950 邮政编码：510075
邮购地址：广州市环市东路水荫路11号11楼
电话：（020）37601980 营销网址：http://www.gebook.com
广东经济出版社新浪官方微博：http://e.weibo.com/gebook
广东经济出版社常年法律顾问：何剑桥律师

前言

Preface

原油投资即石油投资，是国际上一种重要的投资项目。A股市场的起起落落，以及各种相关理财产品，由于庄家的介入，以及投资品种的夸大、交易制度的相对滞后，相对来说，这些投资品种已经无法满足国内众多投资者的需求，原油投资因此开始进入人们的视野。

然而，作为一种国际投资品种，原油的走势又与国家经济走向有着密切的关系，尤其是美国等主要产油国和消费国。尽管原油投资有着双向交易与T+0制度的优越，但却会因为美元、汇率、产油国的产油数量、库存、原油消费国的需求等情况的变动而变动，这就需要原油投资者充分了解这些，才能够在原油投资过程中做到有的放矢。

对于原油投资者来说，说到底，这些原油信息对原油的影响，无外乎是一种供需关系的变化。事实上，所有这些消息面的变化，都能够通过原油行情的价格运行体现出来，因为任何一种投资品种的涨跌、起落，都是有规律可循的。因为涨得多了，原油价格自然会出现回落；同样，当价格跌得多了，又自然会出现反弹。

这是所有投资品种运行的规律。

也就是说，当原油基本面的变化能够引发原油价格发生改变的同时，其实技术面同样也会反映出基本面的这一需求。它们同样会按照各自的规律，影响着原油价格的运行。

在当前股市、期货、理财产品等品种较匮乏，制度不够完善，以及投资者迫切的投资需求的背景下，原油投资似横空出世的一匹黑马，突然出现在了世人面前。因为对原油投资的不了解，很多人产生了畏惧的心理。

出于让更多的投资者对原油投资的进一步了解，以及让已入市的原油投资者如何通过技术面与消息面来强化投资技巧、扩大收益的目的，我们特编写了这本书，并将全书分为了三个部分：原油投资基础篇、原油投资策略篇、原油投资实战技术篇。

原油投资基础篇：主要从原油投资的基础入手，详细介绍了原油的发展趋势、原油投资品种和方式，原油投资的交易时间、交易制度、涨跌幅限制和如何开户，以及影响原油价格的各种信息因素，也就是我们常说的信息面。

原油投资策略篇：主要介绍的是原油投资的交易策略，比如如何判断原油的价格运行方向，看盘策略和方式，原油投资理念与策略，原油投资T+0交易技巧，原油投资前的心理准备；在原油投资中如何寻找支撑位与压力位，以及支撑位与压力位的相互转换关系；原油投资趋势交易实战，如多头市场与空头市场的判断和交易技巧。

原油投资实战技术篇：主要从实战角度出发，介绍了实盘操作中波段投资的经典买入与卖出形态，经典整理形态和整理反转形态，MACD 实战与 KDJ 实战等。

值得注意的是，因原油投资中可以双向交易，即做多或做空，因此，在做多思维下的买入形态，往往会成为做空思维操作的卖出形态。

为了让投资者在学习本书的时候能够始终保持一种临战的状态，在本书中，我们均以实战案例配以理论说明，以增强理论学习最终的实践，从而真正做到将理论如何运用到实战中。另外，本书以通俗易懂的方式，由浅入深地介绍，更有利于初学者对原油投资的理解和充分认识，而即使是老投资者，也可以从中更为系统地了解和认识原油市场。

学习是为了了解和进步，进而获得投资收益。这是我们在编写此书时始终贯穿的一种意识，但挂一而漏万，书中难免会出现这样或那样的不足，愿与读者共勉。

目录

Contents

第一部分　原油投资基础篇

第三部分　原油投资实战技术篇

第一部分

原油投资基础篇

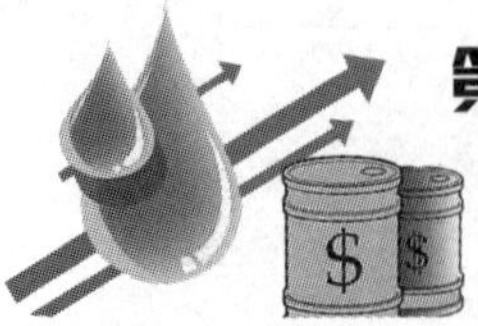

第1章 投资原油的必备知识

投资者在进行原油投资之前，只有掌握了必备的基础知识后，才能更好地进行投资，比如原油的投资价值，原油投资中有什么具体的品种，以及什么样的方式可以投资原油。因为只有明白了这些，才能更好地以原油为投资标的，选择WTI或IPE，以及其中的原油期货，抑或是成品油，以及是期货原油、现货原油，抑或是能源股类投资，以便根据选择的种类做出相应的投资。

1.1 原油投资价值

1.1.1 实物需求

原油即未经提炼的石油，人们习惯上将直接从油井中开采出来未经加工的石油称为原油，它是一种由各种烃类组成的黑褐色或暗绿色黏稠液态或半固态的可燃物质，因此又被叫作“黑色金子”。

石油由不同的碳氢化合物混合组成，主要成分是烷烃，此外，石油中还含有硫、氮、磷、氧、钒等元素，可溶于多种有机溶剂，不溶于水，但可与水形成乳状液。按密度范围，石油可分为轻质原油、中质原油和重质原油。

石油主要被用来作为燃料油和汽油，燃料油和汽油组成了世界上最重要的一次能源之一。目前，石油是现代工业社会最重要的原料，绝大多数运输工具使用石油驱动。另外，石油还被用来发电，也是化学工业，如化肥、溶液、塑料、杀虫剂等重要的原材料。

作为大宗商品之首，原油号称“工业的血液”，是一种稀有性资源，有着强大的产业需求。在全球基础能源类供应中，原油占据了大约 40% 的比重，因而一直领导着全球能源市场。

随着全球科技的不断进步和人类的不断探索，原油并不是无法取代的一种能源，比如，作为现代人重要交通工具的汽车，主要就是以加工提炼后的原油作为燃料，尽管如今新能源类汽车正在大力推广，但是成本相对较高。

正是因为原油实物的产业需求较大，以及占据的市场份额较大。所以，油价基本上不会出现非理性的暴跌或暴涨，价格相对较为稳定，成为全球交投最活跃的品种，以及最重要的战略储备。

实战案例

作为能源类的资源，原油的燃料价值，自有着“汽车之父”之称的德国奔驰汽车公司的创始人卡尔·本茨，在与另两位合作者共同于 1885 年研制出世界上第一辆马车式三轮汽车后，石油即在其后的一百多年间成为主要的汽车燃料。

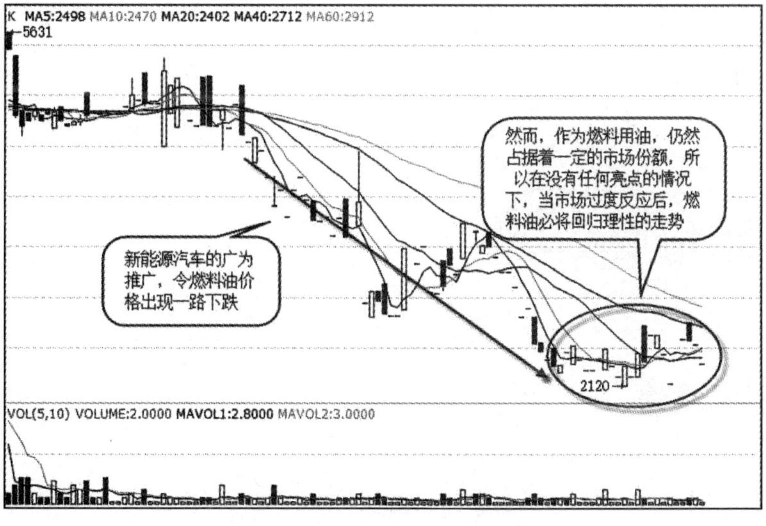

图 1-1　燃油 1612 日线图

直到近些年，各汽车制造商纷纷推出了新能源汽车，但因新能源汽车一直较贵，所以未能得到普及，但随着汽车的普及程度，以及传统能源价格的逐年提高，新能源汽车得以快速发展起来，使燃料油的需求大幅降低。这一点，可以从燃料油的走势中看出来，如图1－1所示。

另一个不容忽视的事实，尽管作为原油提炼加工后的燃油因供需关系的问题出现了较大下跌，但是燃油仅仅是原油的一小部分，其比重并不大。因此，原油市场仍然走势较为平稳。比如从2015年10月开始，由于经济等原因所致，原油市场出现了一路下跌，最低跌到了26.05元，但随即展开了较为强劲的反弹，到了2016年5月时，价格再次回到了下跌前的水平。如图1－2所示。

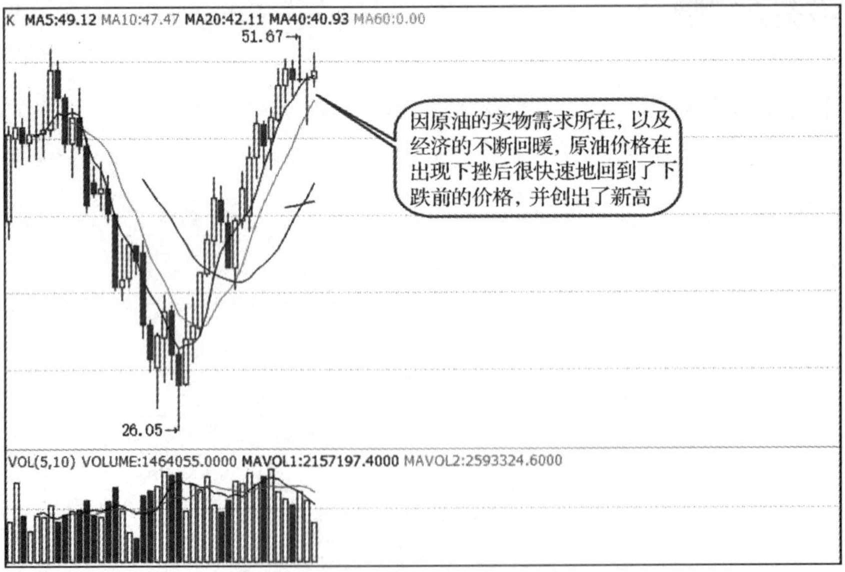

图1－2 美原油连周线图

实战要点

1. 原油作为一种不可再生的能源类资源，即使价格或许会由于经济下滑、各类可替代产品的市场抢夺而出现一定的下跌，但最终会因其在全球的实物需求所致，随着经济的回暖、供需数量的平衡而回到理性上行的趋势中来的。

2. 全球经济因素，原油产需供求关系的平衡，以及全球原油实物的需求和原油的不可再生性，决定了原油在市场中的表现。

3. 对原油的过度开采，只能短期影响原油的走势，人类长期对原油的需求，决定了原油长期之内的价格走向必然是上行的。

1.1.2 投资需求

中国经济的高速发展，使得中国人的生活在近些年得到了很大提高，早在2007年中国A股市场上冲到6000点之前，A股开户人数就已经突破了1亿，几乎到了全民炒股的地步，及至其后2014年开启的另一轮牛市，更是人人谈股，似乎不炒股就已与时代脱节了。

其实炒股的风险很大，因为庄家的介入，投资者很难在股市实现最终获利。只是因为人们生活之外的钱多了，而国内许多其他理财产品又存在很多不确定性，比如实物投资中的古董，很多投资者因为不具有相关的专业知识，所以往往成为骗子的俎中肉。

除了投资品种的制约，另外还有相关投资风险的问题，以股票投资为例，当前A股采用的是T+1交易制度，这无疑给投资者带来了很多隔夜持股的不确定性，如果当日买入的股票次日出现重大利空，股价一字跌停出现，投资者根本无法卖出，只能任人宰割。

在这种背景之下，原油投资应运而生，而原油投资首先从交易制度上采用T+0交易，每天可以反复做多手，并且现货原油投资还具有买涨买跌的双向交易机制，无论价格上涨还是下跌，投资者都有投资机会，获利机会更多。

另外，原油投资与股市投资最大的不同点在于，股市里有庄家，因为落实到个别盘子小的股票，庄家更是可以疯狂拉升股票，看似风光无限，实则普通投资者很难从中获利。原油投资则不同，因为它与美元走向、美国经济状况、世界原油库存和产能息息相关，所以根本没有庄家从中作祟，投资者完全可以根据美元走向、美国经济状况、世界原油库存和产量等信息方面的变化，或是技术形态上的变化来判断和预估后市走势，选择做多或做空，可以说市场行情无论熊、牛都能够赚到钱。

因此，原油投资成为继黄金、白银之后，另一个稳健的投资品种。

实战案例

2016 年 6 月 24 日，当开盘不久发现原油震荡走低时，一旦发现在低位区 KDJ 指标出现低位金叉，并且成交量出现小幅阳量增加时，可及时选择做多买入。其后，当发现价格出现接连上涨且上行乏力、KDJ 指标出现上涨浪一浪低于一浪时，可卖出做多单，同时转为做空买入。随后，当价格一路在高位震荡走低的过程中，突然出现价格在低位震荡较小、KDJ 指标中的下跌浪低点一浪比一浪高时，说明价格短线有企稳的迹象，此时可以及时卖出做空

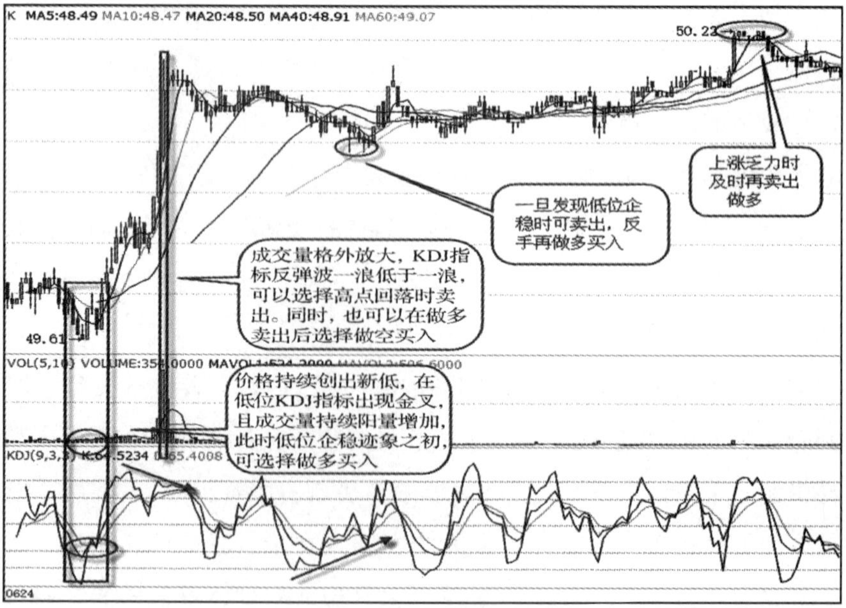

图 1－3　美原油连 1 分钟图

单，并转手做多买入。其后价格一路震荡向上，当发觉上涨乏力时，可再行卖出做多单，并且在此时，可以选择再做多或是休息一下，观察行情后再决定操作与否均可。如图 1－3 所示。

实战要点

1．投资是一件严肃的事情，作为投资者来说，在选择投资品种时，不要总是从成功的获利案例中去决定是否参与某一项投资，首先考虑的应当是投资品种的风险所在，只有将风险控制到了最低，才能实现获利。

2．交易制度是投资品种的交易规则，不是投资者个人所能改变的，因此应选择最适合自己的交易制度，再决定参与的品种。

3．比较可知，相对其他品种而言，原油投资有着其他投资品种所无法比拟的制度优势与市场优势。

1.1.3 从供需关系看原油趋势

影响原油价格走向的因素较多，但是原油作为一种一次性的资源，供需关系始终成为影响原油价格趋势的主要因素。

比如，当原油产量远远大于全球需求时，就会出现原油价格下跌，此时往往是经济不景气的时候，产油国家希望通过低廉的原油价格提振经济，另外还可以巩固自身的原油地位；当原油供给低于原油产量时，就会形成一种供不应求的情况，此时自然就会推动原油价格上涨。

从历来全球对原油的需求看，一直呈逐年上升的趋势，这就决定了原油投资如果拉长时间周期看，应当是不断向上攀升的。只不过，由于经济状况，或是产油地区之间的市场份额上的争夺，原油价格会出现短暂的供大于求的失衡。然而这往往是一种不健康的行为，可是当经济开始复苏，产油国的市场地位得以巩固之后，原油价格自然会出现回升。因此，这种情况的出现，反而成为原油投资的抄底良机。

所以说，在国际原油市场，始终是由一种“平衡—打破平衡（短暂）—恢复平衡”的规律运行着，因此原油投资是一种比较稳定的投资品种，因为原油的涨跌是在供求关系的不断变化中进行的，资金对市场的影响可以说是微乎其微的。

实战案例

2015 年，原油价格出现了一路下滑，尽管此时诸多因素较多，例如之前的全球经济一直处于低迷的状态等，但实际上，还是当时的供需关系所造成的。因为早在 2014 年 6 月，欧佩克部长会议开始，国际原油市场份额大战即拉开了序幕。尽管近几年非欧佩克产油国，特别是美国原油产量一直处于不断增加的状态，使国际原油市场格局正在改变，欧佩克对国际油价和国际原油市场的主导能力逐渐减弱，市场正在逐步脱离欧佩克对油价的绝对掌控，转而在欧佩克和非欧佩克产油国之间寻找平衡，然而不容忽视的一个事实是：原油主要产量依然来自于欧佩克成员国，占到全球原油产量的三分之一左右，仍处于主导地位。

数据显示，2014 年，非欧佩克产油国的增量基本维持在 240 万桶/天的水平，欧佩克成员国在 2014 年 11 月份的时候，产量已经上涨到了 3173 万桶/天的高位。这是供给的数量，而全球需要的数量呢？2015 年，全球原油日需求量在 9298 万桶，但原油产量却在不断提高，仅非欧佩克产油国的增量就基本上维持在 240 万桶/天的水平，形成了供大于求的严重现象，导致了原油在供需关系上的不平衡，从而也使原油价格出现了下跌。

然而，另一个事实是，原油产量仍然在不断地增加，原油需求同样在不断地增加。

随着全球经济的不断复苏，欧佩克成员国这种“牺牲价格换份额”的经济策略在不断提振经济，原油市场的不平衡格局也将回归到现实，因为低油价会帮助企业有效地降低成本，将更多的投资用于其他业务领域，从而间接助力经济复苏。另外，对消费者而言，能源开支降低和低油价将会进一步刺激消费、拉动内需，从而推动经济增长。

在了解原油这一供需关系后，作为中线操作者，则可以在 2016 年 2 月全球经济渐渐出现回暖之际，欧佩克成员国及进成员国纷纷缩减产油量，而原油价格跌至最低 26. 05 元后出现企稳回升时，果断地在低位买入。如图 1 – 4 所示。

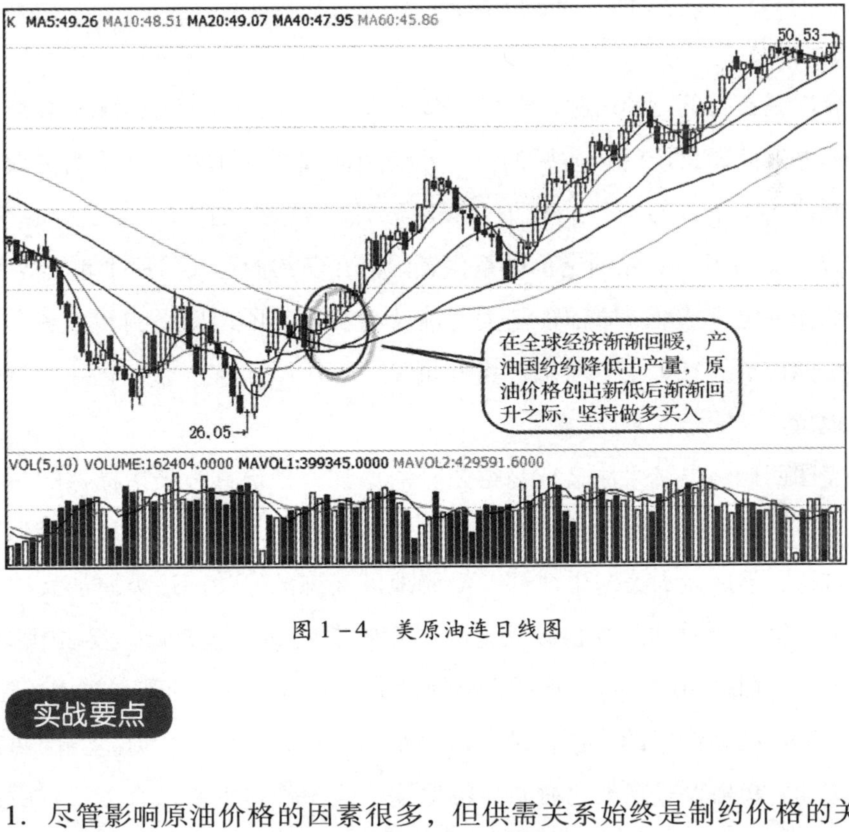

图 1 – 4　美原油连日线图

实战要点

1. 尽管影响原油价格的因素很多，但供需关系始终是制约价格的关系，而全球原油需求又是以持续增长的方式客观存在的，因此，投资者如果中长期投资原油的话，可以说是一种只赚不赔的投资。

2. 当全球出现供大于求时，往往原油趋势也是下跌的，此时投资者可以选择做空操作，直到供求关系出现平衡，即全球经济开始复苏时卖出。

3. 当全球经济向好，原油市场出现供需平衡甚至是供不应求时，投资者可以做多买入，直到这种供求关系发生变化，即全球经济增长放暖或出现经济泡沫时选择卖出。

1.2 原油主要品种

1.2.1 WTI：西德洲轻质原油

WTI 是英文的一种简称，全名为 West Texas Intermediate（Crude Oil），即美国西德克萨斯出产的轻质原油，是北美地区较为通用的一类原油。因为美国在全球的军事能力与经济能力，WTI 原油已经成为全球原油定价的基准。为了统一美国国内的原油定价体系，美国以在纽约商业交易所上市的 WTI 原油合约作为定价基准。原油连同美元以及粮食是美国用以影响和控制全球经济和金融市场的三大主要手段。由此可见，WTI 原油在全球一直处于指标市场的地位。

美国西德州中级原油又称为德州轻甜原油，是最具市场指标性的两种原油之一，另一种是北海布兰特原油。西德州中级原油通常指从加拿大和墨西哥湾进口，然后运到美国中西部与沿海地区提炼的原油。这类原油又称为轻甜原油，轻是指原油的黏性较低，甜则意味着硫磺含量较低，仅占 0.24%。相对而言，西德州中级原油更适合提炼汽油、柴油、热燃油和飞机用燃油等，并且能够提高炼油厂的产值，是利用率很高的一种原油。所以，美国西德州中级原油的价格大多高于北海布兰特原油，这一价差主要来自于两者质量等级上的差异。

然而，德州轻甜原油的价格趋势，依然是根据 WTI 原油的价格波动的。而美国政府又通过多种方式控制 WTI 原油期货合约价格，包括美国能源部（DO）E 能源信息署（EIA）每周三的定期能源数据，以及 CFTC（商品期货交易委员会）的每周持仓报告等。

尽管原油现货市场与 WTI 价格自 2008 年开始出现了多次背离，引起了国际原油现货商的不满，并威胁要抛弃 WTI 定价，沙特阿拉伯也在 2009 年年底提出要放弃 WTI 定价的主张，改为 OPEC 一揽子油价，但从短期来看，WTI 和美元一样，依然拥有着全球原油价格几乎说一不二的王者地位。

实战案例

2016 年 2 月 11 日，美国原油期货盘中创出 26.05 美元的新低，其后价格一路向上，原油现货市场同样出现了触底反转，与原油期货如出一辙。而在此期间，美国经济开始出现复苏，为了防止经济进一步膨胀，美联储提出了加息的预期，却迟迟未出现加息，像一只靴子一样始终悬在半空，但却影响着全球的现货与期货市场，以及大宗商品和股市。而在这一政策预期之下，美国原油期货却出现了一路震荡走强，现货市场也紧跟期货市场，大举走强。如图 1－5 所示。

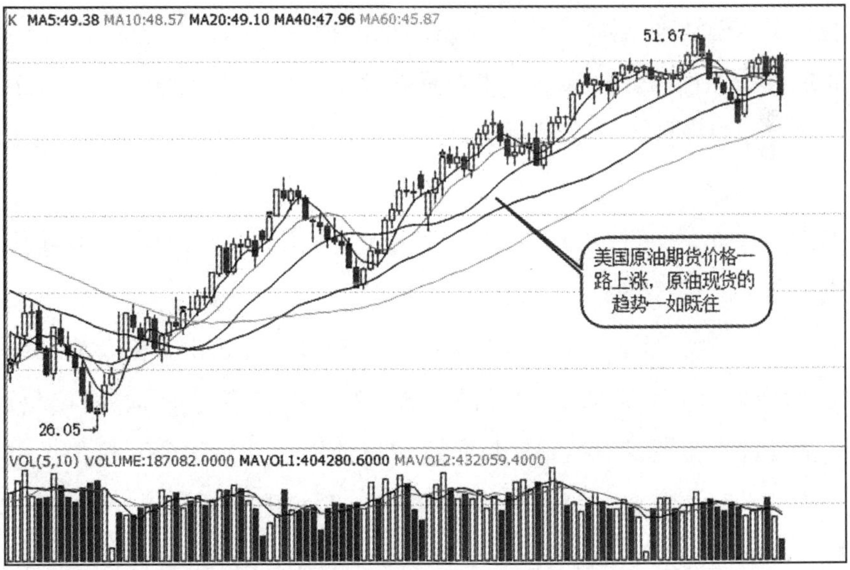

图 1－5 美原油连日线图

实战要点

1. 尽管相对而言，WTI 原油并不属于品质最好的原油，远非德州轻甜原油可比，但因它是产自美国西德克萨斯的轻质原油，也就是属于美国，因此反而成为决定原油价格的石油。

2. 对于现货原油的投资者而言，在纽约交易所上市的 ETI 原油期货成为主导原则价格走势的风向标，也是投资者参看原油行情的重要标准。

1.2.2 IPE：布伦特原油

布伦特原油，英文简称 IPE，是指出产于北海的轻质低硫原油，与美国西德洲轻质原油同样是基准品质的原油并被广泛交易，它在伦敦洲际交易所和美国商品交易所均有期货合约交易，却有别于纽约商品交易所的轻质低硫原油期货合约，但同样是市场原油价格的一个标杆。

与美国西德洲轻质原油不同的是，布伦特原油的产地为舍得兰群岛的 Sullom Voe，日产量约 50 万桶。主要是在北欧地区加工提炼，但也有小部分在北国东海岸以及地中海地区加工，这些生产商大部分仍是以非标准化的现货方式交易。

然而，一个在美国市场，一个在欧洲市场，尽管同为原油，但其价格差却很大。

或许，布伦特原油和 WTI 原油之间的这种价格差是由布伦特原油的不同交易方式所致，因为 NYMEX 为了提高布伦特原油和 WTI 原油差价交易的有效性、流动性和实现成本控制，将布伦特原油期货交易的公开报价设定在了柏林的交易大厅，其余时间均在 NYMEX ACCESS 电子系统平台上进行交易。公开叫价的时间为上午 10:00至下午 19:30（柏林时间），而 NYMEX ACCESS 系统的电子交易时间为晚上20:15 至第二天 9:30（柏林时间）。

在提高布伦特原油期货合约的实用性的同时，NYMEX 还推出了自动报价、价格报告、布伦特原油与 WTI 原油差价的交易平台，对 NYMEX 的布伦特原油和轻质低硫原油分别进行清算。这是市场的一个重要发展，因为通过这一平台可以完成两个不同市场的套利交易，使之逐步成为价格透明、竞争交易、操作简单的流动性市场。

因为，NYMEX 认为，套利交易是一笔交易，这样对于操作者而言，可以最大限度地利用保证金，也可以有效减少交易费用。比如，当多头头寸抵消了空头头寸，NYMEX 认为套利操作减少了市场风险，尤其是布伦特原油期货和 WTI 原油的套利，因为两个期货合约有很好的相关性，NYMEX 为一对一 Brent/WTI 套利交易提供 95% 的保证金赊欠，此外，还为布伦特原油期货合约提供成本控制计划，为市场参与者缩减了大量的运作开支。

在结算方式上，布伦特原油期货合约采用了现金结算的方式，以 ISIS LOR、Argus 以及路透社在柏林的公开叫价平台收集的市场数据作为指数。布伦特原油期货交易由交易所专门的清算机构负责清算，从而确保了资金的安全。如图 1－6 所示。

图 1－6 新浪财经布伦特原油日线图

实战要点

1. 相对而言，布伦特原油较 WTI 原油在交易制度上更富流动性、中立性和市场透明度，但作为中国的投资者来说，目前还无法参与布伦特原油的投资。

2. 布伦特原油的主要市场在欧洲，而 WTI 原油则来自于美国，形成了一种分庭抗争的局面，而地域的差异也是造成价格差的一个原因，但由于同为原油产品，其价格差异往往也会形成一种相互制约与影响。

3. 投资者在了解 WIT 原油行情的同时，也应当适当关注布伦特原油的价格趋向，从而更好地明了原油价格运行的趋向。

1.3 原油投资方式

1.3.1 现货投资

现货投资原油，也称为现货石油、国际原油，是一种国际上重要的投资项目。现货原油是一种投资品种，是指以特定品质原油作为交易标的物的现货合约，是指买卖双方出自对实物原油的需求与销售实物原油的目的，根据预先商定的支付方式和交货方式，采取即时或在较短的时间内进行实物原油交收的一种交易方式。在现货交易中，随着商品所有权的转移，同时完成原油实体的交换与流通，因此原油现货交易是原油商品运行的直接表现方式。

原油现货交易是国际上广泛使用并且备受关注的一种原油交易方式，尤其是在经济发达的国家中。在国内，原油现货交易的起步比较晚，但由于市场经济的复苏，近几年被视为最有发展潜力的投资产品之一。这一投资方式最初主要用于大机构之间，从 2014 年 2 月 14 日开始，北京石油交易所开通了个人进行现货投资的渠道后，个人可以通过与北油所内部的机构会员合作进行投资。其后，深油所等原油交易所也相继成立，但由于原油投资属于一种国际性强的投资品种，国家在交易体制等方面仍需完善，因此先后进行了多次整顿。个人在参与原油现货交易时，选择正规的原油交易所下的机构会员进行开户，即可参与原油现货投资。

然而，对于原油现货投资者来说，现货原油的走势均是参照期货走势运行的，因此在了解原油现货行情的时候，应以原油期货行情为主。如图1-7所示。

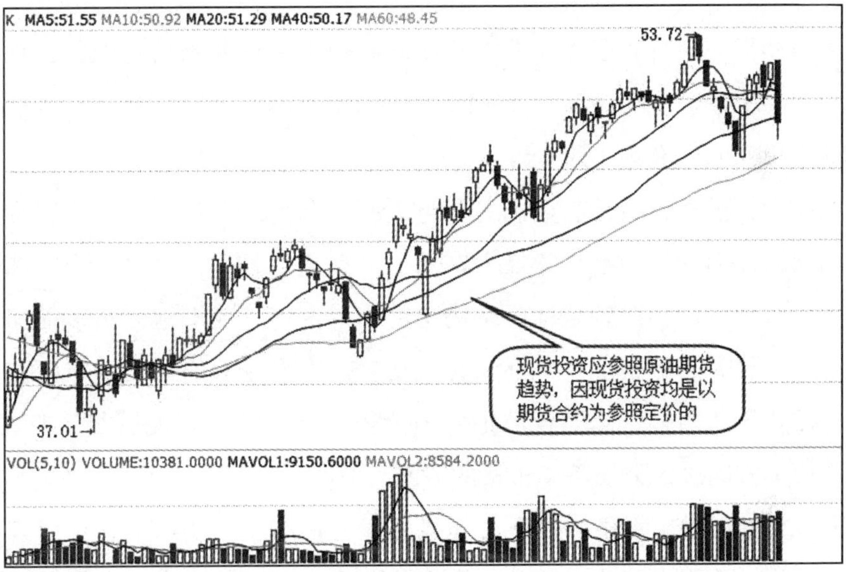

图1-7 美原油连日线图

实战要点

1. 在原油现货投资中，投资者一定要选择国家正规的原油交易所，否则很容易人财两空。

2. 原油现货交易中的价格均是以美原油（即 WTI 原油）为基础定价的，因此应以美原油期货行情为准。

3. 投资者在参与原油现货投资时，应看清所参与的投资标的是否为美国原油，或者是大连油等，因为只有美国原油才为国际投资品种，其他地区性的原油，如中国的原油大多因产量极小，在原油市场中根本没有话语权，所以，投资者应在参与前选择好原油交易所，而不要只是听信对方为原油投资即参与其中。

1.3.2 期货投资

原油期货，即石油期货，是以远期原油价格为标的物品的期货，是期货交易中的一个投资交易品种。原油期货交易制度是由期货交易所统一制定的，以原油为标的的标准化合约。

在国内，投资者还无法直接去参与美原油期货或是布伦特原油期货的投资，虽然原油期货是一个全球最大宗的商品期货品种，并且每次国际油价的大涨大跌都会直接影响到全球经济的走势。近些年，亚洲地区很多国家先后上市与原油相关的产品，几乎都没有成功。亚太市场对原油贸易本身有很大作用，需要原油期货，然而亚洲地区至今仍未能找到一个能够与 WTI 原油、布伦特原油共同决定原油市场价格的基准价。

所以，在国内市场中，投资者如果想做原油期货投资的话，可以到香港开户，因为一些国内的公司在香港开设分公司，可以从事国际原油期货交易；或者直接参与上海商品期货中的燃料油与沥青等与原油相关产品的投资。如图1－8所示。

实战要点

1. 尽管期货交易是在现货交易的基础上发展起来的，但是期货交易的对象并不是原油这种产品，而是关于原油的标准化合同。

2. 原油商品分为燃料油、成品油、润滑油、燃气、原油、综合类化工商

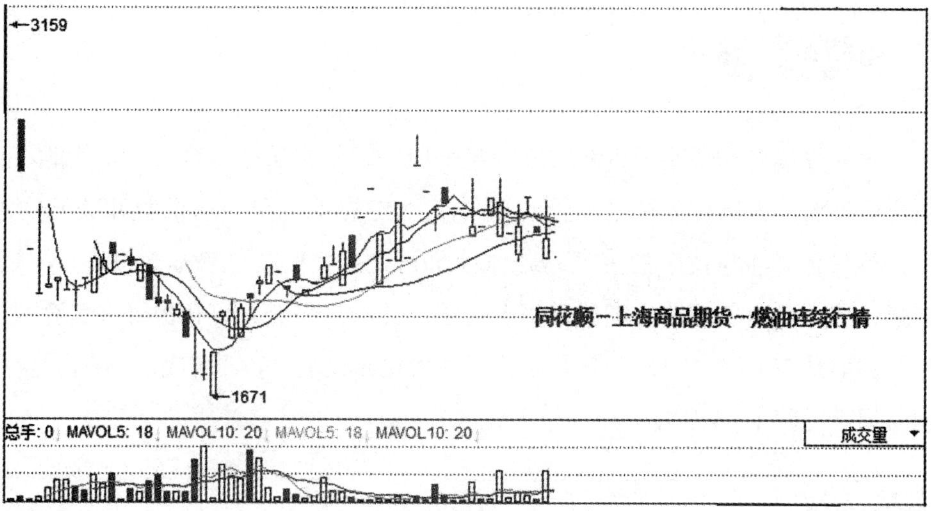

图 1-8 同花顺上海商品期货燃油连续

品等六种，其中成品油是最主要的原油投资品种，原因是成品油是目前世界上使用量最高的轻质油，主要分为车用汽油、航空用油、溶剂汽油三大类。因此，投资者可选择成品油或燃料油进行期货投资。

3. 在期货投资中，往往与相关大宗商品及原油走势密切相关，因此，即使是投资部分原油产品期货，同样也应当时刻关注原油走向。

1.3.3 能源股类投资

能源股类投资，是指投资者不直接参与原油现货投资与期货投资，而是选择股市中的相关能源类的股票进行投资。然而，进行这一类投资时，却不能像投资股票一样去投资，而是要结合相关大宗商品的走向，以及原油价格的走向来决定自身的操作，因为能源类股往往与相关的大宗商品期货或现货有着紧密的关联。

实战案例

比如投资者如果是投资股市里的黄金股，如山东黄金（600547），此时就应当格外关注大宗商品中的黄金走势与原油走势了。因为如果抛开美元的涨跌，单只看原油与黄金的关系，若原油价格走强，则往往黄金期货价格也会走强，那么股市中的黄金类股同样会走强。此时，投资者可积极做多黄金股。

例如从 2016 年 2 月 12 日开始，原油价格继 2 月 11 日触底后出现了强势的反弹。如图 1 –9 所示。

图 1 –9　美原油连日线图

此时，黄金价格正在停牌。但早在 2015 年 11 月和 2015 年 12 月初低位震荡后，已开始了触底回升。如图 1 –10 所示。

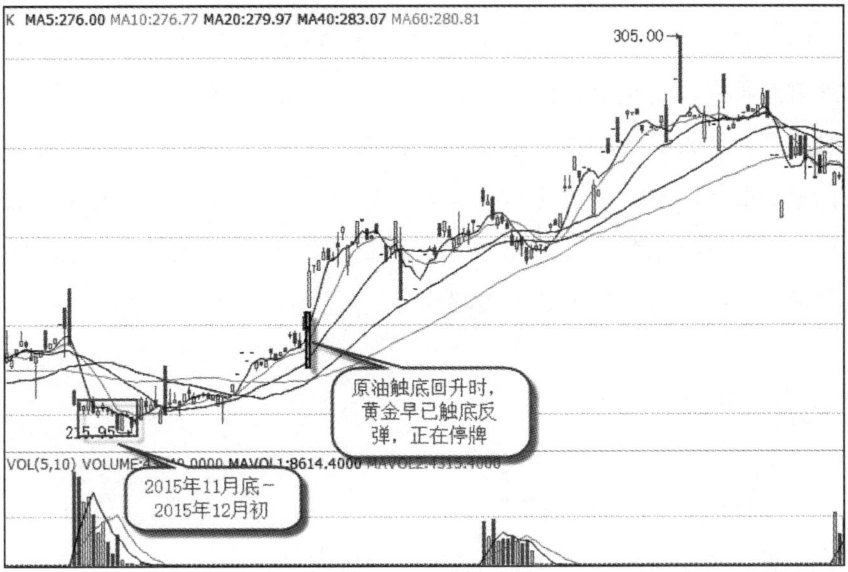

图 1-10　黄金连续日线图

作为股市里的黄金股山东黄金却在 2016 年 1 月 29 日即先于原油和黄金期货出现了探底，并在其后出现快速反弹。如图 1-11 所示。

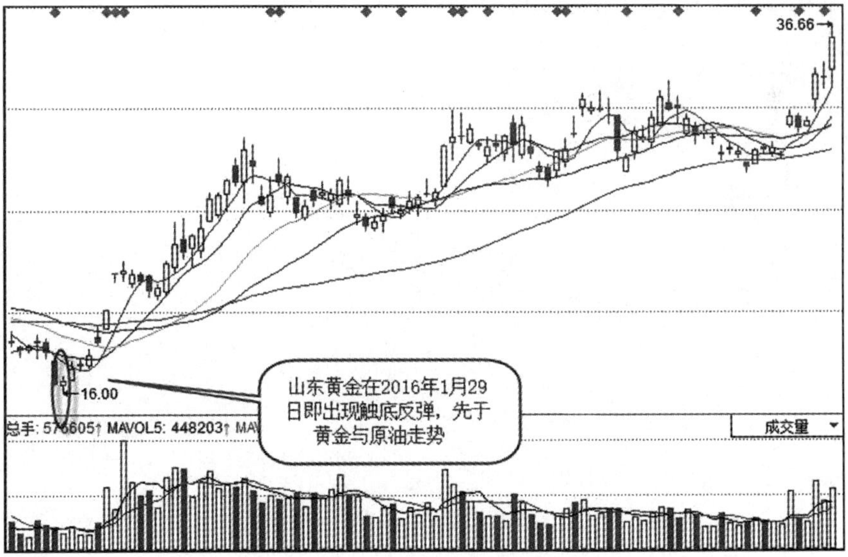

图 1-11　同花顺山东黄金日线图

从图 1－9、图 1－10 与图 1－11 中可以看出，此时很多投资者可能还会犹豫是否要买入山东黄金，因为黄金期货在触底后出现了震荡，所以此时的黄金股上涨会让投资者有些担心。但如果再去看一下图 1－8 原油的走势就会发现，原油触底后的反弹之势很坚决，说明一轮原油已经真正出现了底部反转，所以投资者可以放心买入山东黄金或是其他黄金类资源股，因为原油的上涨会带动资源类股票的联姻上涨的。

实战要点

1. 在股市里的能源股类投资过程中，国际相关大宗商品期货的行情与原油行情，其涨跌往往会成为股市里相关类个股的风向标。

2. 投资者在投资股市资源类股时，应当以原油行情与相关国际期货的行情为指导，而不能只独立地去看待资源类股在市场中的表现。

3. 在关注原油、期货行情的同时，投资者也应关注制约原油与期货行情的美元走势，这样才能在能源类股的投资中获得收益。因为原油与期货疯狂，相关能源类板块中的龙头股同样也会疯狂的。

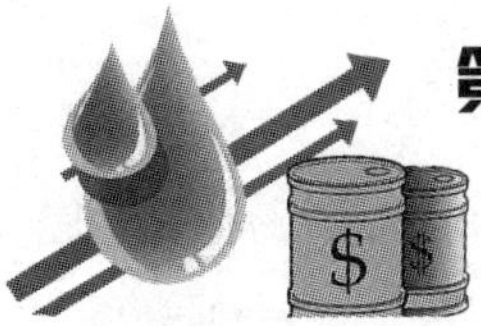

第2章 投资原油前的准备

由于原油投资与其他投资品种存在着很大的不同，因此必须在投资前做一些准备活动，比如原油期货与原油现货，并且了解它们到底有哪些不同，如交易机制、交易资金、交易时间、涨跌幅限制等，以及如何开户和下载相关的行情软件。明白了这些，才能根据原油交易规则在交易时间内顺利进行交易。

2.1 如何进行原油投资

2.1.1 现货交易

现货交易，是指买卖双方以实物交割为目的的商品交易方式。按其交割时间不同，可分为即期现货交易和远期现货交易。

即期现货交易就是现买现卖，钱货两讫，就是由拥有商品准备立即出售的卖方和拥有货币想立即得到商品的买方直接见面，即时成交。远期现货交易，也就是现货远期合同交易，是一种成交在先，交割在后，就是买卖双方先通过签订合同达成交易契约，在未来某一确定时间再进行交割的交易方式。

对于投资者而言，国内的原油现货交易实际上都属于一种远期现货交易，因为即期现货交易只有到原油交易的营业部才能得以实现。

实战案例

2016 年 6 月 25 日，此时日线上原油 6 月行情正处于高位震荡整理，表明行情仍会震荡走低，投资者即可根据 5 分钟图上的提示，当发现价格开盘整理后出现冲高时，做多的投资者可以选择先行卖出，而此时因有买方存在，所以双方可以先行达成合同交易契约，而后再进行交割，甚至是延期交割。如图 2－1 所示。

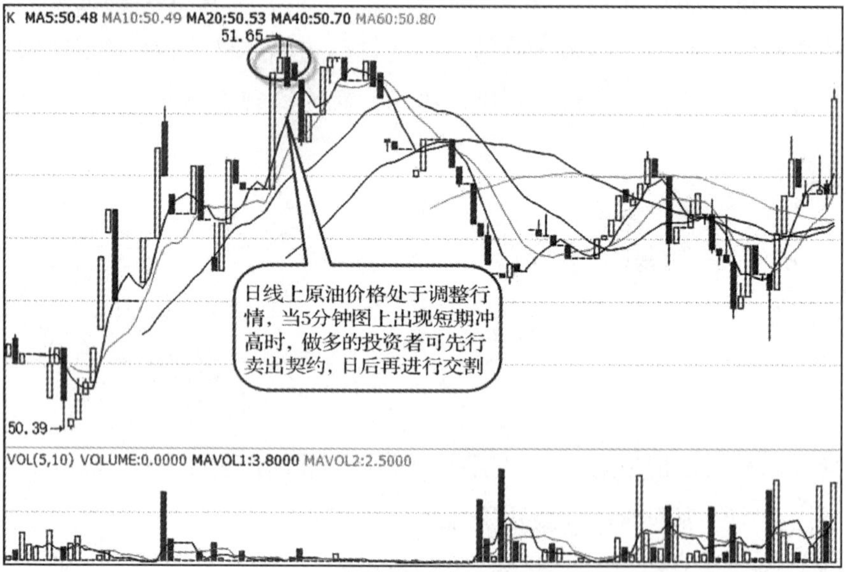

图 2－1　美原油 2016 年 6 月 5 分钟图

实战要点

1. 在远期现货交易中，即使投资者选择了卖出或买入，也同样需要在其后进行交割。

2. 即期现货交易目前在国内是无法进行的，因此投资者应选择远期现货交易。

3. 远期现货交易有其一定的规定，投资者应等待了解后再进行交易。而事实上，这只是交易中的略有不同而已，并不影响投资者进行投资。

2.1.2 期货交易

期货原油交易，是一种集中交易标准化远期合约的交易形式。最终目的不是商品所有权的转移，而是以通过买卖期货合约的方式进行投资，用以回避现货价格的风险。值得注意的是，期货原油交易是在现货原油交易的基础上发展起来的，是在期货交易所内成交标准化期货合约的一种交易方式，通常称作原油期货。

目前，在原油期货交易中，影响最广泛的原油期货合约共有三种：纽约商业交易所（NYMEX）上市的轻质低硫原油（即西德克萨斯中质原油 WTI ）期货合约，伦敦国际石油交易所（IPE）上市的 BRENT（北海布伦特原油）期货合约，以及新加坡国际金融交易所（SIMEX）的迪拜原油（DUBAI）期货合约。

其他的成品油期货品种较多，有馏分油、无铅汽油、瓦斯油、取暖油、燃料油、轻柴油等。

实战案例 1

投资者在进行原油期货投资时，如果想参与国际原油期货投资，可以根据美原油的行情进行选择。比如，2016 年 6 月 9 日，美原油开始出现调整，此时投资者可以选择做空买入；当 6 月 17 日价格出现探低企稳时，应果断选择卖出。如图 2 -2 所示。

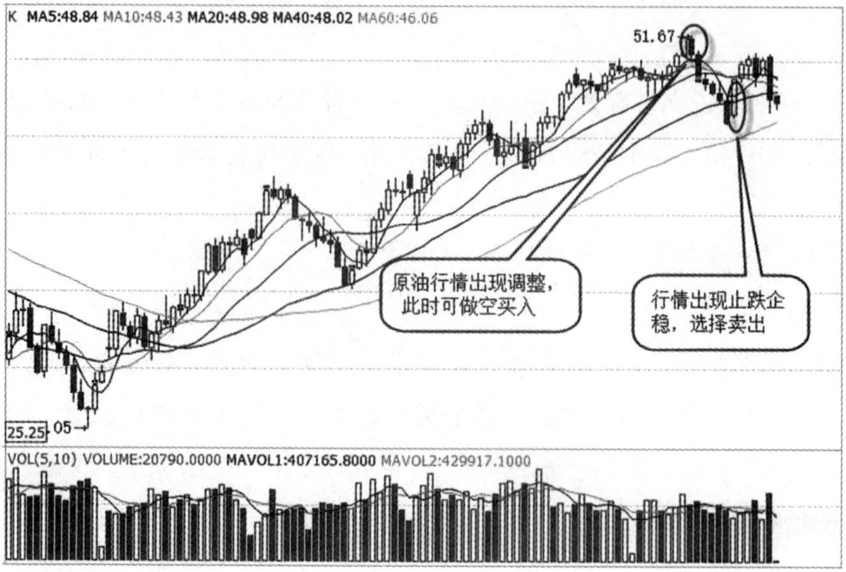

图2－2　美原油连日线图

实战案例2

同样，投资者也可以选择国内的成品期货市场进行投资。比如2015年8月底，燃油出现了下跌的低位企稳，此时投资者在买入9月的合约时，可以选择做多买入，并且以这种思维，在其后的上涨行情中寻找小波段或当日的高、低点进行高抛低吸的小段落或T+0交易。如图2－3所示。

实战要点

1. 相对而言，期货交易较现货交易更为安全一些，即使是出现突发性的事件，现货交易尤其是在交易所进行的布伦特原油的即期现货交易，通过减价的方式进行，可能会受人为的现场心理作怪因素影响。

2. 投资者在原油或成品油期货交易中，到了交割日后应及时交割，否则会被强行平仓或以实物交割。同时，保证金不足时也会被强行平仓。

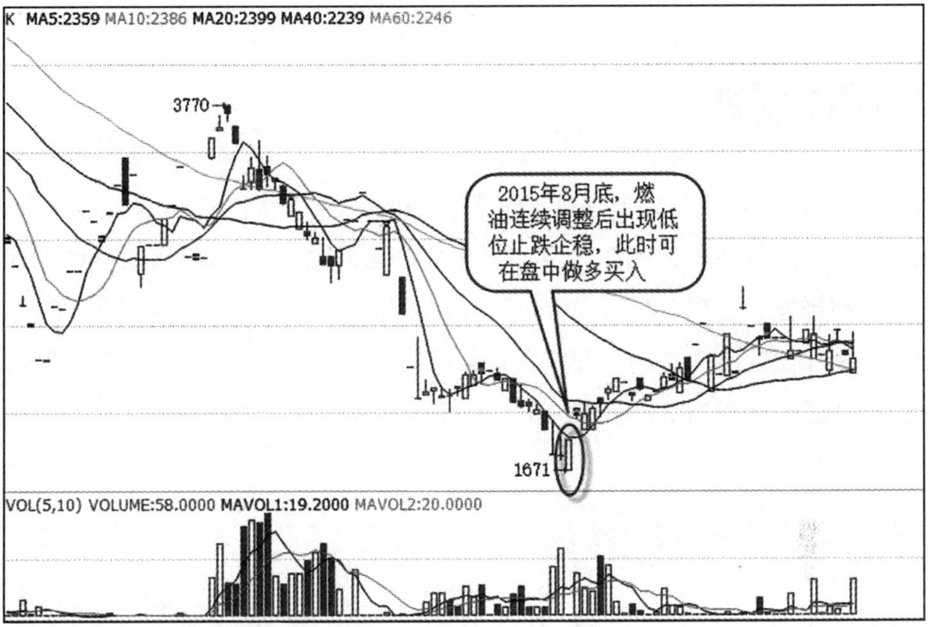

图 2－3　燃油连续日线图

3. 投资者在进行原油期货投资时，一定要看好是选择做空还是做多。尽管可以双向选择，并无限持有，但必须注意保证金，因为当保证金不足时会出现被强行平仓的风险。

2.2　交易机制

2.2.1　期货原油成品油

在交易制度上，期货原油有做空机制，因此投资者可以选择双向交易获利，也就是在上涨行情中可以选择做多，在下跌行情中可以选择做空，所以行情的涨与跌均有获利的机会。这一点，与股市的单向交易有很大的差别。

同时，在期货原油交易中，采用了 T+0 交易制度，就是当天买入即可以选择卖出，可以在同一个交易日内多次操作获利。

实战案例

2016 年 6 月 27 日，当发现原油期货行情处于下跌趋势时，突然在6:02时出现了快速放量冲高，此时做多买入的投资者可在高点出现后回落时卖出，同时，因趋势一直是下跌的，所以可以反手做空买入。当投资者持有到 7:11 时，价格在低位出现企稳，此时可以果断卖出。并在其后，观察行情的演变选择继续做当日买当日卖的 T+0，从而实现当日高抛低吸获利。如图 2－4 所示。

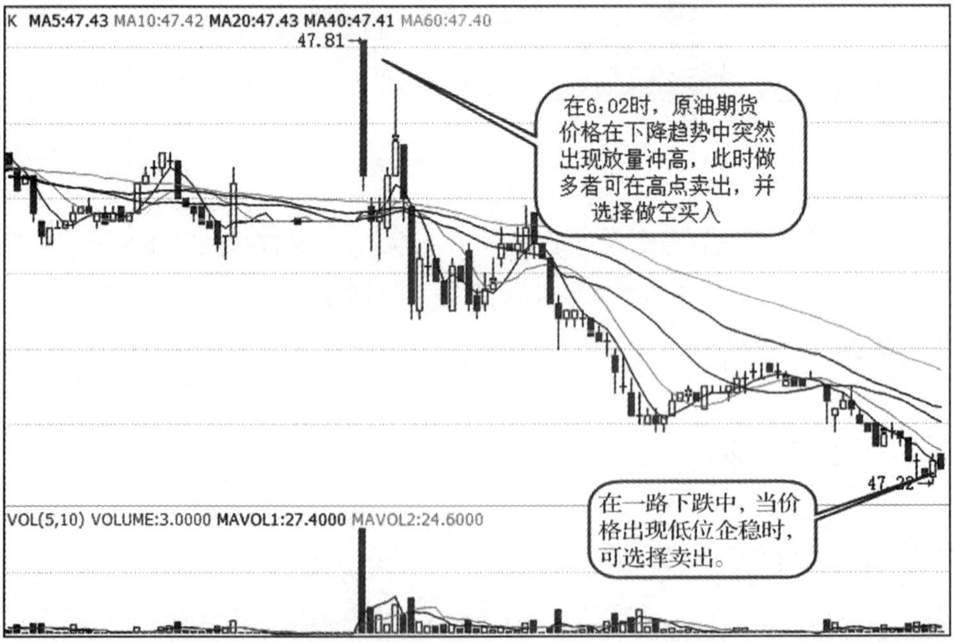

图 2－4　美原油连 1 分钟图

实战要点

1. 投资者在原油期货交易中，一定要注意交割日，因交割日到了时必须交割，否则就会被强行平仓或以实物交割。同时，保证金不足时也会被强行平仓。

2. 在期货交易时，如果投资者选择的是国内原油成品油交易，如燃油，则应当根据国内燃油的具体行情具体分析买卖点。

3. 在双向交易制度之下，投资者在选择下单时，一定要先选择好自己是想做多还是想做空，否则会出现南辕北辙的结果。

2.2.2 现货原油成品油

与原油期货一样，在现货原油或成品油交易中，同样有做空机制，投资者可以根据趋势演变选择双向交易，从而实现获利。

在交易制度上，现货原油同样采取 T+0 交易制度。即当天可以任意买入与卖出，并可滚动多次高抛低吸操作，与原油期货不同的是，在原油现货交易中，无交割限制，投资者可无限持有。但是，保证金不足时依然会被强行平仓。

实战案例

2016 年 6 月 27 日，美原油连在 7:51 时出现了下跌后在低位企稳，此时投资者可以选择做多买入。当价格运行到 8:12 时，成交量放大，价格冲高后回落，此时可选择卖出之前的做多买入，同时转手做空买入。

当价格运行到 8:51 时，出现了下跌过程中明显的放量止跌，此时可卖出做空，同时转手做多买入。其后，当价格运行到 11:05 ～ 11:12 时，明显出现了高位震荡而上行乏力的现象，此时可选择卖出做多，同时转手做空买入，或是继续观察后再决定操作。如图2－5所示。

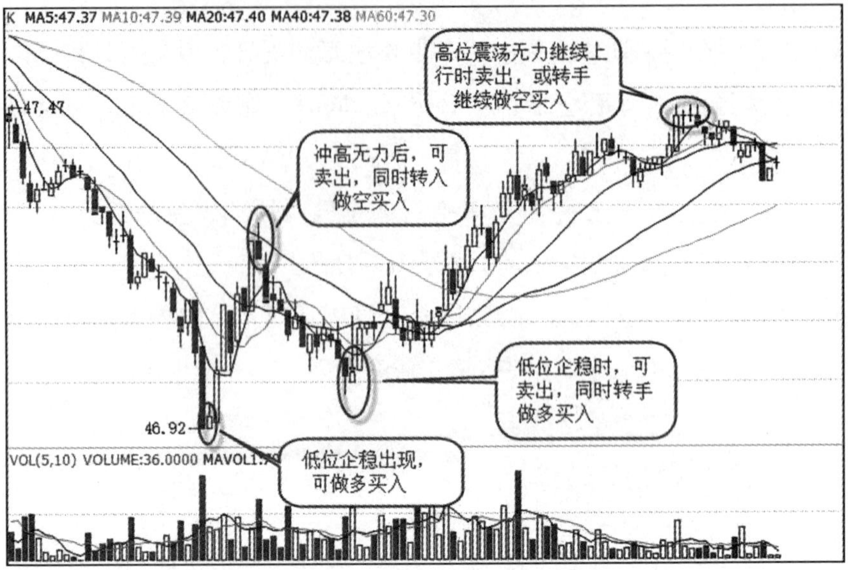

图2－5 美原油连3分钟图

实战要点

1. 在进行现货原油交易时，尽管可以当日买当日卖，但投资者同样应当根据短期趋势的变化来决定选择什么方向的交易，因为一旦趋势判断失误，往往会出现短期亏损。

2. 原油现货行情往往盘中上下震荡幅度较大，因此，投资者在判断底和顶时，一定要综合多种因素判断，不能过于拘泥于某一方面，同时，一定要把握好趋势反转的时机，及时卖出或买入。

3. 投资者在进行原油投资时，一定要认真掌握如何判断趋势，因为趋势决定了操作的方向。

2.3 交易资金

2.3.1 期货原油或成品油

在期货原油或成品油交易中，采用的是保证金制度，这就是说，在期货投资中，投资者并不需要像在股市中必须拥有1000手的股价现实资金才能买入1000手股票一样，而是需要按持仓量缴纳相应的保证金。保证金分为交易保证金和结算准备金两部分：（1）交易保证金，是按持仓者合约价值的一定比例计算而来的，这部分资金被期货合约占用，不能用作其他用途；（2）结算准备金，是指期货保证账户中超过交易保证金的那部分资金，这部分资金投资者可以自由支配，也称可用资金。

出于风险控制的考虑，期货公司一般会在交易所规定的最低保证金比例的基础上，再向上浮几个百分点。比如，如果交易所规定的保证金比率为10%时，投资者在期货公司开户时要求的保证金或许会达到13%。

所谓保证金制度，其实也就是杠杆作用，比如，如果期货公司的保证金是10%的话，那么投资者即可以1份保证金去撬动10份的资金去参与期货原油或成品油的投资交易。

另外，在国内原油期货中，成品油是以吨来计算的，10吨为1手，交易中仍然是以1手为买卖交易的标准，但在行情显示中，是以1吨的价格显示的，并且价格变动也是以1元1吨为最小变动。

实战案例

目前，投资者如果是投资国内原油或成品油期货的话，上海期货交易所在原油期货合约上市交易制度中，规定保证金收取的比例暂时为合约价值的7%，也就是说，投资者可以以1份保证金的价格去撬动14份的资金参与交易。

在此，我们以在上期所上市的燃油期货为准，比如在上期所上市的燃油价格在2016年8月底探底回升后，在9月1日继续上涨，当日以最低1988元每吨开盘后，出现了高开高走，此时，投资者可以选择做多买入。当日若是以2000元每吨买入，以8%的保证金计算的话，即10吨乘以2000元后再乘以8%等于1600元。也就是说，投资者只需支付1600元人民币，即可拥有一份价格为10吨的燃油期货合约。如图2－6所示。

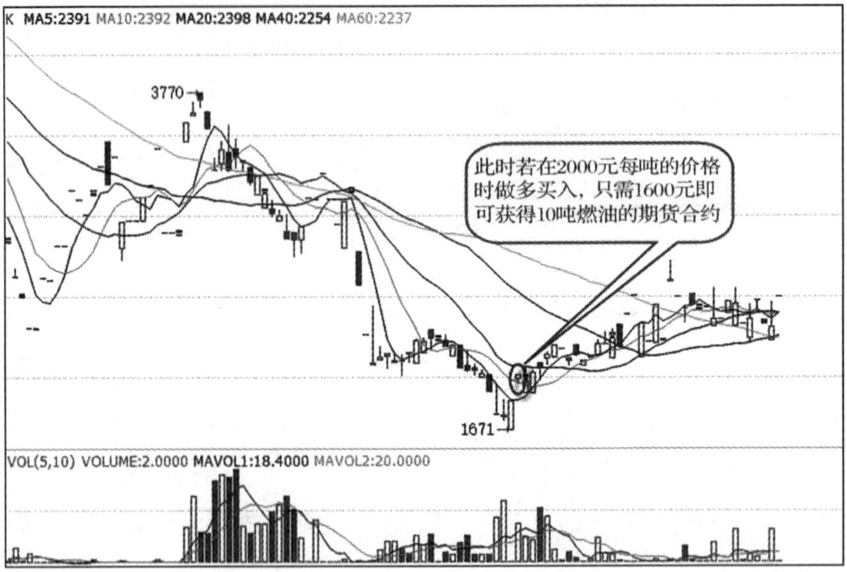

图2－6 上期所燃油主连2016年日线图

实战要点

1．投资者在期货原油投资中应当意识到一个问题，即使是投资者的持仓数量不发生变化，所要求的交易保证金数量也可能会发生变化。这是因为：（1）由于持仓合约价格的波动将导致合约价值的变化，因而对交易保证金的要求也随之变化。（2）交易保证金的比例不是固定不变的，有可能被调整。

2. 由于期货原油或成品油的价格是不断变化的，相应的保证金也会随之变化，因此即使是全仓买入，投资者也应在账户内留有一定的资金，否则，若是资金不足，极易引发被强行平仓的风险，从而影响到自身的收益。

3. 投资者在投资原油或成品油期货时，一定要认真了解相关期货的交易准则，并按照其要求进行投资。

4. 在国内原油期货投资中，目前只上市了成品油（燃油），价格与国际燃油存在大约90%的联动性，投资者应留意之间的差异。

2.3.2 现货原油或成品油

在现货原油或成品油投资中，同样采用保证金制度，但与国内期货原油交易不同的是，国际原油交易是以美元为计算单位的，并且是以桶为数量单位计算。桶是美制的重量计量单位，为42加仑，英制中为34.97加仑，一桶也是国际上通用的原油计量单位，相当于我国159公斤，20到33.3倍的杠杆不等。

在原油投资中：

1桶=42加仑（美）=34.97（英）=159公斤（升）=0.159吨。

1立方米=6.29桶（油）。

1吨原油的体积数=1/p立方米。

1吨原油相当的桶数=1/p×6.29桶（油）。

P是指油的密度。因世界各地生产的原油密度都不相同，所以1吨原油是7桶半左右。有的地方生产的原油密度很大，1吨原油会不足7桶；而有的地方生产的原油密度很小，1吨原油会接近8桶。

现货原油或成品油在交易中，1手相当于100桶，投资者在买入或卖出的交易中，最少交易数量为1手。比如，如果保证金比例为10%，原油以50美元/桶计算，实际买入1手需要5000美元，但投资者只需投资500美元保证金即可买到1手原油现货。

实战案例

2016 年 7 月 2 日，如果投资者选择在原油价格探低震荡结束出现回抽后的再次突破均价线时选择做多买入，那么即可在 1:49 时以 48.33 美元 1 桶的价格买入。因现货原油是以桶来显示的，而投资者在买入原油时最少为 1 手，即 100 桶，共需 4833 美元，而此时若保证金为 10% 的话，那么投资者只需要 483.3 美元即可拥有现货原油 1 手。但随着其后价格的上涨，保证金的数量也会增加，因此，投资者即使是以 483.3 美元买入了 1 手原油，账户内仍然需要拥有一定数量的资金，以确保卖出时保证金充足。如图 2 -7 所示。

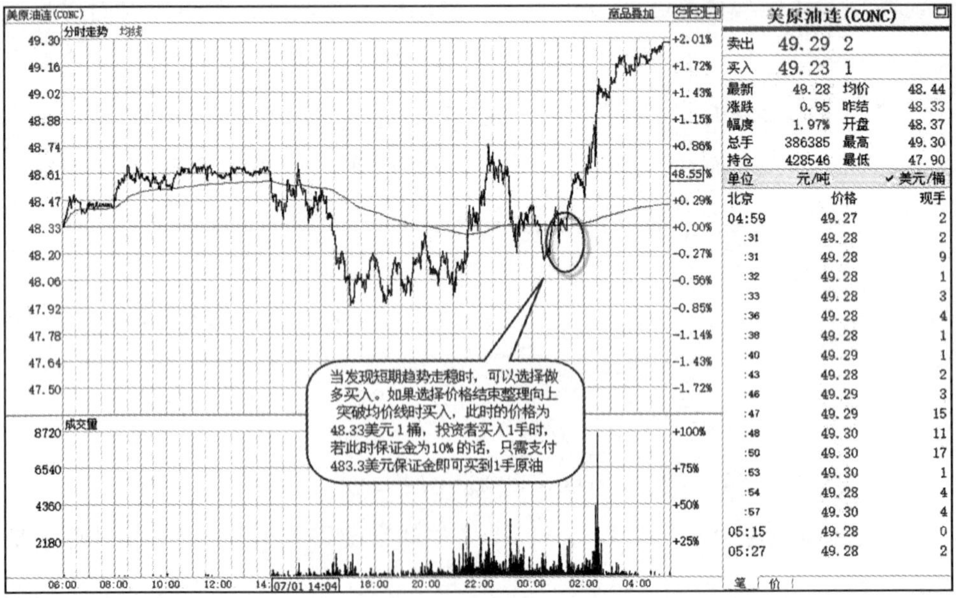

图 2 -7　美原油连 2016 年 7 月 2 日走势图

实战要点

1. 在原油现货交易中，投资者除了要注意交易时的保证金外，还应注意因买入后价格发生变化后的情况，以免因价格发生变化后保证金的变化而影响到卖出时的交易。

2. 不同开户公司的保证金略有不同，投资者在开户时应问清具体情况，以做到心中有数。

3. 在现货原油交易中，投资者一定要确保账户内的资金充裕，而不要过多追求买入多将资金全部用光，以免出现后续交易时的尴尬。

2.4 交易时间

2.4.1 期货原油成品油

在期货原油或成品油交易中，国内的期货交易时间为：上午 9:00 ～ 11:30，下午 13:30 ～ 15:00。是与股票的交易时间一样的，投资者如果参与国内原油或成品油的期货交易，就应当在交易时间之内进行交易，若是错过了交易时间，则需要在下一个交易日中再进行交易。

实战案例

在 2016 年 9 月 1 日开盘后，国内燃油出现了确定底部后的反转，并且于 9 月 1 日出现了大幅跳空高开，成为波段低点反转时很好的做多买入时机。因此，投资者可在 9 月 1 日 9:00 开盘后，选择做多买入，如果在当日上午 9:00 ～11:00 或是下午 13:30 ～ 15:00 时未能及时买入，那么只有等次日开盘再进行交易了。如图 2 - 8 所示。

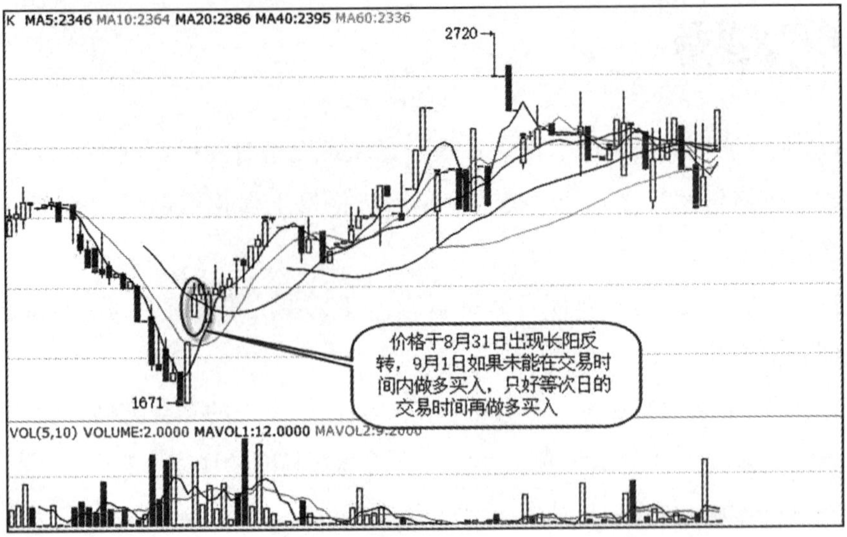

图 2-8　燃油连续 120 分钟图

实战要点

1. 在原油投资中，如果投资者选择交易，必须在规定的交易时间之内才能顺利完成交易。

2. 在国内期货投资中，由于交易时间的缘故，无法和国际原油或成品油的价格接轨，因此在交易时间内经常会出现频频跳空高开或低开的现象。这往往会是一种提前或滞后的反应，因此投资者应当理性对待，不应过于浮躁而误入涨跌的陷阱。

3. 正是由于国内原油或成品油期货在交易时间上的短暂，所以投资者最好不要在行情反转的初期第一时间进入，而应等行情确认后再行操作，为卖出留下充分的时间机会。

2.4.2　现货原油成品油

在现货原油或成品油投资中，交易时间是与国际同步的，紧跟随欧美开盘时间，分为夏令时和冬令时。但由于时差问题，夏令时的国内交易时间是：每个交易日的北京时间早 7:00 至次日凌晨 5:00，凌晨 5:00 至 7:00 为交易所停盘的结算时间。每年的 11 月份，开始跟随欧美市场的冬令时交易时间：开盘和收盘都往后推迟 1 小时，但同样是连续 22 小时交易，剩余的 2 小时为结算时间。在 22 小时的交易时间之内，投资者可以在行情任何时段进入。相对而言，价格在连续性上要比期货更有优越性。

实战案例

在 2016 年 7 月 1 日早上 7:01 时，原油价格在探底跌破每桶 48 元创出 47.95 元后，逐渐开始回升，此时投资者可以选择做多买入。而到了晚上 22:22 时，整个白天价格均在震荡上行，因此时为夏令时，交易时间为北京时间当日 7:00 至次日凌晨 5:00，所以均在交易时间内，因此投资者可根据自身的时间，进行自由买入或卖出的交易。如图 2 -9 所示。

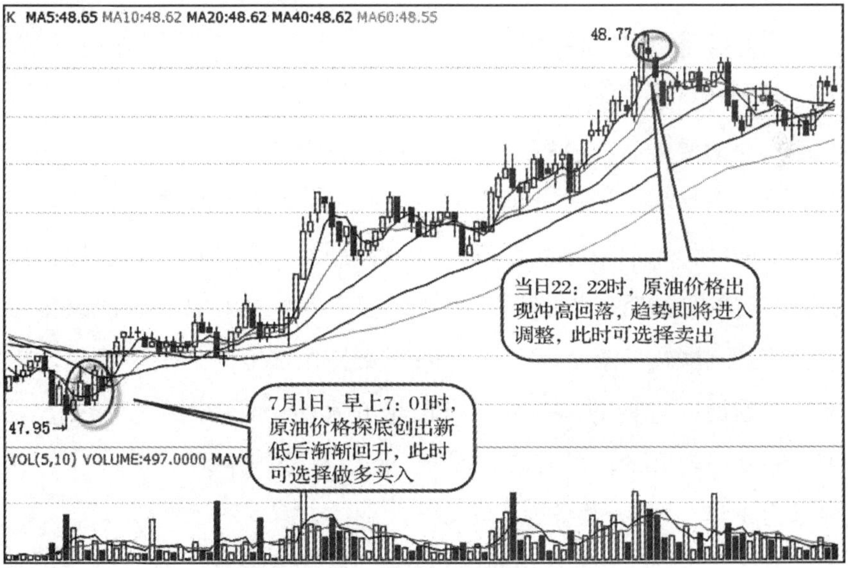

图 2 -9 美原油连 1 分钟图

实战要点

1. 在原油投资中，交易时间为22小时，剩下的2小时为结算时间，所以相对来说，原油的交易时间比国内期货或是股票的交易时间更为灵活，只要买入时把握好趋势，其余时间完全可以工作，只要时间允许时留意一下趋势转变即可，可以做到投资与工作两不误。

2. 投资者在进行原油现货投资时，一定要分清时间上的夏令时或是冬令时，以免错过交易。

3. 在原油现货投资中，其中交易最活跃的时间段为20:00至次日2:00之间。因此，投资者如果有时间，应格外关注一下这一时间段内价格的趋势变化。

2.5 涨幅限制

2.5.1 期货原油成品油

在期货原油或成品油投资中，投资者应当明白价格在交易时间内的涨跌幅限制。这一点是与股票投资不同的，比如国际原油期货投资，在美国纽约期货交易所的各种原油或原油期货交易中，是没有限制的。在我国的投资市场，一直实行的是涨跌停板制度，有“触板不停”的特征，即股票价格或期货合约价格达到涨跌停板后，并没有限制交易，在涨跌停价位或是之内的价位交易依然是可以进行的，一直到当日收市为止。而在期货投资中，成品油本来上市的品种就极少，目前只有燃油，涨跌停板规定设在了±5%，即当日最高涨幅为+5%，最大跌幅为-5%。

实战案例

如2014年4月19日，当时燃油价格处于下跌趋势，开盘即直接以低于昨日收盘价5%的价格出现，价格即不再继续下跌，但盘中仍然可以进行交易。

又如2013年10月28日，燃油价格出现强劲回升，当日即以高于昨日收盘价5%的价格开盘，但当日价格不再上涨，被封死在涨停板上，但只要有卖盘与买盘，仍然可以进行交易。如图2－10所示。

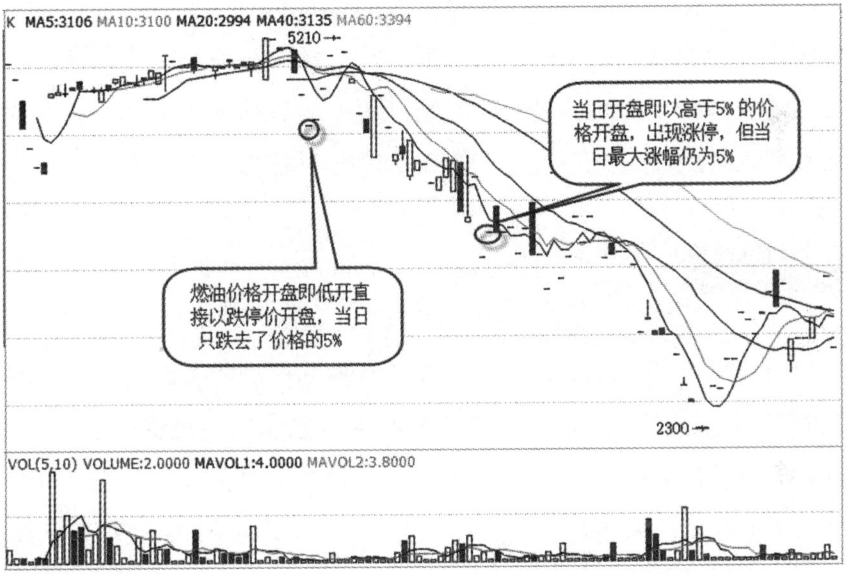

图2－10 燃油连续日线图

实战要点

1. 在国内期货原油或成品油交易中，和股票投资中ST或＊ST股票的涨跌停板制度是一样的，是以上下浮动最大5%为基准，但在计算时，往往也会以四舍五入的方式进行计算。

2. 在国内期货原油或成品油交易中，应当参考国际原油或成品油的价格趋势来综合判断，尤其是在短线抓涨停板时。国内成品油交易时间短期，跟不上国际原油或成品油的演变。

3. 在国内期货原油或成品油交易中，尤其是在顶部迹象明显时，波段做多的投资者应及时在高位卖出，防止跌停板出现后无法卖出。

2.5.2 现货原油成品油

因现货原油或成品油投资，属于国际性的投资品种，在美国纽约是没有涨跌幅度的限制的，尤其是纽约商品交易所中的原油现货交易。这也就需要投资者在买入时做好止损的标准，借以防范投资风险。

实战案例

2016 年 7 月 2 日 1:01，现货原油在离开短期底部的上涨过程中出现了调整，当时 K 线上留下了一根长阴线，虽然规定原油现货投资无涨跌幅限制，但实际上当时的最大跌幅只有 0.12 美元，跌幅并不大，且为上涨趋势中的短线调整，因此在低位做多买入的投资者此时是无须卖出的。如图2－11所示。

实战要点

1. 投资者在现货原油或成品油投资中，设立止损位时不应以 K 线图上的表现而定，而应以跌涨幅度比例来制定。

2. 投资者在现货原油或成品油投资中，一定要先分清长期趋势，并根据趋势的演变进行操作，而不应过于频繁地操作。

3. 在现货原油或成品油投资中，虽无涨跌停板制度的限制，但因原油为

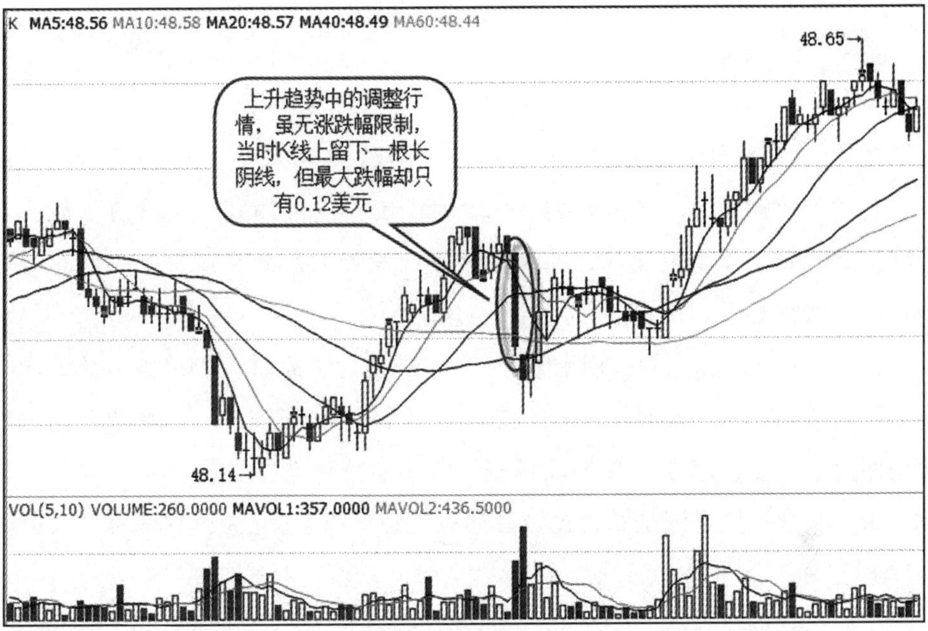

图 2－11　美原油连 1 分钟图

国际投资品种，所以每日的涨跌幅并不会经常出现大震荡，走势依然较为稳定，所以投资者一定要冷静地分析与判断。

2.6　原油交易制度

2.6.1　T＋0 交易制度

T＋0 交易制度是指在原油交易中，当日可以买入原油，同时当日亦可随时卖出原油，并且不限制买入与卖出的次数，同时，在资金依然是“T＋0”，即当时卖出的资金，即可再次使用买入，也就是投资者在原油投资中，可以在一天之内连续滚动交易数次。

实战案例

在 2016 年 7 月 2 日 21:05 时，原油价格跌破 48 美元创出新低后出现回升，此时可做多买入。当持有到 22:25 时，价格出现冲高后回落留下较长上影线，此时应选择高位卖出，同时，因原油投资为双向交易，所以此时可以选择反手做空买入。

到次日 0:40 时，价格在调整过程中出现企稳，此时应卖出做空单，同时反手做多买入。当一路持有到收盘前时，价格已上涨较大，且高位开始出现价格回落，因此，应在收盘前选择先行卖出，待下一个交易日再行操作。如此一来，不管行情是涨是跌，投资者均有机会在当天反复操作中获利。如图 2－12 所示。

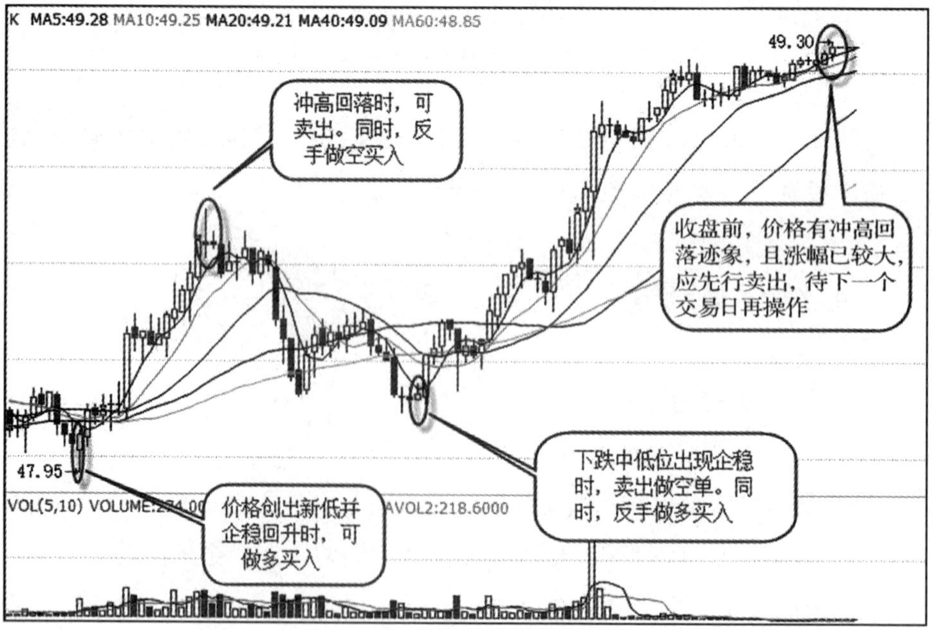

图 2－12　美原油连 5 分钟图

实战要点

1. 对于很多新手来说，在 T+0 交易制度之下，往往会频繁地进行交易。这样做，如果能够把握好高低点反转时的特色，确实能够实现获利，但国际原油因较为稳定，当日的价格差往往并不会太大，因此，投资者应努力学习熟练掌握好原油投资中的各种技术。

2. 在现货原油投资中，如果想要赚取到较大利润，尽管有 T+0 制度存在，但如果各种信息及技术指标运行都较为平稳的话，还是根据日线的技术形态做波段操作收益更大。

3. 在原油投资中，投资者应时刻保持警醒的头脑，只要短期趋势未出现反转，尽量不要过多地频繁操作，以免打乱了准确的判断。

2.6.2 保证金制度

保证金制度，又叫作押金制度，是指商品交易所规定的投资者在交易中，买方或卖方应交纳履约保证金的制度。在期货或现货交易中，任何交易者都必须按照其所买卖期货合约价格的一定比例（通常为 5%～12.5%）缴纳资金，作为其履行合约的财力担保，然后才能参与买卖。

实战案例

2016 年 7 月 1 日，如果投资者在 16:29～21:30 时，看到原油价格在走势图上出现了调整的低点，价格在 48.20 元以下震荡企稳了，此时想做多买入的话，若开户时规定的保证金为 8%，那么投资者要想成功买入 1 手，就需要付出 48.20 乘以 100，再乘以 8%，也就是 385.6 美元，即可拥有 1 手原油。但由于此时的价格在 48.20 美元以下，我们是以 48.20 元计算的，实际如果投资者买得更低的话，保证金应当更低点，但是，如果其后价格出现了上涨，那么投资者仍然要补足保证金，因此，投资者在账户内必须留有一定的资金余额，用以保证金的支出使用。如图2－13所示。

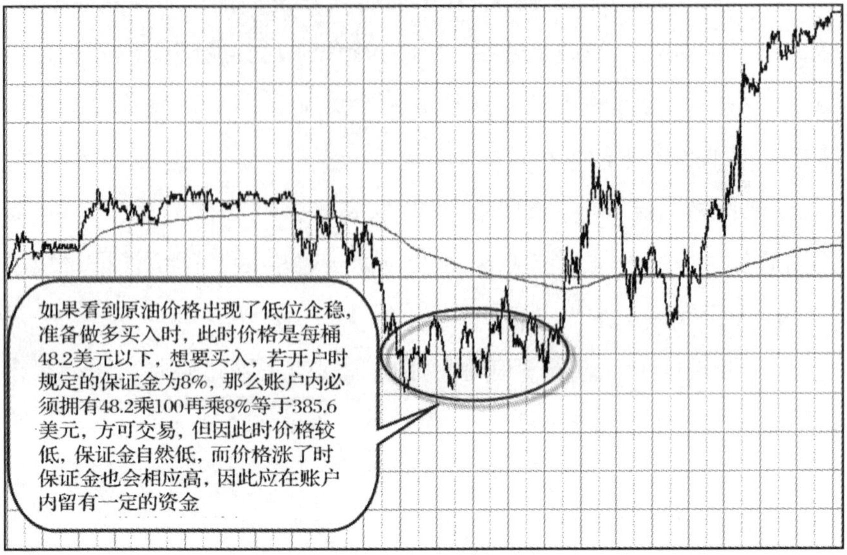

图2－13　美原油连2016年7月1日走势图

实战要点

1．投资者在原油投资中，一定要确保账户内的余额足够支付相应的保证金，因为一旦保证金不足就会被强行平仓，从而影响到自己的投资收益。

2．在现货原油或是期货原油投资中，均使用保证金制度，这种杠杆作用往往很大，因此，投资者在操作中一定要设好止损位。

3．对于初入门的投资者来说，可以先行没事时多进行几次模拟交易，待对原油投资的操作有一定了解和熟练度后再进行实盘交易。

2.7 如何参与原油投资

2.7.1 选择正规的石油交易所

对于原油现货投资来说，因国内起步较晚，虽然成立了北京石油交易所或深圳石油交易所等交易机构，但国家几近整顿，使得这些交易所经常出现暂时停止开户的现象。另外，这些交易所当前均不针对个人投资者，只针对其会员单位进行开放。所以，个人投资者要想参与原油投资，必须选择这些正规交易所旗下的会员机构（公司）进行注册，而不能只听其介绍即加入。因目前国家对原油投资还没有真正放开，而这种会员制的方式，又使许多不正当的公司看到了机会，并利用原油投资为诱饵进行诈骗。所以，投资者在选择开户机构时，一定要选择那些正规的国家石油交易所旗下的会员单位。

实战案例

目前，市场上影响力最大的正规石油交易所有：

（1）北京石油交易所。

（2）深圳石油化工交易所。

（3）大连石油交易所。

（4）厦门石油交易所。

（5）大庆石油交易所。

（6）上海石油交易所。

（7）厦门石油交易中心。

（8）渤海商品交易所。

投资者在选择相关公司时，一定要选择这8家中的一家石油交易所旗下的会员单位，并从网上或通过这8家正规石油交易所官网上的客服电话进行查询和确认，或者在与正规石油交易所的客服人员交流中，让对方推荐其旗下的优质会员单位再进行选择。

选择时，投资者不应只以对方的收费标准和分析师多厉害为依据，而应以这家会员单位的信誉为准，因为投资者即使是在这家正规石油交易所的会员单位开户后，也不能只根据会员单位的老师喊单的结果来操作，应有自己独立的判断。

按照2012年7月20日国务院办公厅发布的《关于清理整顿各类交易场所的实施意见》规定，凡是新设交易所的，除经国务院或国务院金融管理部门批准的以外，必须报省级人民政府批准。这一点，也是投资者在选择石油交易所及其会员单位时应注意的一个方面，尽量选择那些老牌的石油交易所和其旗下诚信的会员单位。

实战要点

1. 个人参与投资原油现货交易，需要与正规的石油交易所旗下的会员单位合作，才能参与原油交易。

2. 投资者选择石油交易所旗下的会员单位时，一定要进行资质确认，不能仅仅以对方提出的各种诱饵而动心，如保证金低、手续费低等。

3. 随着原油投资的逐渐火热，以及国家对这方面制度上的不断完善，投资者应及时关注其动态。

2.7.2 开户与下载软件

投资者在选择好正规的国家石油交易所旗下的会员单位后，仍要看清一个问题，就是这家会员单位所推出的到底是什么油品，比如是国内的大连油，还是国际原油（即美国原油），因为这直接关系到投资者日后的投资收益。所以，只要这家会员单位是正规的，且提供国际原油的投资，投资者即可在与客服进行沟通后，选择开户，具体的操作这些会员单位都会派专人一步步指导的，很简单。

开户通常都是免费的，然后按要求下载会员单位为您提供的行情软件，或是直接下载一个博亦大师，即可查阅行情和登录进行交易了。

实战案例

在查阅行情或是进行交易时，MT4 在全球使用率上一直是处于领先地位，尽管其同样有中文版，但相对于国内投资者来说，往往更习惯于使用全中文版的博亦大师，因为它用起来更为直观。在此，我们以博亦大师为例，投资者只需要下载安装好软件后，即可根据最上面的提示点击来查阅了。或是根据最左面的相关提示选择自己需要的品种，或直接输入 MYYL，即可查看美国原油的行情。如图 2－14 所示。

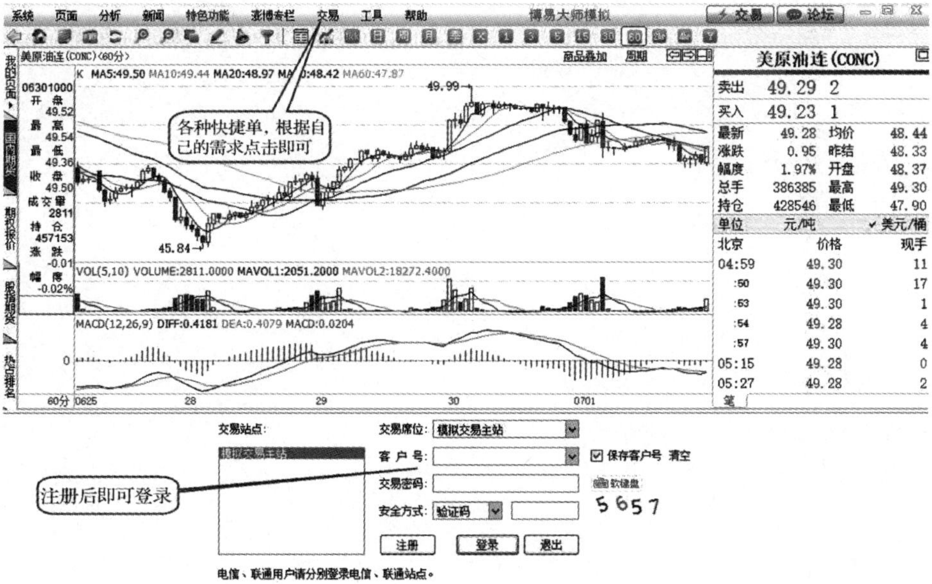

图 2－14 博亦大师登录页面

实战要点

1. 投资者在投资原油前开户时，一定要根据石油交易所会员单位里相关工作人员的提示来操作。

2. 对于某些机构打出的开户即送多少美元，或是最低几十元美元即可投资的话，投资者不可过于贪图这些便宜，而应选择正规的会员单位开户注册。

3. MT4 与博奕大师就像是国内的炒股软件大智慧与同花顺一样，只不过 MT4 以英文版为主，即使中文版对于投资者来说也不习惯使用。而博弈大师刚好更适用于中国投资者，各会员单位提供的交易软件，就像炒股软件中各大券商提供的各自的软件一样，其服务器提供的行情往往与即时行情有一定的时间差。投资者可根据自己的需求下载适合自己的行情软件。

第3章 影响原油价格的信息因素

和其他投资品种不同的是，在原油投资中，原油价格的运行会受到诸多信息因素的影响，比如国际形势、债务危机，以及一些机构的报告和区域的货币政策，美国国内经济数据等这些信息的变化，都会随时影响到原油的价格走势。因此，在投资原油时，一定要明白是哪些信息会影响到原油的价格，这样才能够在实际操作中了然于胸，最终获得投资收益。

3.1 国际局势对原油的影响

3.1.1 战争对原油趋势的影响

战争对原油的影响很大，而最根本的影响在于对原油供求关系的破坏，因此，即使是发生战争，也要看这场战争究竟是发生在哪里，如果是发生在中东，这一区域主要以海运为主，比如伊朗在2014年就对外宣布：只要受到美国攻击就会封闭海湾，炸毁石油管道。而那里的原油生产占据着全球供应的50%以上，如此势必会对原油运输和生产造成影响，从而引发原油价格上涨。如果战争是发生在俄罗斯，俄罗斯的原油出口也占据着全球石油生产很高的比例，同样会引发原油价格上涨。所以，战争发生在原油主要运输地区或是占全球比重较高的生产加工地区时，都会引发油价上涨。

实战案例

2014 年年初，乌克兰内部发生了动乱，克里米亚脱离了乌克兰，转而加入了俄罗斯，而 2014 年年中乌克兰又内战不断，还发生了马航客机被击落的惨剧。随着冲突的不断升级，也拉开了欧美对俄罗斯的不断制裁。我们看到：原油的行情也随着乌克兰动乱的不断升级，先是出现了断续的几波上涨，在 5 月、6 月两个月份原油连续出现了一波快速上涨后，突然开始掉头一路狂跌。从 2014 年 6 月底至 2015 年 8 月底，油价从每桶 60 多美元一路跌至了每桶不足 40 美元。

这是因为，俄罗斯是重要的产油大国，主要出口为欧洲与亚洲。乌克兰的动乱，及克里米亚脱离乌克兰加入俄罗斯，势必导致乌克兰与俄罗斯局势的紧张，市场会担心欧洲买不到俄罗斯的原油，供需缺口就会出现预先买入的囤积，从而导致战乱升级中的油价上涨，所以此时投资者可做多买入。当原油市场价格在高位出现震荡时，表明许多欧洲国家的大举进口基本已趋于平稳，此时应卖出做多单，因为战争必然会导致国家经济发展受到影响，经济会下滑，所以应转手做空买入。如图 3－1 所示。

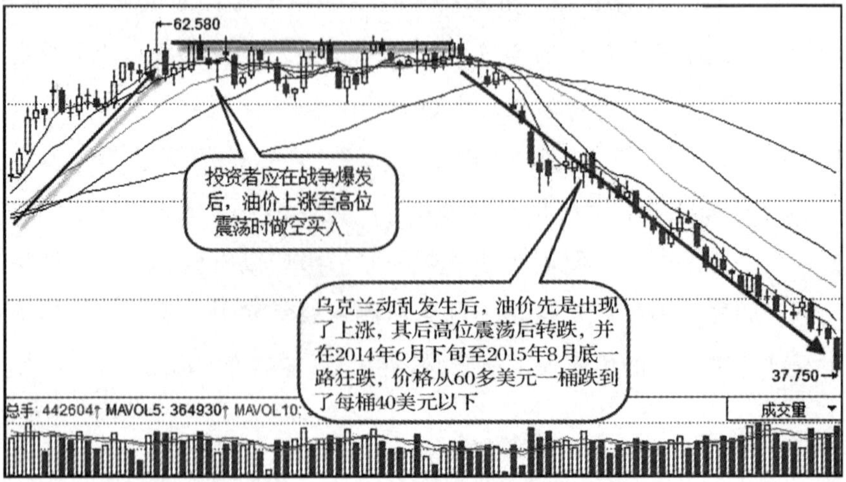

图 3－1　同花顺轻质原油连续日线图

实战要点

1．产油大国发生内战或外战时，往往油价会出现上涨，此时是投资者做多买入的时机。

2．因战争对产油国的经济会造成一定的影响，本国或是本地区经济出现下滑，加上其他产油大国借机加大出油量，又势必会引发油价大跌，所以可以在此时选择做空。

3．当战争过后，油价在低位区徘徊时，往往也是战争结束时，此时投资者可以选择做多，因为原油市场此时同样有暴跌后的反弹需求，但经济的提振非一朝一夕之事，因此只能以反弹行情来对待。

4．战争对原油价格的影响，实质上是战争对原油供求关系的一种影响，当战争造成用油国增加储备时，自然会出现供不应求的紧张局势，所以才会引发油价上涨；当战争导致原油出现供大于求时，自然会引发原油价格下跌。

3.1.2　原油行情与全球经济趋势

国际原油价格在一定程度上反映了市场对于未来能源需求和供给的预期，尤其是美国经济，更是起着主导地位，因为原油结算是以美元计价的，而美国经济的好坏直接主导着美元的走势。同时，也影响着国际投机资金的投资方向。

因此，国际原油价格与全球经济发展的趋势呈一种同步运行，即以美国为主的全球经济向好时，原油需求增加，则原油价格会出现上涨；相反，如果以美国为主的全球经济下滑，则原油价格会出现下跌。

实战案例

2012 年 3 ～ 6 月期间，美国经济在美联储量化宽松政策的刺激下，开始走出金融危机的阴影，而此期间，全球经济也开始出现不同程度的复苏，尽管此时全球经济仍然存在很多不确定性，但美国经济已开始出现温和扩张，虽然这种增长在很多经济学家眼中显得疲态百现，但全球经济下行后毕竟出现了经济温和增长的恢复。所以，这也就意味着，全球对原油的需求也会呈慢慢增加的趋势。而从K线上看，原油价格在经历持续下跌后，开始在2012年6月底企稳。因此，投资者在此时应选择做多买入。如图3－2所示。

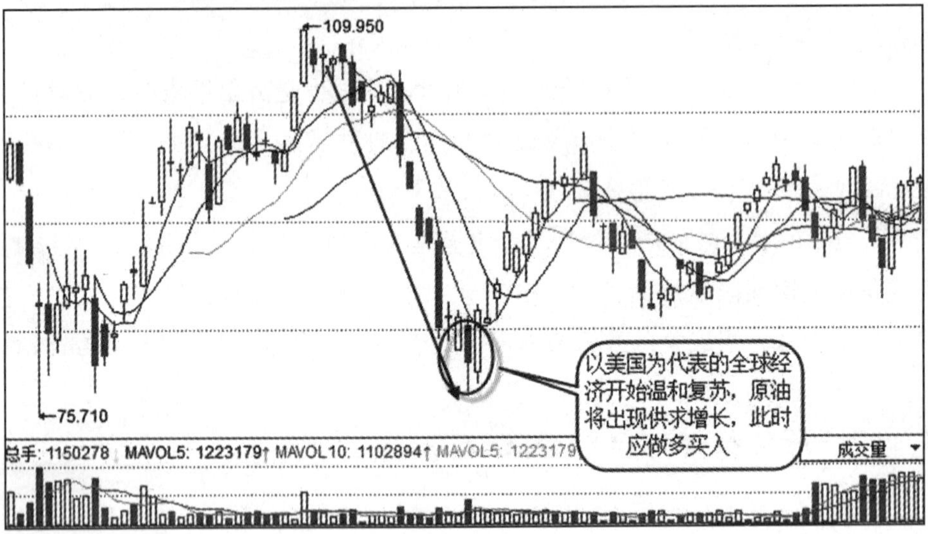

图3－2　同花顺轻质原油连续周线图

实战要点

1. 全球经济趋势与原油趋势往往有着明显的关系，因为经济增长，必然引发对原油这种基础性资源在供求上的加大，因此此时应做多买入。

2. 当全球经济经过快速增长渐渐出现放缓时，对原油的需求也会逐渐降低，因此应卖出做多单，选择做空买入。

3. 当某些非原油产大国出现经济下滑时，往往局部地区的经济下行很难改变全球经济增长的势头，因此对原油价格往往影响较小。但美国经济或是产油较大国家经济出现下滑，往往会产生一种联运效应，导致原油价格下跌。

3.2 债务危机对原油价格的影响

3.2.1 主权债务危机对原油的影响

主权债务，是指一个国家以自己的主权为担保向外，或是向国际货币基金组织，或是向世界银行，甚至是向其他国家借来的债务。主权债务危机，则是指这些借来债务的国家出现了无法按期偿还的情况。

主权债务危机的出现，将直接影响到这个国家的经济发展，但是，并不是所有国家的主权债务危机的出现，都会影响到原油价格的波动，比如那些非原油生产与加工的国家，以及非原油进口占比重较大的国家，以及非原油运输的重要通道所在的国家与地区。因此，当主权债务危机出现的时候，投资者首先应先分清这个国家与原油的关系；其次要看这个国家发生主权债务危机后，对美国及全球经济的影响如何？如果造成了美元大涨，则原油往往会出现下跌。此时，投资者应做空操作原油。

实战案例

2008 年，当次贷危机引发全球金融危机后，原油价格也从当时最高的 140 多美元一桶开始了下跌之路，而美国的主权债务危机也进一步突显出来，至 2011 年 5 月时，美国政府的财政赤字出现大幅度上升，终于在当年年底触及到了上限，一举突破 14 万亿美元。然而，美国的量化宽松政策却一直持续到了 2014 年，这种大举印钞的行为，使得美国将债务巧妙地运用美元转嫁给了世界各国，本国经济得到了一定提升，但原油价格却一直维持上涨，并在高位盘桓。而美国是石油消费大国，为了应对高油价，一直以玉米酒精代替石油，终于于 2014 年 6 月，美国经济开始出现好转，及大量以玉米酒精代替石油的行为，导致原油价格出现了高位震荡后的一路下跌，美元开始上升，美国国债开始好转，此时投资者应做空买入原油。如图 3－3 所示。

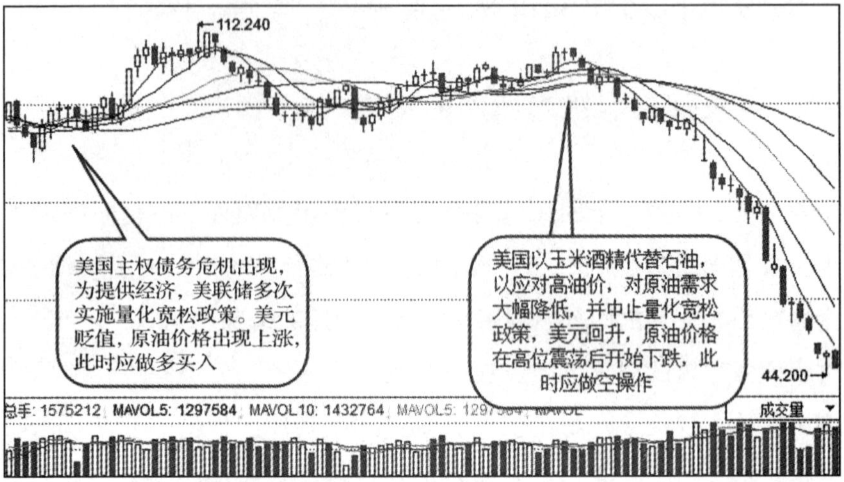

图 3－3　同花顺轻质原油连续周线图

实战要点

1. 主权债务危机对原油价格的影响往往是复杂的，因此，投资者应对危机产生后对全球经济的影响，以及爆发主权债务危机的国家所采取的政策进一步分析，才能决定原油操作的方向。

2. 主权债务危机只是影响原油价格走势的一个方面，投资者在投资原油这一产品时，应综合各种因素判断原油行情，而不能仅仅片面地凭借主权债务危机的出现来决定原油投资。

3. 当某些原油生产加工或是出口，以及进口原油大国发生主权债务危机时，投资者在决定投资时，应最先把握好原油发展的趋势方向再决定操作，而不能过于关注短时的走向。

3.2.2 欧债危机对原油的影响

欧债危机，全称为欧洲主权债务危机，是指自2009年以来，在欧洲部分国家爆发的主权债务危机。欧债危机是美国次贷危机的延续和深化，其本质原因是政府的债务负担超过了自身的承受范围而引起的违约风险。

由于欧债危机是美国次贷危机的延续和深化，因此对欧洲经济乃至世界经济造成了很多负面影响，其暗藏的是美国对欧元的打击，因为欧元提供了一种能够替代美元的结算货币选择，因此导致了美国一直以来对欧元的打击。而欧元疲软、美元走强，势必让美国进一步巩固自身的世界霸主地位，但作为原油市场来说，因为欧债危机不仅会影响到欧洲国家经济的不断下滑，同时也会涉及其他国家，从而使得原油市场的需求出现缩减，进而令原油趋势形成下跌。而长期看，因欧债危机并非是一明一夕即能解决的，其风险在不断加大的同时，势必会不断向共渡核心国蔓延，从而引发新一轮的债务风暴。

因此，作为原油投资者来说，当债务危机出现时，应当以短线操作为主，而一旦发现债务危机出现进一步恶化时，应果断离场观望，或是以做空为主。直到债务危机的情况趋缓时，方可做多。

实战案例

希腊是欧元区国家，2009年10月初，希腊政府突然宣布，2009年希腊政府财政赤字和公共债务占国内生产总值的比例，预计将分别达到12.7%和113%，远远超过欧盟《稳定与增长公约》规定的3%和60%的上限。全球三大信用评级机构惠誉、标准普尔和穆迪相继调低希腊主权信用评级，希腊债务危机由此拉开序幕。于是，国际原油由最高的140多元/桶一路下跌到2011年9月的80多元/桶，此时投资者应在希腊危机爆发后及时做空买入原油。

到了2012年5月时，希腊人纷纷到银行去提取存款，银行出现挤兑现象。这更加剧了欧债危机，此时同样应做空原油。

值得注意的是，此次从希腊爆发的债务危机只是欧债危机的一个开始，紧接着，开始向葡萄牙、意大利、爱尔兰、西班牙相继蔓延。最为表露出来的是爱尔兰，也陷入了主权债务危机之中，葡萄牙、意大利、西班牙渐渐也被席卷其中。

在其后的两年时间里，欧债危机始终弥漫全球，油价也是起起落落，但始终保持在高位震荡，此时应当以短线操作为主，因欧债危机正处于扩散期，实质性的影响正在悄悄扩散，欧债危机最为直接的影响就是产自欧洲的北海的轻质低硫原油。所以，此时投资者不可因短线的上涨而盲目做多，应在其爆发国希腊的债务危机尚未解决而出现恶化的2014年7月，选择做空买入。如图3－4所示。

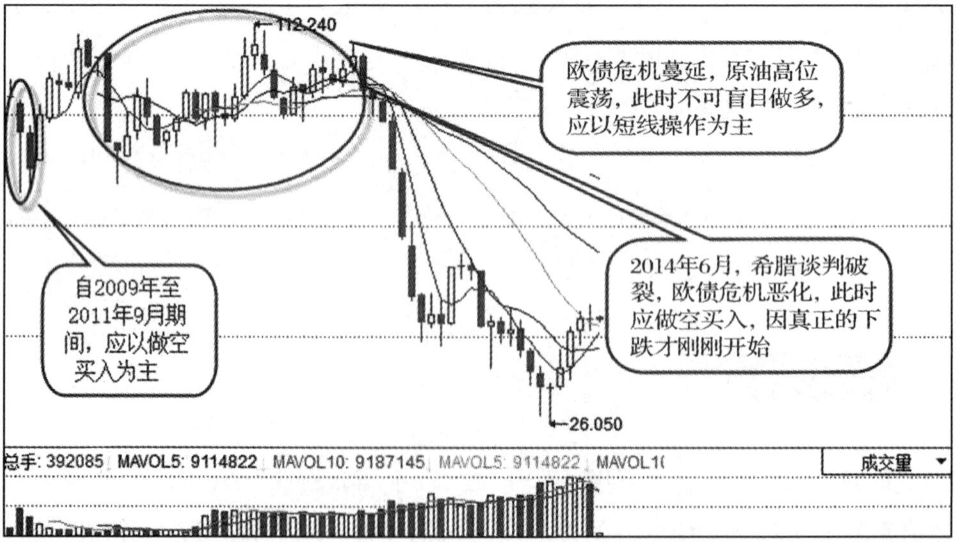

图3－4　同花顺轻质原油连续月线图

实战要点

1. 欧债危机往往直接影响到的是欧洲各国，及使用欧元较多的国家，但因欧元的崛起，直接威胁到的是美元的地位，因此，美国在其中往往会对欧债危机进一步打压，因此往往会导致原油出现大幅下跌，即使短线没有出现，也应短线操作，而不应盲目做多。

2. 欧债危机爆发后，全球经济同样会受到影响，世界对原油的需求将会进一步压缩，因此，中线投资者应以做空为主，即使短线操作，也应在空头思维下操作。

3. 欧债危机属于美国次贷危机的延续和深化，世界经济会因此出现下滑，即使恢复也不是一朝一夕的事，此时做多操作时，应随时关注欧债危机的发展势头。

3.3　影响原油趋势的机构与报告

3.3.1　IEA：国际能源署

IEA，即国际能源署（International Energy Agency）的英文缩写简称。国际能源署的总部设在法国巴黎，是政府间组织，由经济合作发展组织为应对能源危机的方式，是在第四次中东战争爆发后的 1973 年，阿拉伯国家纷纷要求支持以色列的西方国家改变对以色列的庇护态度，决定利用石油武器对抗西方大国，于是在 1974 年 11 月设立了 IEA。

自成立之初，国际能源署就一直致力于预防石油供给的异动，同时也提供国际石油市场及其他能源领域的统计情报。但投资者千万不要以为国际能源署仅仅只是提供原油的信息，它同样会采取某些具体措施平衡原油的供给，甚至是直接干预原油价格。

国际能源署的主要活动有：

（1）在发现石油出现短缺时，国际能源署会在成员国之间实行一种“紧急石油分享计划”，就是当某个或某些成员国的石油供应出现短缺至 7% 或者以上时，国际能源署理事就可能会做出决定，是否执行石油分享计划。国际能源署的各成员国会根据相互协议来分享石油库存，限制石油消耗，向市场实施抛售库存等措施，从而平衡成员国之间的石油供需问题。

（2）为了达到供需平衡，国际能源署要求各个成员国必须保持一定数量的石油库存，即不低于其 90 天石油进口量的石油存量。

（3）在加强长期合作计划方面，国际能源署采取了加强能源供应的安全；促进全球能源市场的稳定；在能源库存上合作；加速代替能源的发展；建立新能源技术的研究与发展；改革各国在能源供应方面立法上与行政上的障碍等措施。

（4）国际能源署还开展了原油市场情报和协商制度，以便使原油市场贸易稳定和对原油市场未来发展有较好的信心，以及加强与产油国和其他石油消费国之间的关系；

（5）国际能源署还对能源与环境的关系采取应有的行动，如限制汽车、工厂和燃煤的火力发电厂的排放物，对较干净的燃料进行研究。

（6）国际能源署还会定期对世界能源前景做出预测，供全世界参考。比如 IEA 月度原油市场报告。

实战案例

2016 年 3 月 11 日，IEA 公布了月度原油市场报告，报告中称：

预计非 OPEC 产油国日均产量今年将减少至 75 万桶，较上个月的预估值超过了 15 万桶，至 5700 万桶/日。

另外，因受伊拉克和尼日利亚两国产量减少，以及伊朗在国际制裁解除之后产量的复苏慢于预期等因素的影响，欧佩克（OPEC）原油产量下降至9万桶至3261万桶/日。

综合来看，伊朗今年的原油产量日均增加了30万桶，创4年新高。这一数据低于伊朗此前报告的日均40万桶的增量，小于预期。可见，伊朗回归国际原油市场的势头不及伊朗的预期。另外，银行和船东对和伊朗做生意持小心谨慎的态度，加大原油销量的进程已经在某种程度上有所减缓。

伊朗原油产量处于4年高位，沙特2016年2月产量维持在1023万桶/日。

IEA将2016年全球原油需求预期上调20万桶至9580万桶/日。

预计，全球原油精炼厂将在2016年春季例行检修，在2016年2月或3月达到最高峰。

另外，俄罗斯、沙特等四个主要产油国在2016年年初时达成了产量冻结协议，国际油价当时已大幅反弹50%。

不过，IEA认为，尽管俄罗斯、沙特等四个主要产油国的产量冻结协议支撑了目前的油价，但不太可能在2016年上半年对市场有持续的影响力。这或许表明，油价或已触底。

在IEA月报公布之后，国际油价暂未大幅波动，但是已经可以明显看到，原油价格已经脱离了底部区域。尽管IEA月报公布之后，国际油价暂未大幅波动，但原油上涨的势头未改，而IEA月报的消息又略偏利好原油，因此可以做多买入。如图3－5所示。

实战要点

1. IEA除了能提供原油供需关系方面的消息外，也有着直接干预油价的权力，比如“紧急石油分享计划”。因此，投资者应从IEA月报中的消息面及时掌握原油的供需关系，以判断后市的趋势发展。

2. 当IEA消息面偏于中性时，原油市场表现往往会依然维持原有的趋势发展，此时投资者应依照原油价格运行的趋势决定操作。

图 3-5　美原油连日线图

3. 投资者在原油投资中，应时时关注 IEA 而的原油报告，从而及时了解原油供需的情况，以指导自己的操作。

3.3.2　API：美国石油学会

API，是英文 American Petroleum Institute 的缩写，是美国工业主要的贸易促进组织，又是集石油勘探、开发、储运、销售为一体的行业协会性质的非营利性机构。

美国石油学会，是美国进行石油综合研究的主要单位，总部设在华盛顿，创立于 1919 年，在达拉斯设有分支机构。该学会由来自美国、墨西哥和加拿大的 400 多家公司和 8000 余人会员组成。

然而，投资者不能只把 API 看作是一个学会，因为它是美国石油行情的学会，主要活动包括：

（1）标准化。

制定和修订 API 标准。这一标准涉及了石油行业的各个领域，具有全面性、系统性、领先性和权威性。在石油工业标准化领域长期居于主导地位，并在世界各地广泛使用。

（2）统计。

收集官方石油工业统计数据，信息性与权威性较强。

（3）税收。

美国石油学会与美国财政部和国会共同开发了有序的、合乎逻辑的管理方法，征收石油资产税。

比如，API610，是石油、石油化工及天然气工业用离心泵的选用及使用标准；API682 是针推离心泵与转子泵的机械密封的设计和选用标准；API676 是转子泵的标准；Q1 质量体系认证又是一种石油产品质量的标志。

美国石油学会最重要的信息，莫过于其每周发布的库存报告，这一报告无疑可以让投资者明白美国这一最大石油消费国的原油情况，从而影响到投资者在投资中的具体操作。

实战案例

2016 年 4 月 29 日，美国石油学会发布了当初的库存数据，根据报告显示，在 4 月 25 ～ 29 日一周的时间内，美国原油库存增加了 130 万桶，汽油库存减少了 120 万桶，馏分油库存减少了 260 万桶，备受市场关注的美国俄克拉荷马州库欣地区原油库存增加了 40 万桶。

原油库存的增加，说明原油存量在持续增加，市场短期趋势不容乐观。因此，4 月 29 日，市场在美国石油学会的库存报告公布当日，原油价格出现了冲高回落，所以，投资者此时应短线做空买入原油。

另外，馏分油与汽油库存分别出现了较大减少，这说明馏分油与汽油市场的需求有所增加，而原油提炼与加工市场仍然需要大量原油，所以短期来看，实际原油需求仍有加大的性质。回到原油市场，从 K 线上看，原油持续一周上涨后，也有调整的需求，所以此时应采取短线看空而中线看多的策略。如图 3－6 所示。

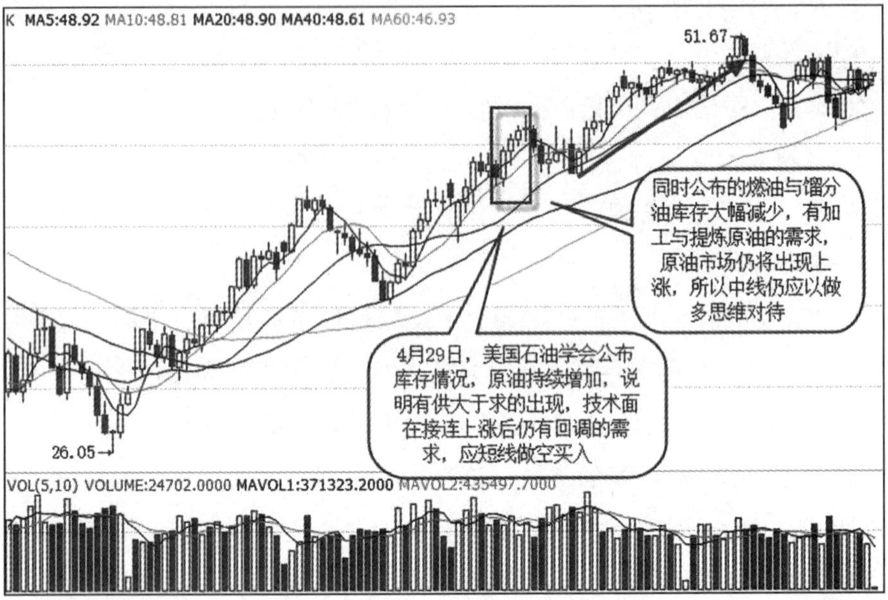

图 3－6　美原油连日线图

实战要点

1. 美国石油学会在每周发布一次库存报告，投资者可根据周报中具体库存的变化来判断市场未来对原油的需求程度来决定操作。

2. 美国石油学会每周公布的库存报告只能从一个侧面反映出美国原油的存量情况，投资者在具体研判行情时，还应结合其他方面的信息，比如非农数据、AEI 库报告，或是 OPEC 库存报告等。

3. 在了解美国石油学会每周公布的库存报告时，投资者不仅需要结合其他信息综合判定原油走向，而且还应结合技术面来综合判断行情。

3.3.3 OPEC：石油输出国组织

OPEC，是英文 Organization of Petroleum Exporting Countries 每个单词第一个字母的简称，中文音译即为欧佩克，是一家石油输出国组织。最早成立于1960 年 9 月 14 日，1962 年 11 月 6 日欧佩克在联合国秘书处备案，成为正式的国际组织。

欧佩克的宗旨，是协调和统一各成员国的石油政策，维护各自及共同的利益。欧佩克现有 12 个成员国：沙特阿拉伯、伊朗、伊拉克、阿拉伯联合酋长国、科威特、利比亚、卡塔尔、尼日利亚、安哥拉、阿尔及利亚、委内瑞拉和厄瓜多尔。

欧佩克最初的组织只是一个非官方的议价小组，借以减价销售至第三世界国家，巴以冲突的出现，终于引致欧佩克由一个仅仅的企业联合转型为一股不容忽视的政治力量。

欧佩克大会，是石油输出国组织的最高权力机构，由各成员国向大会派出以石油、矿产和能源部长（大臣）为首的代表团。每年召开两次，如有需要还可召开特别会议。大会奉行全体成员国一致的原则，每个成员国均为一票，负责制定该组织的大政方针，并决定以何种适当方式加以执行。

欧佩克成立的目的在于协调各国石油政策，商定原油的产量与价格，采取共同行动反对西方国家对产油国的剥削和掠夺，保护本国资源，维护自身利益。欧佩克之所以能拥有这个决定油价的影响，是因为欧佩克的组织成员国，一共控制着大约占全球 2/3 的石油贮备，共占世界石油蕴藏 78% 以上的石油储量，同时提供着 40% 以上的石油消费量，其占全球产油量的 40% 和出口量的一半。

正是由于欧佩克拥有着如此雄厚的石油产量与储存及供给，所以，欧佩克大会上的各种决议往往成为左右原油涨跌的一股不容忽视的力量。

实战案例

2015 年 12 月 4 日，欧佩克召开了第 168 届欧佩克大会，并在大会上宣布，将解除石油产能上限，一时间令世界震惊，因为解除产能上限，意味着各产油国可以根据自身需求任意提升日产量，市场必然会出现供大于求的情况。这次欧佩克大会的召开，尤其是这一消息的宣布，对原油市场不利。

此时再回到原油行情来看，自 2015 年 10 月开始，原油价格即出现了持续下跌，此时最高已每桶跌去 10 多美元。欧佩克大会的召开，表明市场仍然会持续出现下跌。所以，投资者应在第 168 届欧佩克大会召开宣布解除石油产能上限的规定后，及时做空买入原油。如图 3 –7 所示。

图 3 –7　美原油连日线图

实战要点

1. 对于原油投资者来说，应时刻关注欧佩克大会上的任何决议，因这些决议不仅仅是关于原油的消息，同时也是影响原油趋势发展的政策。

2. 在欧佩克大会召开前，会出现很多关于欧佩克大会的内幕，尤其是一些来自欧佩克内部的消息，但投资者不应过于相信这些，因为往往提前出来的消息或是预期，到欧佩克大会召开时会出现许多意外举动，从而影响市场。

3. 投资者除了要关注欧佩克大会外，同时还应关注欧佩克月报，因为月报上同样会发布一些对原油市场影响的政策或是信息。

3.3.4 EIA 报告

EIA 是英文 Energe Information Adminstration 的缩写，也就是指美国能源信息署，是由美国国会设立的能源统计机构，创建于 1977 年，隶属美国能源部，总部设在华盛顿特区。

美国能源信息署的宗旨是通过提供有关能源政策的信息及能源预测和分析，提升决策理性和市场成效，促进能源与经济、环境之间的协调发展，提升社会公众对能源政策的认知程度。

EIA 是美国的能源数据及其分析预测的主要信息来源。根据法律规定，EIA 进行独立的信息报道，不受政府的影响。EIA 报告，是指 EIA 发布的周、月、年度报告，其内容包含了能源的生产、储备、需求、进出口和价格等各个方面，以及对这些内容的分析意见所做出的各种问题专题报告。

EIA 周报告包括：石油、天然气和煤炭生产、消费与市场、天然气储备及最新报告。月报告包括：短期能源展望、天然气月报、电力月报、能源每月评论等。年度报告：包括国际能源展望、能源评论年度报告、煤炭年度报告、美国温室气体排放年度报告、天然气年度报告等。专题报告包括：北极区石油和天然气生产、能源价格、国家电力概况及区域性分析概要等。

实战案例

2016 年 3 月 8 日凌晨，EIA 公布报告，报告显示美国页岩油区域原油日产量料将下降到 10.6 万桶至 487.1 万桶，2016 年 3 月时为下降 9.2 万桶，4 月时，美国页岩油产量料将连续第六个月下降。这一数据表示，页岩油区域原油在日后将出现持续产量下降。

在这里，应首先了解一下页岩油，页岩油是由母页岩经过低温干馏而得，属于含氮量较高的石蜡基油。页岩油经过加工提炼，可制成汽油、柴油、煤油等液体燃料，是重要的非常规油气资源。而美国页岩油产量的持续下降，(但国内需求依然未下降)，则必然推动原油价格的上涨，以使美国获得必需的相关成品油的满足。因此，投资者此时可积极在盘中做多买入原油。如图 3－8所示。

图 3－8　美原油连日线图

实战要点

1. EIA报告中关于原油的信息报告，以及关于原油的专题报告，往往能准确地分析原油的供需情况，使投资者能够在了解到原油产量及库存变化的情况下，对油价的演变趋势做出准确的判断，从而选择实际操作。

2. 投资者在查看EIA原油报告时，应结合API原油库存情况判定，因为有时即使库存在不断增加，也往往是因产能在不断下降所致，因此，当原油库存与产能呈相反状态时，原油价格将出现上涨。

3. 当原油库存与产能均增加时，往往意味着原油价格将出现回落，此时应做空买入。

4. 投资者在了解原油库存与产能变化的同时，应结合其他数据与技术面综合判断行情。

3.3.5 FOMC：联邦公开市场委员会

FOMC，即联邦公开市场委员会，是英文The Federal Open Market Committee的简写。FOMC隶属于联邦储备系统，其主要任务在于决定美国的货币政策，通过货币政策的调控，来达到经济增长及物价稳定两者之间的平衡。

因原油是以美元来结算的，因此投资者在投资原油时应及时了解美国货币政策的动向，了解美元的波动，从而决定在原油投资中的具体操作。

通常情况下，美元上涨时，原油市场会出现下跌，此时可做空买入；而当美元下跌时，原油市场会出现上涨，此时应做多买入。所以，投资者在原油投资时，应随时关注联邦公开市场委员会分布的货币政策，尤其是其召开会议之前发给相关与会人员的绿皮书、蓝皮书和棕皮书。

（1）绿皮书，主要是向联储理事会成员提供主要经济部门和金融市场发展趋向的详细评估材料，概要地展望一下经济增长、物价以及国际部门的情况，并附表提供了对当前和下年度一些主要的经济金融变量的定量预测。

（2）蓝皮书，主要是为董事会成员提供货币、银行储备和利率的最新发展和展望方面的材料。也对货币金融的发展进行分析，以利于委员会重新考虑年初所制定的各项目标。

（3）棕皮书，是指在每次会议即将开始之前公布于众的材料，主要提供了12个储备区的区域经济状况。内容包括与当地商业巨头的谈话，以及该地区的统计报告分析。

实战案例

北京时间2016年3月17日凌晨，即纽约时间3月16日，美联储公布了新一期FOMC会议决议，维持利率政策不变。尽管在此前美国一直在宣称加息，但一直未能实施，市场也普遍认为FOMC会议不会宣告加息的。在这一倾向政策不变的情况下，美元指数当日即出现了大跌，依然延续了2016年年初时的下行趋势。如图3－9所示。

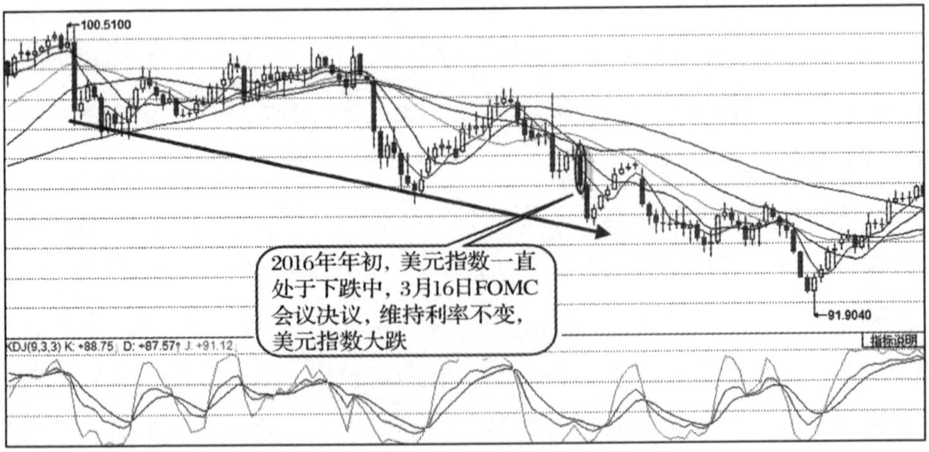

图3－9　同花顺美元指数日线图

此时，再回到原油市场，当日原油出现强劲上涨，投资者应选择盘中做多买入。然而，从技术面上看，因短期涨幅已大，各条均线远离，短期存在短线的调整，因此应时刻关注盘中变化。如图 3 – 10 所示。

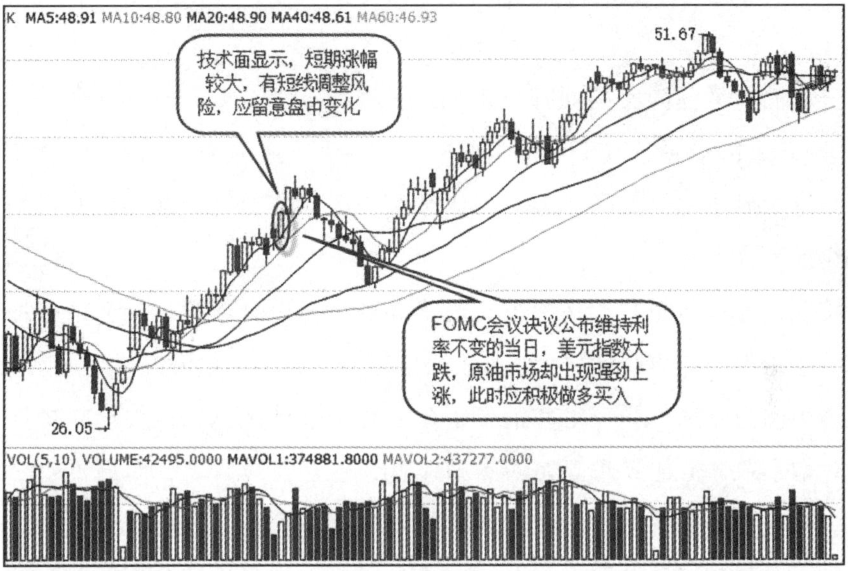

图 3 – 10　美原油连日线图

实战要点

1. FOMC 会议决议往往会对美元走势起到决定性的影响，从而间接地影响到原油价格的涨跌，因此投资者操作原油时应随时关注美元的趋势变化，及 FOMC 公布的会议决议。

2. FOMC 会议上的决议均是从提振美国经济的目的出发，因此其决议往往不会带有较大的突然性，所以投资者也可以从专业机构的分析报告中，及时掌握 FOMC 会议可能会出现的各种决定。

3. 尽管原油与美元的趋势呈相反的运行方式，但投资者同样需要在掌握美国货币政策动向的同时，从技术面上予以观察。

3.4 区域货币政策对原油的影响

3.4.1 美联储加息与降息

美联储，全称为美国联邦储备系统，英文为 The Federal Reserve System，简称 Federal Reserve，其主要负责履行美国中央银行的职责，是在 1913 年成立的。这个系统主要由联邦储备委员会、联邦储备银行及联邦公开市场委员会等组成。

美联储加息与降息，是指当美国感觉经济显得过热时，就会采取加息的方式，紧缩银根；当经济过冷时，就会实施降息，从而刺激美元进入市场。

因美国为原油主要产地和消费国，因此美联储加息，往往会在短期内使原油行情下跌，但应看加息是否有持续性，若是持续加息，对原油价格影响较大，往往会改变原油的上涨趋势；如果美联储降息，原油市场将出现上涨，但这种影响也往往是短期的，但如果美联储接连降息，则会使原油市场出现趋势性转变，甚至是大涨，尤其是美国生产的原油。

实战案例

早在 2007 年 8 月时，美国因次贷危机恶化，为了刺激消费，提振经济，美联储先后在 2008 年实施了数次降息：

2008 年 1 月 22 日降息 75 基点至 3.50%；

2008 年 1 月 31 日降息 50 基点至 3.00%；

2008 年 3 月 19 日降息 75 基点至 2.25%；

2008 年 5 月 1 日降息 25 基点至 2.0%；

2008 年 10 月 8 日降息 50 基点至 1.5%；

2008 年 10 月 29 日降息 50 基点至 1.0%。

数次的降息，尽管对本国经济来说可谓是杯水车薪，但却使得美国原油市场形成了刺激，至 2008 年 7 月时，美国原油市场出现了大幅上涨，达到了每桶 147.27 美元的历史最高价位，较上年年底大涨超过 50%。因此，投资者应当在接连降息的同时，美元指数出现了一路下跌时及时做多原油。但应当考虑到一个因素，降息的货币政策只能一时刺激原油市场，并不能有效提振经济，所以原油市场也不可能一路上涨，加上美联储的量化宽松政策等多方多角度地提振经济，使得美元开始在低位徘徊，而结合原油市场的表现，正处于高位震荡，因此应当以短线投资为主。如图 3－11 所示。

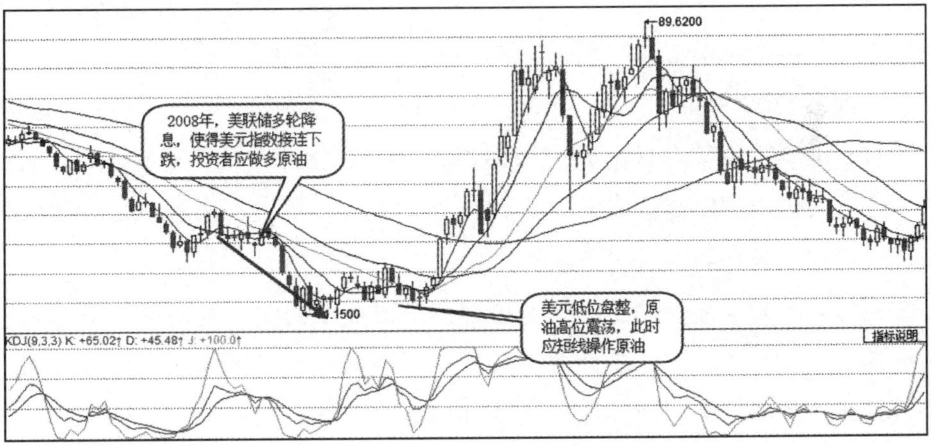

图 3－11 同花顺美元指数周线图

实战要点

1. 美联储加息与降息，只是一种暂时的货币政策，无法在根本上改变经济状况，但能够影响到美元的短期趋势，及刺激到原油市场。因此，投资者应在降息与加息出现后，以短线操盘为主。

2. 美联储加息与降息，影响最大的是美国产的原油，如 WTI（西德洲轻质原油），同时对成品油也会有影响，因此投资美国原油的投资者应引起注意。

3. 因美联储加息与降息实施时，会影响到美元的走势，因此，即使是参与其他国家或地区的原油投资者也应引起注意。因为美元的波动会影响到与他国的汇率，从而间接影响到其他产油区或进口原油大国。

3.4.2 欧洲央行加息与降息

欧洲中央银行，简称欧洲央行，成立于 1998 年 6 月 1 日，总部位于德国法兰克福，主要负责欧盟欧元区的金融及货币政策，是为了适应欧元发行流通而设立的金融机构，同时也是欧洲经济一体化的产物。

欧洲中央银行是由各成员国的中央银行联合筹备成立的，因此自主性有些不足，但其决策权力却由欧洲中央银行自身掌握，不受各国的影响。而那些不在欧元区内的欧盟国家的中央银行，比如丹麦中央银行和英格兰中央银行，也受这些条文约束。

因美元的霸主地位，而欧元的出现逐渐形成了与美元抗衡的一股不容忽视的势力，加上北海的轻质低硫原油又产自欧洲国家，因此欧洲中央银行的加息与降息货币政策，同样能够影响到原油的价格，尤其是在伦敦上市的布伦特原油。

实战案例

2016 年 3 月 11 日，欧洲中央银行做出决定，因面对通胀压力，所以决定降息，致使布伦特原油当日即出现短暂上涨后即开始了下跌。因欧洲中央银行降息，加上许多其他国家相继降息或有降息预期，美国又迟迟未实施加息，而欧洲央行的降息，实际上就相当于美国加息，美元必定会在短期内出现上涨，美国原油同样也会出现下跌。因此，当欧洲中央银行宣布降息后，投资者应在其后原油价格出现上行乏力时及时做空买入。如图 3－12 所示。

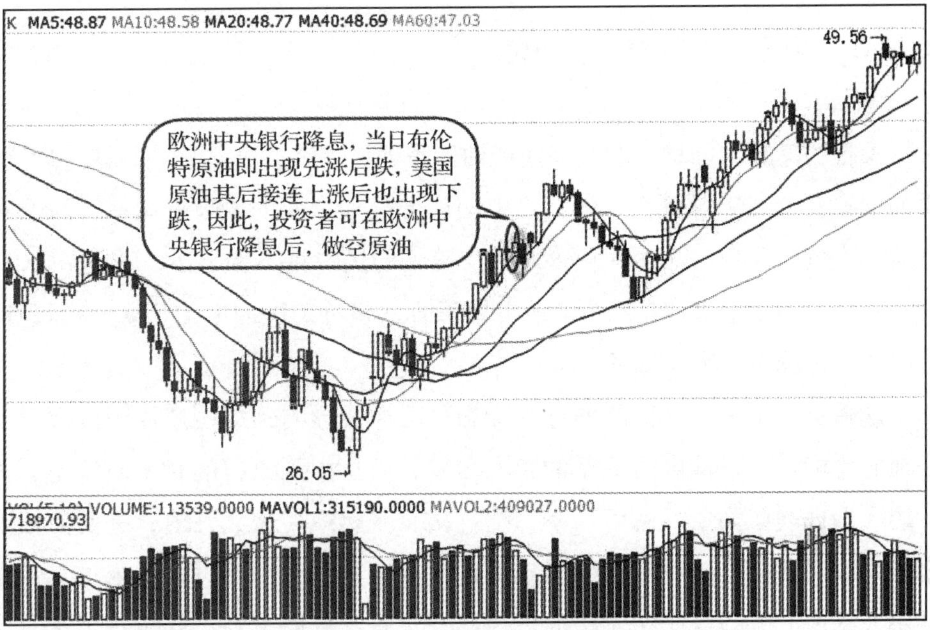

图 3－12 美原油连日线图

实战要点

1. 欧洲中央银行降息或加息，影响最大的是布伦特原油，如果只从降息或加息的货币政策看，加息往往会导致欧元上行，布伦特原油往往会出现下跌；降息会导致市场上的欧元增多，欧元贬值，布伦特原油会上行。

2. 欧洲中央银行降息对或加息，对美国原油价格的影响往往是滞后的，并且也是短期的一种市场行为，具体美国原油是否真的会随欧洲中央银行的不断降息而中长期转跌，仍应综合来判断。

3. 欧洲中央银行降息或加息，往往是一种敌视的倾向政策，是否真的会对原油市场造成大的趋势影响，仍然需要从供需关系上去具体分析，而不能只凭欧洲中央银行的降息或加息来指导原油投资的操作。

3.4.3 中国央行加息与降息

央行的降息与加息，对于那些产油国来说，尤其是产油业占国家 GDP 较重的国家，无疑影响较大，但是，中国作为全球重要的发展中国家，原油进口量一直位居前列，几乎一直以来都与美国的进口量不相上下，甚至在 2016 年 4 月，中国原油进口量约为 737 万桶每日，超过美国同期的 720 万桶每日，暂时成为全球第一大原油进口国。

这就决定了中国央行的加息与降息，同样会影响到那些产油国以及世界原油的价格。这是从供需关系的角度出发，而从中国央行的货币政策看，央行的降息自然会导致人民币汇率下降，从而变相地使美元升值，进而使原油市场出现下跌，此时投资者应做空原油市场；相反，中国央行如果加息，则导致人民币上涨，美元相对于人民币出现下跌，进而原油市场出现上涨，此时投资者应做多原油市场。

实战案例

2015 年 10 月，中国人民银行决定：自 2015 年 10 月 24 日起下调金融机构人民币贷款和存款基准利率。金融机构一年期贷款基准利率下调 0.25 个百分点至 4.35%；一年期存款基准利率下调 0.25 个百分点至 1.5%。同时，下调金融机构人民币存款准备金率 0.5 个百分点，并额外对“三农”或小微企业贷款达标的存款性金融机构定向降准。

这一消息公布后，人民币与美元的汇率即先是出现了短暂的震荡下跌后，即拐头向上展开了强势的上涨。如图 3 – 13 所示。

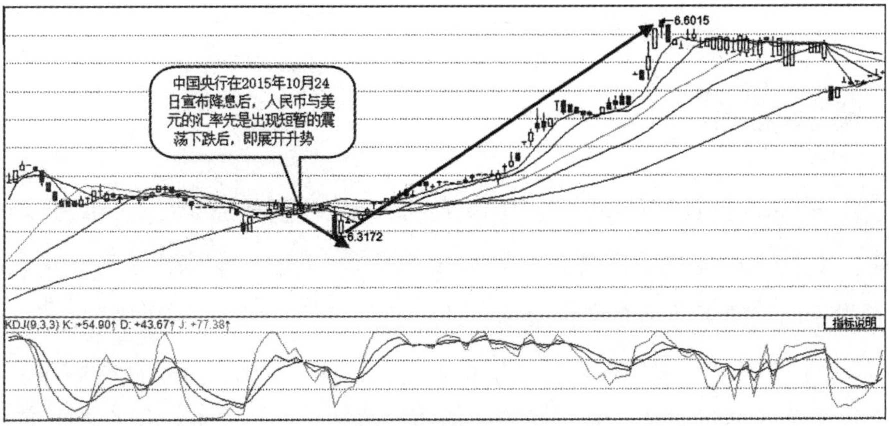

图 3－13　同花顺美元/人民币汇率日线图

这也就意味着，美元在贬值，人民币在升值。而原油市场也是，先是出现了短暂的上涨后，随即展开了一路下跌。因此，投资者应在中国央行公布降息后，及时选择做空原油。如图 3－14 所示。

图 3－14　美原油连日线图

实战要点

1. 在原油投资过程中，当中国央行降息时，应及时观察人民币与美元的汇率，以及美元指数的走势，一旦发现人民币与美元的汇率在低位震荡后，则说明原油行情必然是在高位震荡，即将展开下跌，因此应做空买入。

2. 当中国央行加息时，一旦发现人民币与美元的汇率在高位盘整时，往往原油正处于低位震荡，此时说明原油趋势将转，应择机低位做多买入原油。

3. 中国央行的加息与降息行为，是一种针对本国经济状况做出的货币政策，对原油市场的影响往往是间接性的，而是否能从中长期趋势上改变原油的格局，还应结合其他信息或技术面去持续观察，而不能仅仅从中国央行的单一加息与降息上去判断。

3.4.4 日本央行加息与降息

日本是全球第三大经济体，也是主要的原油进口国家，2015 年日本原油进口量为 1.955 亿千升，约 337 万桶/天，尽管这是日本自 1988 年以来进口原油的最低水平，但同样是不容忽视的。因此，日本央行的加息与降息，同样会影响到美元的走向，进而影响到原油的价格。

与欧洲央行与中国央行一样，日本加息，收紧银根，使得美元对应贬值，因此原油会出现上涨，投资者应做多原油；而日本央行降息，美元相应增值，原油会出现下跌，投资者应做空原油。

实战案例

2016 年 1 月 29 日，日本央行突然宣布，利率降为 -0.1%。这一举措与正常的降息略有不同，因为日本的这一降息形成了负利率，即老百姓将钱存入银行还要出现亏损，使得当日日元大涨后出现大跌，原油市场出现了快速下跌，投资者此时应当短线做空原油。如图 3 – 15 所示。

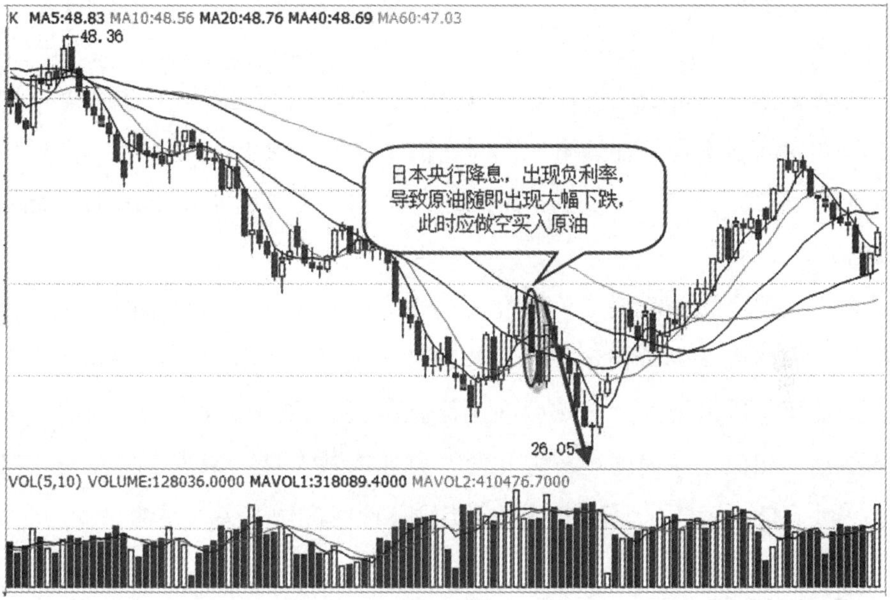

图 3 – 15　美原油连日线图

实战要点

1. 当日本央行降息与加息出现时，同样应当结合其国内对原油需求量的变化来看，如果国内原油需求量一直在减弱，则必然会引发原油市场的大跌。

2. 当日本央行降息与加息出现时，应留意美国的经济情况，因日元本来就长期不值钱，因此其本币在国际上所占的比重不大，但负利率是一种特殊情况，往往会对原油市场形成重大利空。

3. 当日本央行降息与加息出现时，投资者应结合其他消息面或技术面因素综合判断行情，而不能单凭降息或加息这一货币政策来决定，因日本央行加息与降息对原油市场的影响只是短暂的。

3.5 美国国内数据对原油的影响

3.5.1 非农数据

非农数据，通常指美国的非农就业率，非农业就业人数与失业率一同公布，公布时间通常是每月的第一个周五。非农数据的分布时间为：（1）冬令时是11月至第二年3月，北京时间21:30；（2）夏令时是4～10月，北京时间20:30。

非农数据客观地反映了美国经济的兴衰，对美元的走势影响较大，因此也决定了原油市场的价格走向。比如，当美国经济较强时，往往就业人数增加，失业率降低，则美元必然会在国际上坚挺，原油市场下跌，此时可做空买入原油；相反，当美国经济恶化时，就业人数会持续减少，失业率不断上升，美元自然会疲软，原油市场则会走强，此时应做多买入原油。

实战案例

2016年5月6日，美国劳工部公布了4月的非农数据，据报告显示，美国4月调后非农就业人口增加16.0万，增幅为2015年9月以来最低，并远不及预期值20.0万；3月增幅由21.5万下修为20.8万，2月增幅由24.5万下修为23.3万，3月和2月两个月合计下修1.9万。数据还显示：在过去三个月里，美国每月平均增加20万个工作岗位，而4月专职员工、商业、医疗卫生以及金融就业岗位有所增加，但采矿业岗位继续减少。

从美国劳工部分布的2016年4月的非农数据看，美国的就业率与失业率均出现了下滑，并且是继2月、3月后出现的持续下滑。由此看，经济状况不容乐观，因此，原油市场会在短暂回调后继续上涨，所以投资者应当在2016年4月非农数据公布后，及时做多买入原油。如图3－16所示。

图 3－16 美原油连日线图

实战要点

1. 投资者在观察非农数据报告时，不应只单纯看就业人数和失业率，应结合之前的情况进行比对，这样才能够明白美国经济是在逐渐向好还是走坏。

2. 在具体实盘操作中，非农数据只是影响原油价格的一个方面，应再结合其他经济数据与技术面来综合判定。

3. 在美国劳工部发布非农数据前，小非农数据往往会提前公布，并且数据很准确，与官方的非农数据较为接近，因此，原油投资者在关注非农数据的同时，也应关注小非农数据。

3.5.2 采购经理人指数

采购经理人指数，是衡量一个国家制造业的“体检表”，是衡量美国的制造业在生产、新订单、商品价格、存货、订单交货、雇员、新出口订单和进口等八个方面状况的指数，是经济先行指标中一项非常重要的附属指标，是美国供应管理协会ISM商业报告中关于制造业的一个主要参数。

投资者在投资原油时，采购经理人指数的好坏，往往说明了美国经济是在向好发展还是在走坏，从而根据美国经济情况而判断原油趋势。从一般意义上讲，如果采购经理人指数上升，会带来美元汇价上涨，此时原油往往会出现下跌，应做空买入原油；如果采购经理人指数下降，会带来美元汇价的下跌，以及原油的上涨，此时应做多买入原油。

实战案例

北京时间2014年10月1日晚间，市场研究公司Markit公布报告称，2014年9月，美国制造业采购经理人指数（PMI）终值为57.5点，略低于此前公布的57.9点的初值，但仍旧接近于四年多以来的最高水平。

而在之前的几个月，美国采购经理人指数一直处于向好的状态，2014年9月的指数虽然略低于市场预期，但依然保持了向好的状态，这一指数只要高于50点，即表明经济活动有所扩张。所以，可以得出结论，美国经济在之前至2014年9月止，一直处于恢复中，表明原油市场将会继续下跌，因此，原油投资者此时仍应做空原油。如图3－17所示。

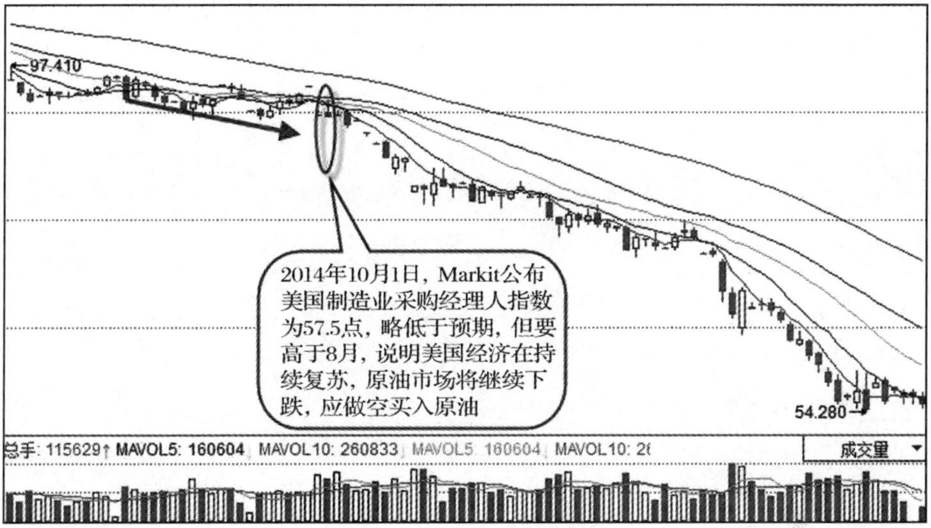

图 3－17　同花顺轻质原油连续日线图

实战要点

1. 采购经理人指数是衡量经济的重要指标，而美国经济的好与坏，往往对原油市场有着较大的影响。

2. 如果采购经理人指数始终是保持在 50 以上，即使与上期比较未增长，也同样表明经济较有活力，原油市场仍然会出现震荡下跌，因此应做空买入原油。

3. 如果采购经理人指数在持续下降，说明美国经济在不断下滑，此时反而应当做多买入原油。

第二部分

原油投资策略篇

第4章 原油投资交易策略

俗话说，“谋事在人，成事在天”。同样，在原油投资中，投资者是否能够从中获得收益，关键还在于一个“谋”字。谋，即是策略，因为在什么样的交易策略之下，就会产生什么样的投资结果。所以，在投资原油前，投资者一定要为自己的投资制定一个策略，比如，原油价格在不同运行方向下的策略，看盘的方式和策略，原油投资理念与策略，T+0 交易技巧和策略，还有心理准备与应对策略。这些，都是投资原油前不可或缺的指导交易的策略。

4.1 把握原油市场的运行方向

4.1.1 判定市场的运行方向

在原油投资中，和股票、期货等投资的理念一样，投资者在了解了原油投资的基础知识后，在未投资前一定先要学会如何来判断原油市场的运行方向。因为只有把握好了原油市场的运行方向，才能够根据方向性的趋势进行投资，这样才能获得收益。

原油作为一种投资品种，与股票等投资有所不同，因为其受制的杠杆因素较多，因此，投资者要想判断市场的运行方向，可从两个方面入手：

(1) 消息面。

多关注原油的库存（EIA）、OPEC、非农数据，一些关于国际原油产量的问题，以及美元汇率的变动，因为国内都是按照美元汇率换算成人民币来计算的，所以这些因素往往会影响到原油的走势和波动，因此投资者应当随时关注这些数据的变化，并在平时多关注国际财经新闻，了解财经动向，然后具体分析这些数据的变化会对原油市场产生什么样的影响。

实战案例

比如，人力资源服务巨头 ADP 在 2016 年 6 月 16 日公布了美国 6 月的小非农数据，报告显示，美国 5 月私营部门就业人数新增 17.3 万，略好于预期的 16.5 万。而小非农数据向好，则利空原油，从而导致了原油市场在五连阴的情况，当日再次出现了低开低走，收出一根较长的阴线，形成六连阴的下跌趋势。如果从基本面上来判断，此时为下跌趋势，是不易操作的。如图 4－1所示。

图 4－1 美原油连日线图

然而，消息面只是一个基本面，投资者在了解了消息面对原油运行方向的影响后，仍然不能忽略的是其技术面的提示。

（2）技术面。

尽管对于原油走势的影响，很多重大的关于原油的因素会对其短期走势形成较大的影响，但在充分了解当时的基本面后，还要结合行情的技术面进行综合分析，这样才能够真正洞悉原油的趋势演变。而在原油技术面上，主要包括以下内容：

①根据K线形态、均线、KDJ、RSI、ASI、CCI、BOLL、MACDT等指标运行的情况来综合判断趋势的演变，从而确定市场运行的方向。

②1分钟图、3分钟图、5分钟图、15分钟图等短周期K线图，大多适合做短线交易，得到的分析结果往往是原油价格的短期运行方向。

③日线、周线、月线等，是对原油较长运行方向的把握。

④时间周期越短，反映的行情变化越快，越短则灵敏度越高，而对于判定市场运行方向的把握，还是应先从日线或周线入手，因为只有掌握了大趋势的演变，投资者才能在大趋势的前提下做好短期投资。

实战案例

此时我们可以再回到上面所提到的案例中，尽管从2016年5月小非农数据的公布来看，对原油市场是利空的，但从其K线形态和技术指标的提示来看，原油此时在均线上正处于明显的多头排列格局。小非农数据对原油的利空，其实在之前的五阴中就已经体现出来了，六连阴的出现只是对利空消息的一种即时反映。

另外，六连阴的出现，也不过只是对原油价格接连上行的一种短线调整，且在6月16日出现六连阴的时候，CCI指标却出现了明显的向上运行，与原油价格的向下走向形成了底背离，这说明，短期调整已经结束。所以，投资者此时反而应在次日买入，因为向上运行中的向下调整只是短期趋势波动的一种正常反应，不过恰好是借了一下小非农数据的利空而已。但尽管此时可以逢低买入，但从K线可以明显看出，原油价格从底部反转以来，已经出现了巨大的上涨，但没有只涨不跌的市场。所以，此时应根据原油价格的短期波动，一旦发现价格出现冲高跳水时，应果断卖出做多，转手做空操作。如图4－2所示。

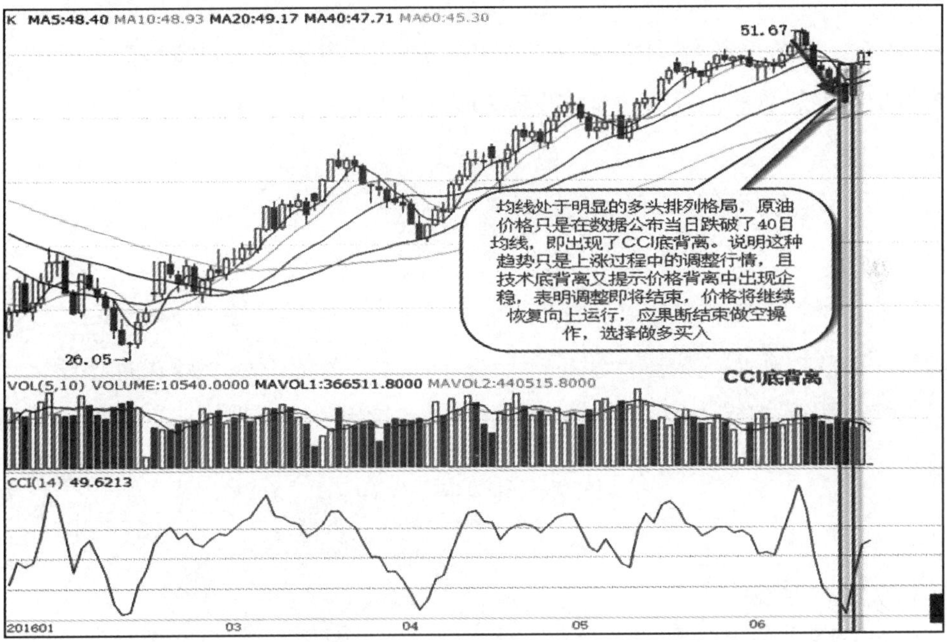

图4－2 美原油连日线图

实战要点

1. 无论是新入市的投资者，还是入市数年的投资者，面对行情时都是涨也害怕，跌也害怕。造成这种情形的原因就是对市场的运行方向把握不准，因此，在操作下单之前，一定要先判断好趋势，再遵从趋势的指引去操作。

2. 尽管很多消息面的数据会影响到原油的价格走势和方向，但应当结合技术面去看待消息，因为很多时候消息面上的数据往往会提早从技术面上反映出来，而真的数据出笼的时候，往往就是技术面上尽情演绎的最后时候，也是短期小趋势反转的时候。

3. 技术背离，是指价格在不断上涨（或下跌）时，技术指标却出现了明显的下跌（或上涨），形成价格的运行方向与指标的运行方向截然相反的情况。

4. 因原油投资实行的是 T＋0 制度，因此，投资者在判断趋势时，一定要做到在大趋势的前提下去把握短期趋势的变化。

4.1.2 从移动平均线定趋势

移动平均线是将某一段时间的收盘价之和除以该周期，原意是移动平均，因将其制作成线形，所以一般称为移动平均线，简称均线，如 5 日均线、10 日均线、20 日均线、40 日均线、60 日均线。投资者在根据均线判断原油价格

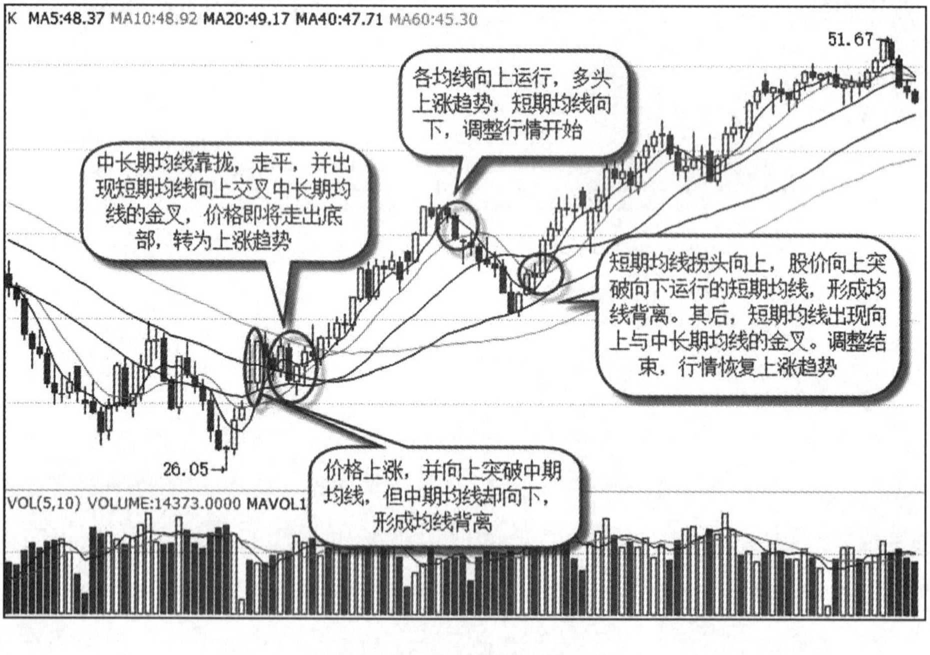

图 4－3 美原油连日线图

趋势时，通常应当以短期均线与中长期均线相结合的方式。

（1）如果短期均线与中长期均线均是向上运行的，说明价格趋势是向上的，此时如果中长期均线始终保持向上的格局，出现了短期均线的向下运行，往往会是上涨趋势中的一种调整行情；但如果此时的涨幅较大的话，且各条中短期均线均转为向下运行，并形成短期均线与长期均线向下交叉的死叉时，往往说明大趋势即将发生反转。如图 4－3 所示。

（2）如果短期均线与中长期均线均是向下运行的，说明价格趋势是向下的，此时如果出现短期均线向上运行，往往说明下跌过程中出现的反弹即将开始，而反弹一旦结束，短期均线再次出现拐头向下，或是出现价格上涨、短期均线却向下运行的均线顶背离，或是短期均线与中长期均线形成向下交叉的死叉时，宣告反弹结束，趋势将重新回归到下跌的趋势。如图 4－4 所示。

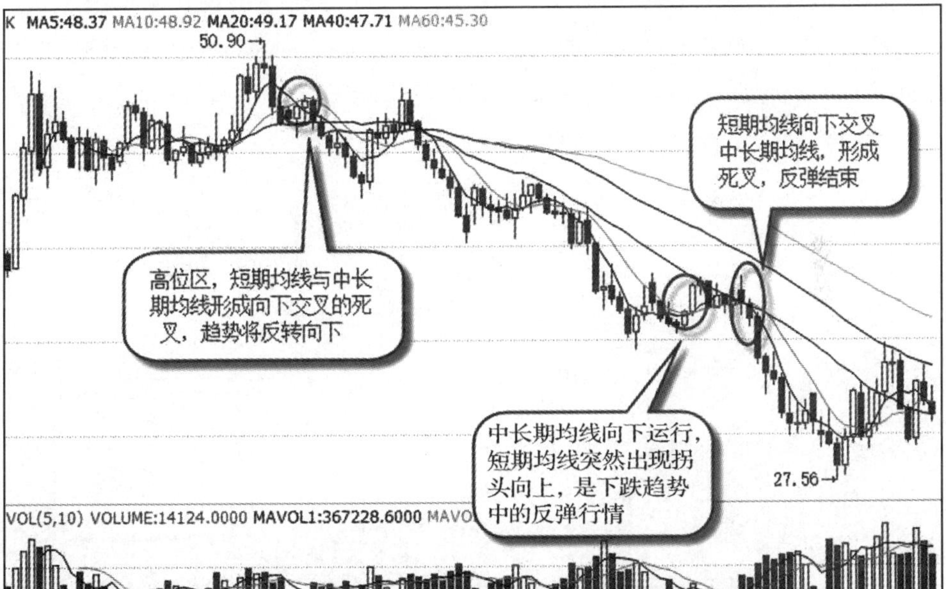

图 4－4 美原油连日线图

（3）当价格经过长期下跌后，随着跌幅的收窄，中长期均线与短期均线渐渐靠拢，并走平后出现拐头向上时，或是出现短期均线向上与中长期均线交叉形成金叉时，或是出现均线向上运行、价格却向下运行的均线背离时，往往说明下跌趋势即将转为上涨趋势。

实战案例

2016 年 1 月中旬至 2 月底，美原油连在经过接连大幅下跌后，跌势放缓。并且，各条均线此时已渐渐靠拢，先是在 2 月 27 日，价格向上突破 40 日均线，但 40 日均线却依然向下运行，形成了均线背离；其后，10 日均线又先后与 40 日均线和 60 日均线形成向上交叉的金叉。这说明，下跌趋势即将转为上涨趋势，投资者此时可盘中积极做多。

在行情转为多头上涨趋势后的 3 月 22 日，5 日均线出现拐头向下，说明行情即将出现，并随后在 3 月 28 日出现 5 日均线向下交叉 10 日均线的死叉，说明调整刚刚开始，在此阶段不应参与行情。到了 4 月 5 日，价格在跌破 40

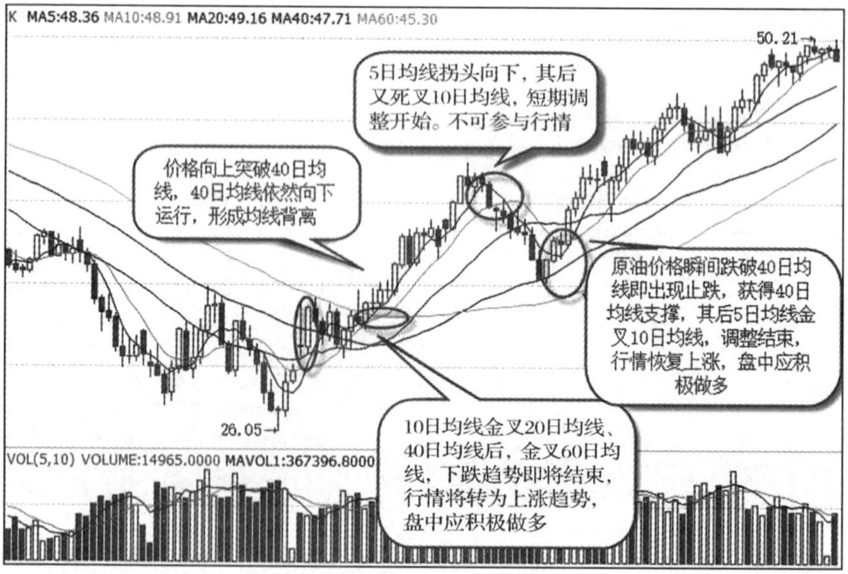

图 4－5　美原油连日线图

日均线后即出现快速回升，并远远收于40日均线之上，次日价格持续上涨，说明行情调整到40日均线时获得了强力支撑，价格已结束调整，重新回归到上涨趋势中。此时，投资者可在盘中积极做多。如图4－5所示。

实战要点

1. 趋势的判定，是对方向的把握，投资者只有明白了价格运行的趋势，才能做到心中有数，知道在什么时候可以做多，什么时候应当小心操作，甚至是卖出，空仓以待。

2. 即使是频繁做短者，不明白趋势的演变，也容易造成患得患失，频繁买入与卖出，却无法获得大的收益。

3. 均线的走势，反映的即是趋势，但通常在极端行情也就是市场由强转弱或是由弱转强时，如果及时抓住稍纵即逝的机会，就能获得更大的收益。

4. 均线背离，即是趋势发生反转时的一种迟钝表现，此时应结合大趋势来认清小趋势，这样才能更准确地把握好小趋势。

5. 投资者在实战中，首先应从较长周期K线图出发，去把握好大的趋势，然后在此基础上再通过对短周期图上均线的变化，来分析和判断具体的小趋势，从而寻找到好的买点与卖点。

4.2 看盘策略与方法

4.2.1 从阴阳判断多空力量

从阴阳判断多空力量，是指原油价格在运行过程中，投资者可以根据K线图上的阴阳K线与成交量的阴阳颜色来判断未来趋势的演变。

比如，当K线图上大多出现接连阴线时，成交量往往也以绿色居多，此时说明趋势将持续下跌，应做空买入；当K线图上大多接连出现阳量时，成交量上也往往多以阳量出现，说明价格将出现持续上涨，应当以做多买入。

实战案例

2016 年 7 月 5 日 14:37，原油价格创出新高后，开始持续出现了两根阴线，然后出现一根小阳线后再次出现两根较长阴线，而成交量此时也多为阴量，说明价格已见高回落，此时应卖出做多单，转为做空买入。

当价格其后接连出现下跌后，于 15:08 创出盘中新低 47.93 美元后，突然接连出现了两根阳线，成交量也呈阳量，其后 3 分钟，虽然出现了十字星与阴线和 T 形线，但成交量却多为阳量，且其后接连出现阳线及放大的阳量，说明短期趋势即将出现转折，此时应卖出做空单，转而做多买入。如图4－6所示。

图 4－6　美原油连 1 分钟图

实战要点

1. 当趋势发生转折时，阴量与阴线大多是出现在相对高位区；如果是在低位区出现接连的阳线与阳量，往往表明价格已见底。

2. 市场如果出现创出新低的放量长阴时，往往其后会接连出现小阳线小阳量，此时应卖出做空单，做多买入。

3. 市场如果在低位区出现放量长阳时，往往只需一根阳线即可决定趋势将转为向上，此时也应果断卖出做空单，做多买入。

4. 不同周期的 K 线图，往往代表不同周期的趋势演变，因此，投资者应根据不同的周期图上阴阳线的显示，判断趋势变化的长短。

4.2.2 从位置衡量多空强弱

从位置衡量多空强弱，是通过原油价格所在的位置，来判断趋势是否能够持续，或是反转。但在判断原油价格的强弱时，投资者应当首先从大趋势出发，再去研判大趋势中的小趋势变化，这样才能准确把握价格运行的大方向，即使是盘中对小趋势的把握出现失误，也能够及时纠正，不至于出现操作上的恐慌与失误。

比如大方向如果是上涨格局，那么当期间出现调整时，尤其是调整的幅度较大时，一旦发现多头出现，价格出现止跌回升，就可以抄底做多买入。此时，即使是价格仍然会震荡甚至下跌，但因大趋势是向上的，所以也可以继续持有；如果大趋势是向下运行的，盘中出现了止跌反弹，此时可以做空买入，即使反弹依然会持续，但大趋势是下跌的，也依然可以持有。

实战案例

2016 年 7 月 5 日开盘后，原油价格一直处于震荡下跌，当 10:05 出现一根长阳止跌后，持续上涨到10:20出略微回落时，可以选择做空买入。其后，价格继续震荡上行，并超过10:05时的高点，但当日整体的趋势是向下运行的，因此上涨结束后，价格依然回归了震荡下跌。如图4－7所示。

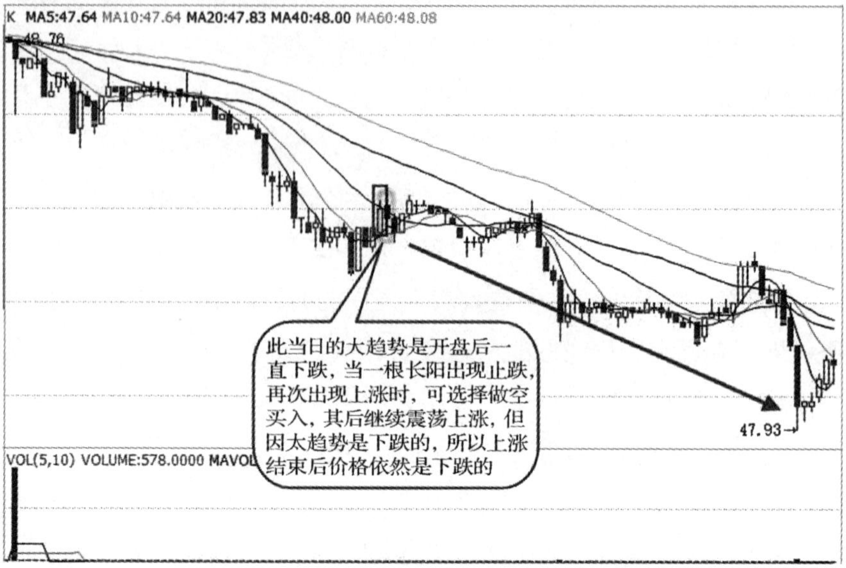

图4－7　美原油连5分钟图

实战要点

1. 从位置衡量多空强弱时，投资者一定要遵从大趋势。如果大趋势是下跌的，即使当深跌后出现反弹，多方暂时主导市场，当涨到一定程度后，空方也会依然会占据强势，价格回归下跌。因此，此时应做空买入。

2. 如果是在价格上涨过程中出现快速下跌，即使是放量下跌，K线上留下较长阴线，但其后价格依然会出现止跌，因大趋势是上涨的，所以跌至一定程度后应做多买入。

3. 不同周期的K线趋势所反映的周期是不同的，因此，投资者在操作时，应根据K线图周期的长短决定趋势的持续时间。

4.2.3 从位置高低判断趋势的演变

从位置的高低判断趋势演变，是指原油价格出现持续下跌，且跌幅较大时，在低位区如果出现了震荡企稳，一旦发现有反转向上的迹象时，应做多买入；或是当价格持续上涨，且涨幅较大时，一旦发现价格在高位区有冲高回落的趋势，说明趋势即将反转向下，应及时调整思路，反手做空操作。

实战案例

2016 年 7 月 5 日 10:30～12:00，原油价格经过高位震荡后转跌，但到了 7:05 创出盘中新低 48.11 美元后，即出现了低位震荡，13:59再次下跌，刷新前期，创出 48.11 美元后出现企稳回升，说明趋势即将反转，此时应卖出做空单，做多买入。

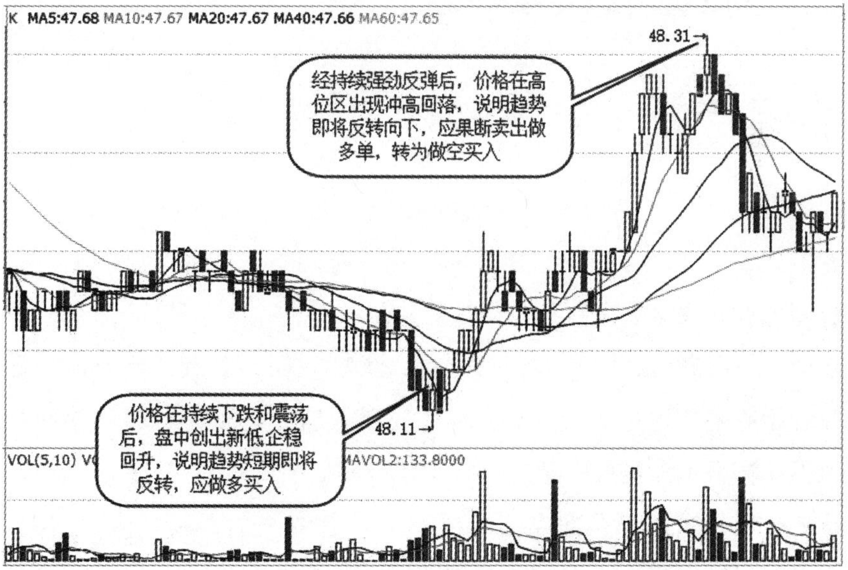

图 4－8 美原油连 1 分钟图

其后，价格出现快速接连上涨，并在14:37创出48.31美元的新高后出现回落，因短期出现了快速上涨，因此趋势即将转为下跌，所以应卖出做多单，转为做空操作。如图4－8所示。

实战要点

1. 趋势演变时，总是在长期下跌或短期快速上涨后跌幅或涨幅较大时出现，因此应及时选择在趋势反转时做空或做多。

2. 对价格的位置高低的判断，因投资者选择的K线周线不同，所以涨幅或跌幅也应根据周期的不同来对待，而不应千篇一律。

3. 在高位区出现转跌时，并不一定要上涨多少，只要发现冲高乏力时即可卖出做多单，做空买入；在低位区出现反转向上时，不一定非要下跌多少，只要发现低位有企稳的迹象，即可选择卖出做空单，转而做多买入。

4.3 原油投资理念与策略

4.3.1 超级短线

超级短线，即是T+0交易，也就是当日买入后又卖出的交易，这就需要投资者一定要掌握好各种技术指标的运用，才能做到准确地判断出一天之内的趋势高低点，决定是做空还是做多操作。

然而，投资者做超级短线，目的是为了实现当日获利，所以应在做超级短线时，始终坚持大趋势交易的策略，也就是说，即使是在进行超级短线操作，也不应盲目，而是要在把握日线趋势的基础上进行。

比如，当日线趋势是向上运行的，此时盘中应选择以做多为主的思路，逢价格大跌后做多买入；当日线趋势是向下运行的，此时盘中应选择以做空为主的思路，逢价格上涨后做空买入。

实战案例

2016 年 4 月 5 日，原油价格结束调整恢复上涨后，价格多次出现震荡向上，并且不断刷新前期高点，形成一波比一波上涨的趋势，但 MACD 指标中，DIFF 线向上掀起的上涨波却是一波比一波弱，形成了 MACD 顶背离，说明趋势即将出现顶部反转。如图 4 –9 所示。

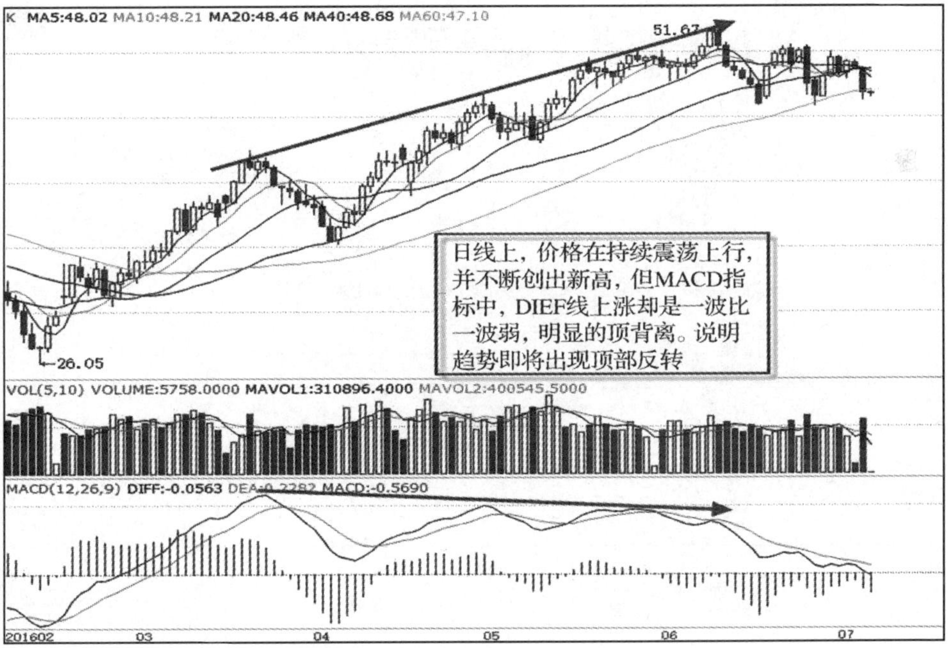

图 4 –9 美原油连日线图

2016 年 7 月 6 日，如果投资者想做超级短线操作的话，此时日线上趋势已经转跌，那么可在盘中选择逢反弹上涨后做空买入。如开盘后，价格一直处于震荡上行，至 8:22 时，价格创出 46.82 美元的新高，但此时出现一根留有较长上影线的阳线，接着又出现一根较长阴线，因此应选择做空买入。

当价格其后持续下跌后，CCI 指标却出现了向上运行，与价格运行方向相反，形成 CCI 底背离，2:27 时价格开始回升，应果断卖出做空单，转手做多买入。

当价格运行到 3:37 时，创出盘中 46.88 美元的新高，但此时 CCI 指标却出现了明显的向下运行，形成顶背离，因此应果断卖出做多单，转为做空操作。如图 4-10 所示。

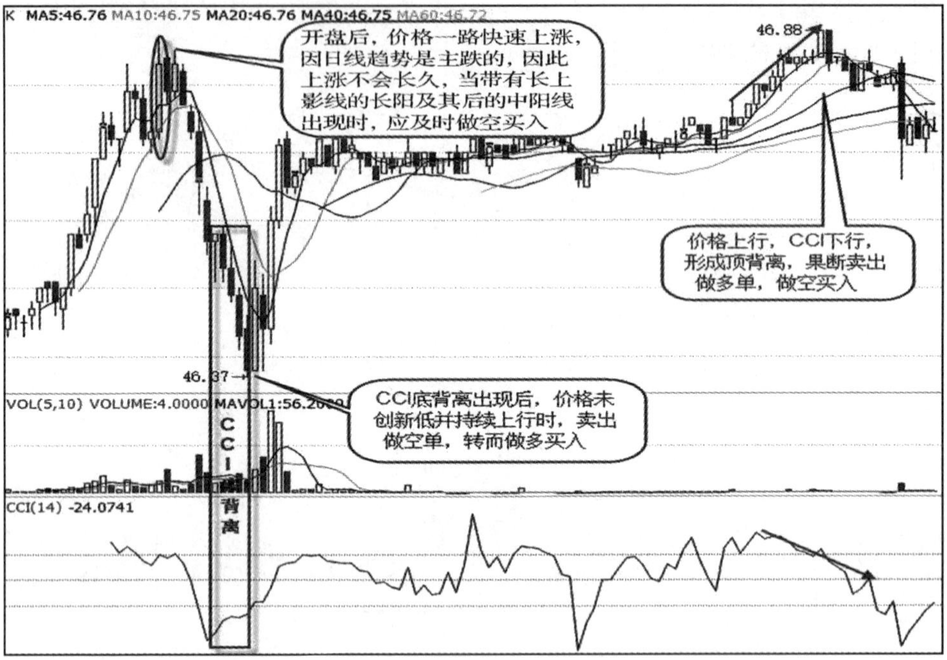

图 4-10　美原油连 1 分钟图

实战要点

1. 在技术指标中，MACD 指标往往在判断趋势方向上较为准确，可作为超级短线中对日线大趋势的研判。

2. 在超级短线操作中，一定要遵从日线的趋势，比如日线是主跌时，一旦发现上涨乏力应果断结束做多操作，转为做空。因为这样做，即使投资者在超级短线操作中出现短线判断失误，也只是暂时的，因为超级短线操作是按大趋势方向操作的。

3. 在超级短线操作中，如果投资者在逆于大趋势操作时，应做到保守些，即大趋势若是上涨的，盘中做空操作时，不可过于追求利益最大化，应以盘中调整行情对待；若大趋势是下跌的，盘中做多时都应以反弹行情来对待。

4.3.2 短线波段交易

短线波段交易，是指根据价格运行的趋势，当下跌途中出现震荡整理，或是上涨行情中出现短时调整时，按照技术指标的提示，盘中做一些波段性的操作。从时间上来看，短线波段操作要较超级短线操作持有的时间略长，但也不会过长，投资者应依据具体的趋势演变而定。

在短线波段交易中，投资者首先应看清大的趋势，才能准确把握价格波段运行的高低点。

实战案例

2015 年 12 月 4 日，经历前期下跌后，各条均线均已呈向下运行的趋势，但价格突然出现了止跌，盘中开始出现了横盘窄幅震荡，均线系统此时依然未能改变向下运行的趋势，说明行情此时只是价格深跌后的间歇，所以当价格运行到 2016 年 1 月 4 日时，KDJ 指标出现了下行中的 J 线向下与 K 线 D 线形成向下的死亡交叉。这说明，价格即将回归到下跌趋势中，投资者此时可做空买入。

当价格在下跌过程中，运行到 2016 年 2 月 10 日与 11 日时，价格在持续创出新低，但 KDJ 指标却出现了向上运行，并即将金叉，形成底背离。这说明盘中已有资金在大举买入，投资者可在 2016 年 2 月 12 日选择卖出做空单。

如此一来，自 2016 年 1 月 4 日至 2 月 2 日，即使是以 1 月 4 日的最高价

36.33 美元计，至 2 月 2 日的最高价 29.66 美元，一个小波段操作下来，收益也依然是很大的。如图 4－11 所示。

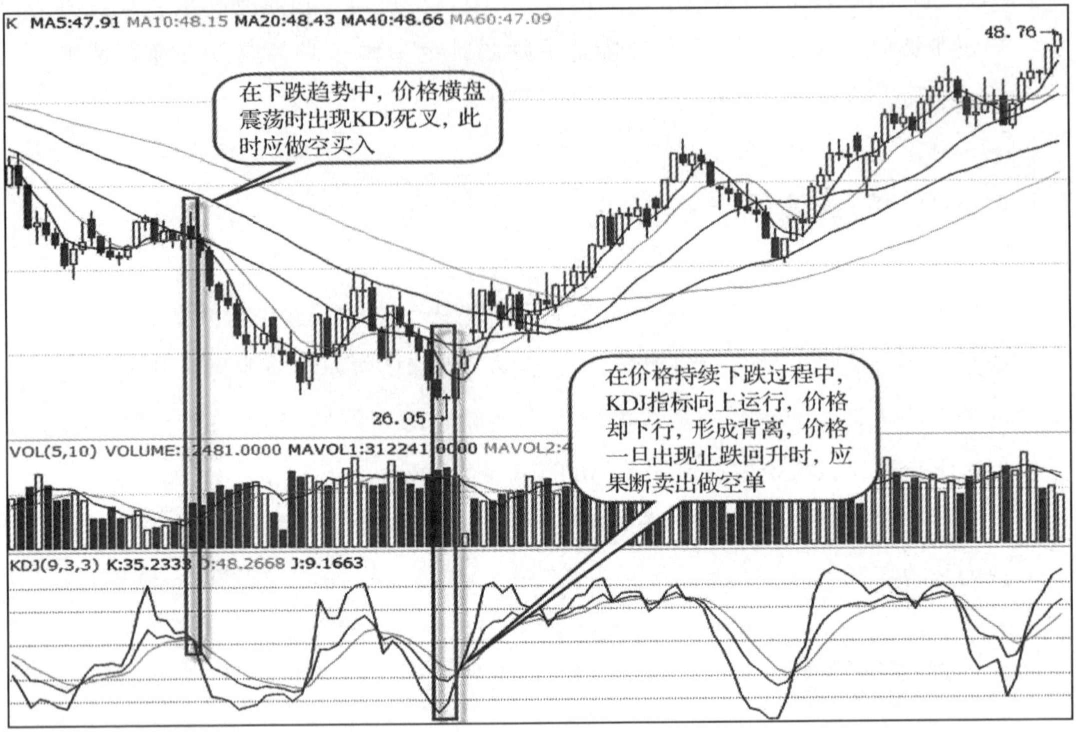

图 4－11　美原油连日线图

实战要点

1. 在短线波段交易中，投资者应首先确定好大趋势方向，以便能够准确把握大趋势中的小趋势，选择好操作方向，获利波段收益。

2. 当大趋势向上运行时，投资者可以做其中的调整行情小波段，此时往往以做空操作；当大趋势向下运行时，投资者可以选择反弹整理结束时的做空操作。

3. 如果是下跌趋势，投资者最好不要参与下跌的反弹行情，因跌势中的反弹行情力度较小，反弹的时间短，且幅度有限，很容易造成亏损。

4.3.3 中线交易

中线交易，是指投资者在投资时持有的时间较长，通常在趋势发生反转后一路买入持有，直到趋势再次发生反转时再卖出。

由于中线交易属于按照趋势运行的规律来操作，持有的时间又相对较长，所以投资者在操作前应从更长的周期上去观察趋势的演变，然后再回到1分钟图或是5分钟图上寻找具体的买卖点。

实战案例

在2016年1月20日与2月11日的两轮震荡下跌中，原油价格出现一波低点比一波低，并在2月11日创出26.05美元的新低，但MACD指标却未在2月11日刷新1月20日的低点，呈与价格相反的向上运行，形成MACD底背离。说明价格即将出现反转向上，此时应在MACD底背离出现后，即2月12日及15日接连两个交易日，价格出现明显向上运行时，选择做多买入。

其后，价格开始反转上行，此期间，投资者应一路持有，即使单月合约到期卖出后，亦应继续做多买入。一直到2016年6月9日，价格在持续上涨，并刷新前期上涨高点，盘中创出51.67美元，但MACD指标却未能创出新高，反而呈下行趋势，形成顶背离时，应坚决卖出做多单。因此时说明，价格将出现顶部反转，但因原油是双向交易，可以再做空买入，一直到跌势中止为止。如图4－12所示。

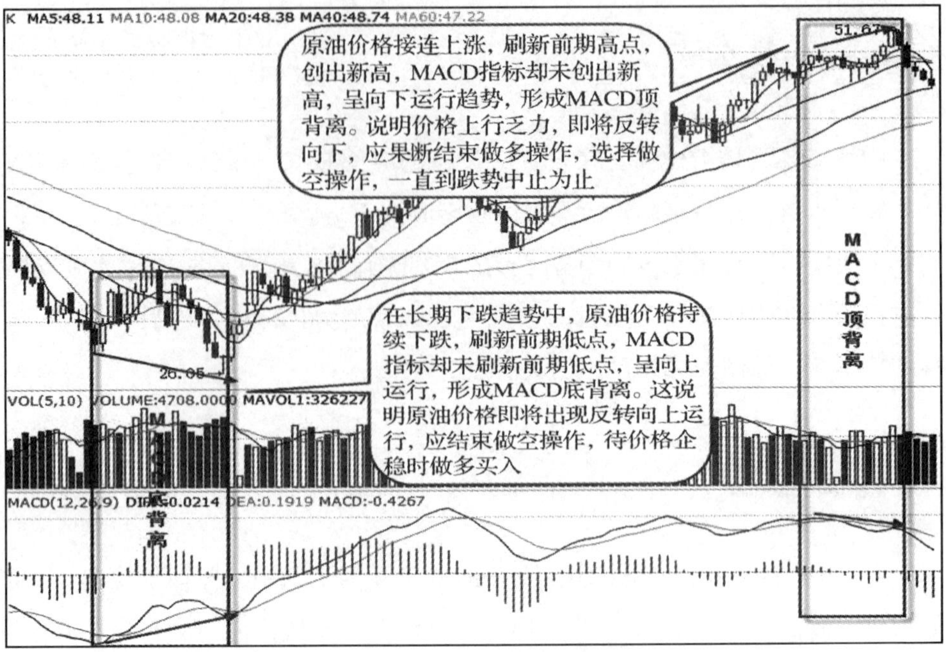

图 4－12　美原油连日线图

实战要点

1. MACD 指标对于中线波段交易较为准确，因此可以作为中线交易者研判行情时的重要技术指标。

2. 通常原油投资不适合长线投资，除非遇到百年不遇的大顶或大底时，但仍要以合约约定进行，到期后即使卖出，仍然应坚持中、长线思维买入或卖出。

3. 中线投资者不应只关注如非农数据 IEA、EIA 等单月报告或周报告，而应持续从经济数据的趋势发展去看美国经济运行趋势，从而判断原油趋势，更不应在乎一时一势的得失。

4.4 原油投资 T+0 交易技巧

4.4.1 止损

俗话说，“一寸长一寸强，一寸短一寸险”。越是短期的交易，越是容易出现失误。尤其是投资者在进行 T+0 操作原油时，这种情况经常会出现，因此，投资者在操作时，一定要事先做好止损的价位，至于止损的多少，通常视操作者的心理承受能力而定。

实战案例

2016 年 7 月 7 日，开盘后日线是看跌趋势，但 1 分钟图上开盘却出现了短时冲高，2:01 时出现了一根光头光脚的长阴线，说明趋势开始下跌，

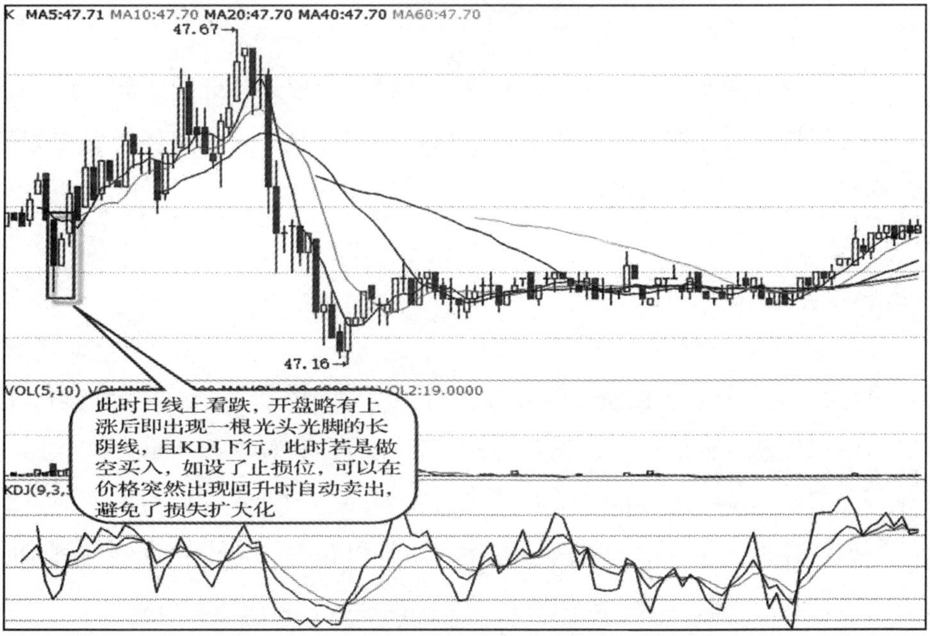

图 4-13 美原油连 1 分钟图

此时如果投资者选择 T+0 做空买入的话，应设好止损位，比如是 47.30 美元买入的话，那么可以将止损位设为 47.40 美元，因是做空买入，所以止损价应高于买入价。没想到其后，价格突然探底后回升，且出现了接连上涨，至 2:04 时，价格很快上涨至了 47.40 元之上。此时，如果不设止损价的话，那么随着其后价格的不断回升，损失会加大；但若是设了止损价，则价格一旦到了止损价时，就会自动成交，避免了亏损的进一步扩大。如图4－13所示。

实战要点

1. 没有投资者买入后是为了亏损，但止损位的制定不是为了亏损，而是为了在判断操作方向失误时，让自己的损失最小化。

2. 在 T+0 操作中，尽管日线上可以判定大方向，但小趋势中经常会因为某些意外事件而导致价格出现波动，且有时波动较大，因此一定要设好止损位。

3. 在 T+0 操作中，如果不设止损位，投资者应遵从此时日线上的大方向来顺势操作，这样即使短线被套，也依然难以亏损，但趋势转折时很容易出现因误判导致大的亏损出现。

4.4.2 点位

点位，是指投资者在进行 T+0 操作时，面对行情所做出的一种预判，比如，行情如果是下跌的，大行情往往较弱，此时如果要在盘中做多买入，可以预判一下反弹的高度，待行情在反弹过程中一旦到达这一点位时，应及时卖出。但如果是上涨行情，当出现调整时，可以预先判定价格调整到哪里时会有支撑，从而止跌，而一旦行情到了某一点位时，就应果断离场。

实战案例

2016 年 7 月 5 日，此时从日线上判断，之前价格正处于震荡下跌行情，所以当日因价格向下距离 60 日均线较近，必然会出现向下跌破 60 日均线。因此，从策略上，当日可在开盘后即刻做空买入，而在 60 日均线之下选择卖出。当日，60 日均线的价格为 47.10 美元，因此也成为买入后卖出的目标点位。

当临近当日收盘前，价格果然在一路下跌中出现跌破了 60 日均线，并依然在顺势下跌，当价格跌破 47 美元后，投资者应果断选择卖出早上的做空买入。如图 4 - 14 所示。

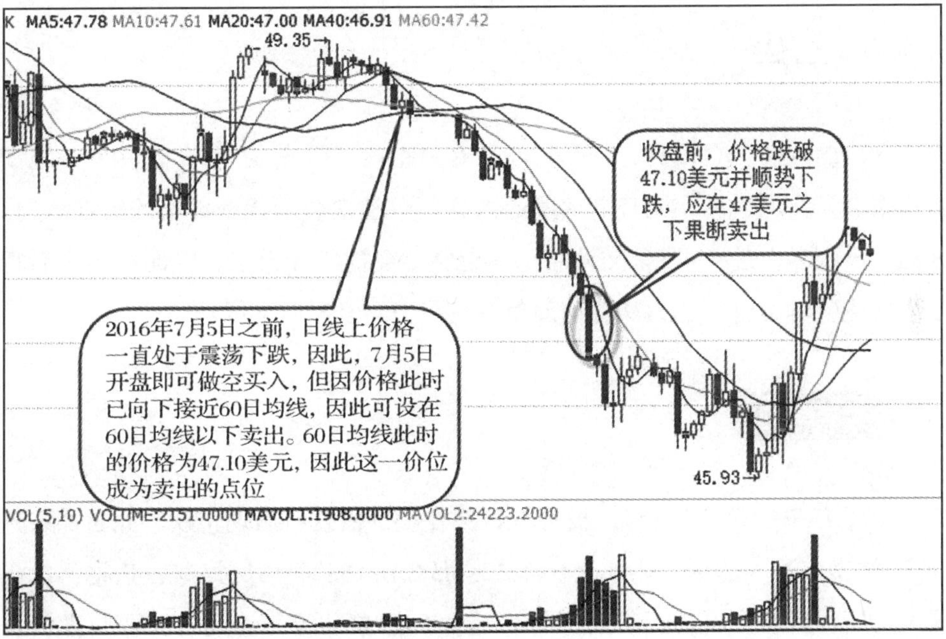

图 4 - 14 美原油连 60 分钟图

实战要点

1. 投资者在 T+0 交易中，点位的确定是对趋势的一种把握，而非卖点，具体卖出时的价格应根据盘中具体变化而定，因为预期的点位到达后，价格往往会出现一种顺势惯性的表现。

2. 投资者在 T+0 交易中，如果设定了预期的点位后，不要过于利润，应在预定点位的上下果断执行卖出，因为过于贪图利益的最大化，很容易导致趋势反转出现后的措手不及，影响操作和判断。

3. 投资者在 T+0 操作中设定点位时，应从价格的支撑位与压力位入手，而不能过于武断和想当然。

4.4.3 仓位

仓位的控制，是投资者控制风险的有效手段。因为在 T+0 交易中，短期趋势很容易发生逆转，尤其是突发的消息面，经常会干扰到价格的短期运行。因此，投资者在进行 T+0 交易时，一定要学会控制好仓位，以便在买入后行情出现逆转时，可以更为从容地面对突发行情，及时转向操作。

实战案例

2016 年 7 月 6 日 17:50，投资者若是发现价格跌后出现止跌，此时如果选择 T+0 做多买入的话，如果全仓而入，那么在 18:20 ~18:25时，价格再次出现长阴下跌后新的低位时，则无计可施，只能被动等待。此时，即使投资者短线看好盘中的反弹。而若是当时选择半仓买入的话，那么可在 18:50 ~ 19:50，价格在低位震荡时果断另行做多买入。如此一来，持仓成本将大大降低。如图 4－15 所示。

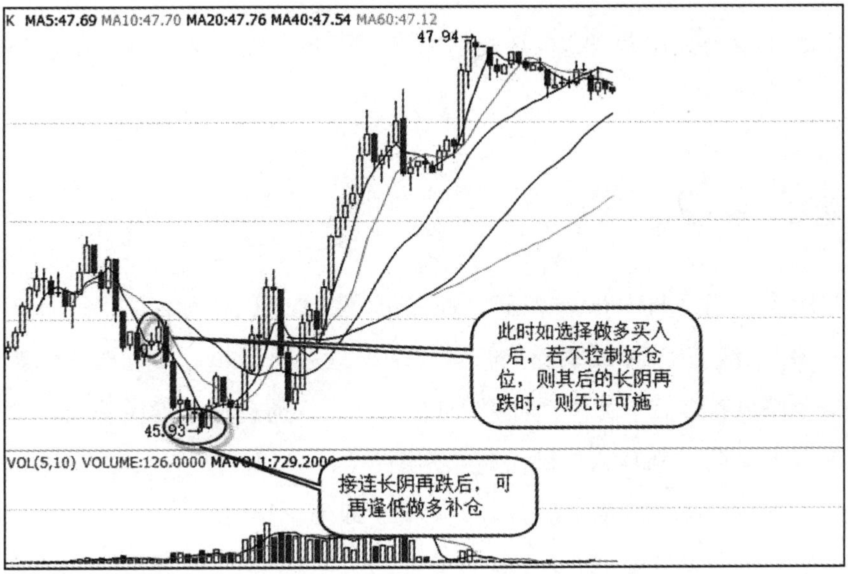

图 4－15 美原油连 15 分钟图

实战要点

1. 在 T+0 交易中，除非是坚定底部反转或顶部反转的初期，强烈看好趋势的发展，否则大多数情况下均不要全仓操作。

2. 在 T+0 交易中，控制好仓位也就是给自己留一分伸缩的余地，当行情突发逆转时，可以利用资金补仓。

3. 在 T+0 交易中，全仓满负荷操作，也很容易引发行情逆转时保证金不足导致的被强行平仓的风险。

4.4.4 止盈

在 T+0 交易中，投资者不仅需要学会制定好止损位，同时也应做好止盈位。因为在超级短线投资中，即使是投资者对大趋势把握较准，也很容易因对小趋势的把握不准，因为过于追求收益的最大化，而引发亏损甚至是被套的风险。比如在逆于大趋势的 T+0 交易时，就很容易因逆势操作，出现失误和损失。

实战案例

2016 年 7 月 7 日 3:00～3:35，原油价格出现低位横盘震荡，且 MACD 指标中的 DIFF 线与 DEA 线均已上行至 0 轴附近后出现小幅横盘震荡，如果此时投资者坚决看多后市行情，打算 T+0 做多买入时，应先设定好止盈位。此时，可以再根据 MACD 指标做出高点判断：当 MACD 指标向上冲突破 0 轴上涨后，一旦在高位区出现明显的向下回落时即为止盈位。

然后，投资者可做多买入。

当价格运行至 4:47～4:52 时，DIFF 线与 DEA 线在高位运行中均出现明显的向下回落，并且出现了 DIFF 线由上向下交叉 DEA 线的 MACD 死叉，此时，投资者应坚决卖出 3 点多时买入的做多单，因止盈位已到。如图 4-16 所示。

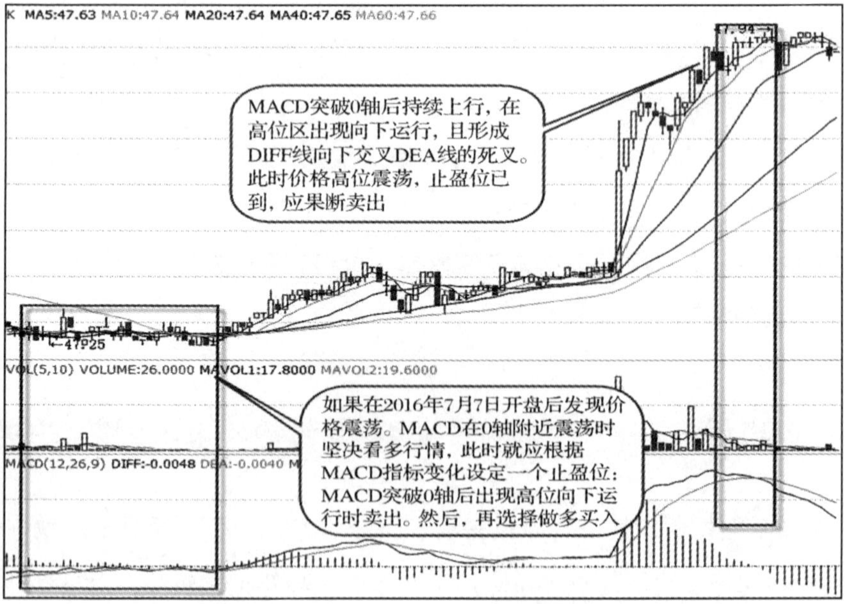

图 4-16　美原油连 1 分钟图

实战要点

1. 在T+0交易中，止盈位的设定可以是多方位、多角度的，既可以根据各种技术指标的显示来判定，也可以结合多项指标或日线、周线来判定具体的价位。

2. 止盈位与止损位同样是T+0交易中对风险的控制，以及对收益的保证所自行设定的。因此，一经设定，即应严格按照规定去执行，而不能随意更改。因为止盈位与止损位的设定，是一种短线操盘纪律。

3. 在T+0交易中，止盈位设定好并严格按其执行后，可能行情依然会延续，这只能说明当时设定止盈位时不够准确，因此在设定时，一定要多方综合判断后才能确定。但即使是不准确也应严格执行，因为波段高点出现后，价格很快即会出现回落。随意更改止盈位，往往会让自己在判定时更马虎，且极容易因此无法保住固定的收益。

4.5 原油投资的心理准备

4.5.1 冷静面对行情

原油市场虽然较为成熟，但市场总会有波动，有涨有跌，这就需要投资者在面对行情的变化时，一定要保持冷静的头脑，这样才能准确、客观地去判断行情的下一步演变。如果过于在意盘中的涨跌起伏，则很容易出现判断失误，脑子一热就冲了进去。尽管原油投资可以双向选择和T+0交易，但过于冲动往往是一种不成熟的表现，也极易失去对行情的准确分析和研究。须知市场里的机会有的是，有的是时间去操作。

实战案例

在 2016 年 7 月 7 日 10:39 时，如果投资者发现，在原油闪电图上价格接连出现台阶式上涨后，即无法克制住内心的冲动，而认为行情即将出现持续上涨就做多买入了，就会忽略，其实在闪电图上方，均价线一直是处于向下缓慢运行的，说明行情依然是小幅震荡下降的，此时的做多完全是一种错误的交易行为。如图 4 – 17 所示。

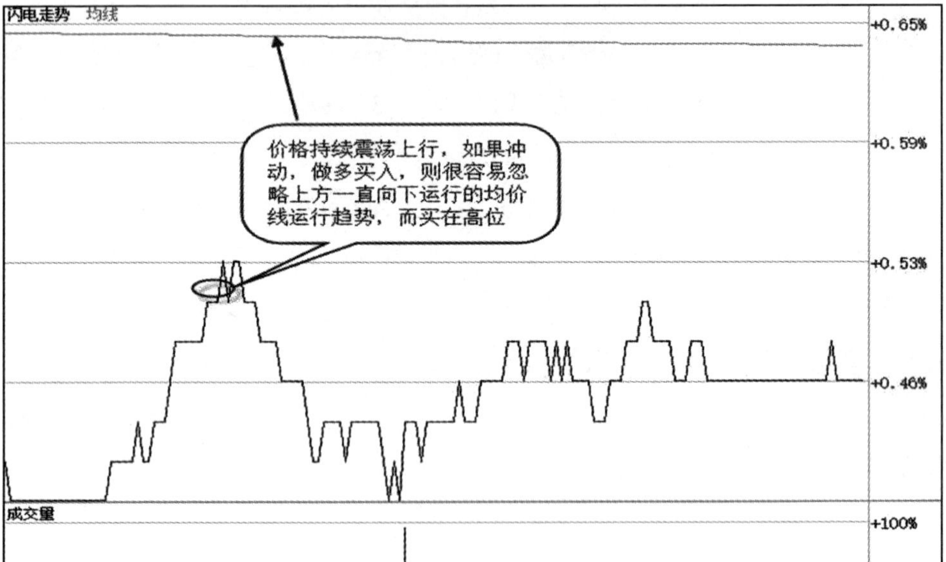

图 4 – 17　美原油连 2016 年 7 月 7 日闪电图

实战要点

1. 冷静，是所有投资者选择交易前都应保持的一种心态。过于冲动，往往会令自己利令智昏，从而忽略掉趋势运行的方向，做出错误的判断。

2. 冷静，不是不为行情涨跌所动，而是要以客观的态度来看待行情趋势的演变，并通过综合分析研判当前的行情。

3. 冷静也不是犹豫，因为犹豫会让投资者不知如何选择，也是一种不冷静的心态。而投资者只有客观地面对，才能做到在看清大趋势的前提下，去把握小趋势。

4.5.2 克服盲目心理，认清趋势

趋势，是价格运行的规律和发展的动向，因原油投资可以双向选择，所以，投资者在准备交易时应当克服盲目的心理，先看清价格的趋势，这样才能明白价格运行的方向，从而选择准备的交易方向。然而在判定价格趋势时，投资者不能只根据闪电图或是其他 1 分钟、3 分钟等短期 K 线图去了解价格的短期趋势，然后就进行交易，而应当从日线上看清大趋势发展的方向，然后再在这一趋势的基础上进行短线操作，从而做到心中有数、有的放矢，进而获得收益。

实战案例

2016 年 7 月 7 日，如果投资者想操作的话，要想克服盲目的心理，必须先从日线或周线上去观察大趋势。而通过观察会发现，此时价格正处于由顶部逐渐向下盘跌的趋势，也就是说此时的大趋势是震荡向下运行的。如图 4－18所示。

图 4－18　美原油连日线图

那么，当了解了大趋势是向下运行之后，再于盘中操作就相对明了了。因为如果是对价格的上涨难以把握，想做多时，都应以抢反弹的心理来对待，也就是一旦发现在反弹过程中出现滞涨或下跌时，应快速卖出。比如，在 7 月 7 日 12:06 价格出现探低企稳，此时可做多买入，而当价格上涨至 13:27 ～13:33 时，价格在高位出现震荡滞涨，此时就应及时卖出了。因为反弹行情往往是时间短、涨幅有限，即使仍然想操作，也应选择在高位时做空买入，因日线上大趋势是震荡向下的。如图 4－19 所示。

实战要点

1. 投资不是儿戏，也不是说笑，说错了可以改，投资是要为自己的错误操作付出代价的。因此，交易不可盲目，一定要分清大趋势，做到心中有数，

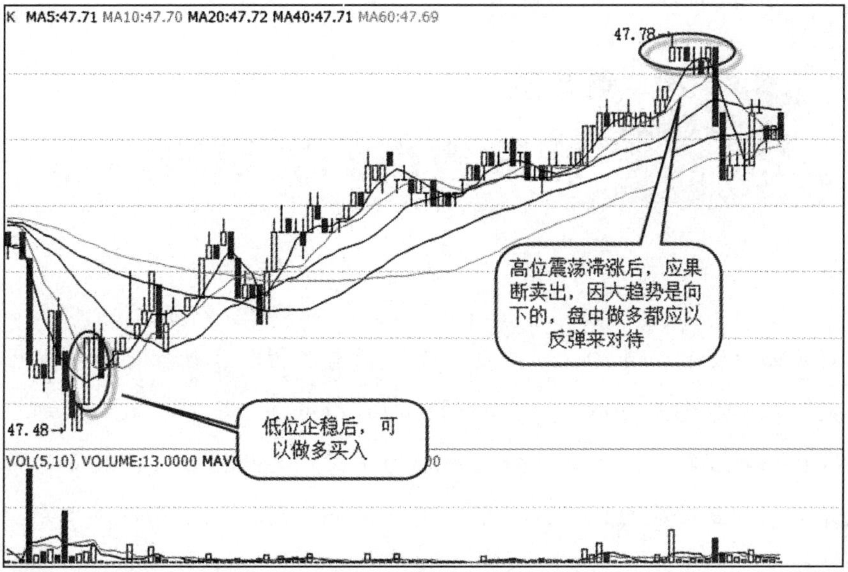

图 4－19 美原油连 1 分钟图

才能获得收益。

2. 投资时克服盲目心理，看清大趋势，还能克服操作中的失误，尤其是反大趋势交易时，就会格外小心和收敛投资行为，这样就避免和减少了失误的概率。

3. 克服盲目心理，看清趋势，并在短线交易中时刻记着大趋势运行的方向，这样才能做到冷静地面对行情演变，才不会慌乱。

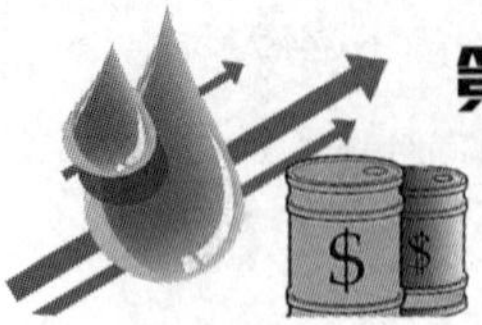

第5章 原油投资的支撑与压力

在原油投资的准备中，如何判断支撑位与压力位，往往起着决定性的作用，因为原油投资是可以双向选择的，即可以做多，也可以做空。那么，只有充分认识和理解原油价格运行过程中的支撑位与压力位，以及支撑位与压力位是如何相互转换的，在什么情况下如何转换的，才能更好地指导投资方向的选择。

5.1 支撑位

5.1.1 上涨趋势中的支撑位

上涨趋势中的支撑位，是指价格在上涨趋势中出现短暂调整时，价格往往会遇到支撑位出现止跌，从而恢复上涨行情。而支撑位是指，在股价下跌时可能遇到支撑，从而止跌回稳的价位。至于支撑位的情况，通常有两种：一种是由市场实际的密集成交区形成的，另一种是心理。

密集成交区形成的支撑位，是指在某一价格区间有大量的买入筹码，所以当价格跌至这一区域时，就会获得这些前期买入的筹码出现不卖出的反抗，从而在价格跌不下去的情况下出现反转上涨。

心理支撑位，往往在原油投资中起到的作用较小，因此可以忽略不计。

实战案例

在上涨趋势中，原油价格于 2016 年 3 月 22 日开始出现下跌调整，但至 4 月 4 日与 5 日时，价格只是盘中短暂地出现了跌破 40 日均线即开始回升。这说明，40 日均线处有大量的做多买入筹码，所以造成了之后的快速回升。因此，投资者应在 4 月 6 日价格继续反弹时果断做多买入。如图 5－1 所示。

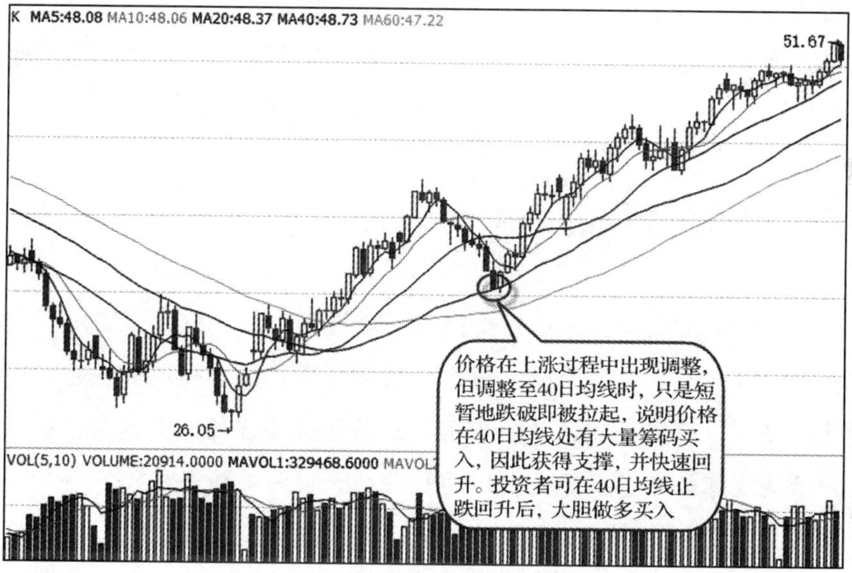

图 5－1　美原油连日线图

实战要点

1. 原则上讲，每一条均线都能成为上涨行情中的下方支撑位，但通常如果是快速上涨行情中的短时调整，往往只是针对 5 日均线或 10 日均线的调整，此时 5 日均线与 10 日均线即成为支撑位。

2. 上涨趋势中的调整，如果是在短期均线调整后继续上涨中再次出现调整，往往幅度会大些，是针对20日均线或40日均线的调整，此时20日均线或40日均线就成为支撑位。

3．除非是大牛行情，日线上才会出现针对60日均线的调整，而60日均线又属于中长期均线，因为，在大多数情况下，日线若是跌破了60日均线，往往不会构成支撑，反而说明趋势已经转变。

4．上涨趋势中，投资者在判断均线是否能形成支撑时，应看价格在跌破该条均线后，是否能够快速回升到均线之上。如能够快速回升至该条均线之上，说明该条均线已成为支撑位；如果不能快速回升到该条均线之下，则说明该条均线处的筹码也在卖出，其后价格将继续向下一条更长周期均线处寻求支撑。

5.1.2　下跌趋势中的支撑位

下跌趋势中的支撑位，是指价格在下跌过程中，当跌破某条均线价格遇到了支撑，从而出现了反转向上运行。通常而言，价格在由上涨趋势转为下跌趋势的初期，价格是在逐一由短至长跌破各条均线的，但此时，各条均线都很难成为支撑价格走强的支撑位，所以，此时的均线往往不能成为支撑价格持续走强的支撑，而只是在跌破较长周期均线后获得短暂的支撑，价格进行一定幅度的弱势反弹后，将继续回归下跌趋势。因此，此时投资者应做空买入。

实战案例

2016年7月7日，在原油3分钟图上，价格从7:03开始转为下跌趋势，价格相继向下跌破了5日均线、10日均线、20日均线、40日均线与60日均线，并在8:06~9:00之间，进行了低位震荡，接连出现了接连反弹，价格回归到了多条均线，因此时趋势是向下运行的，因此，价格再次回归到各均价之上运行时，并不说明在各均线处获得了支撑，只能是价格在短时跌破均线后得到了短暂的修正与反抗，其后仍将回归下跌趋势。因此，当股价再次回到均线之上运行时，反而成为做多操作中的做多卖点，与做空交易的买点。如图 5－2 所示。

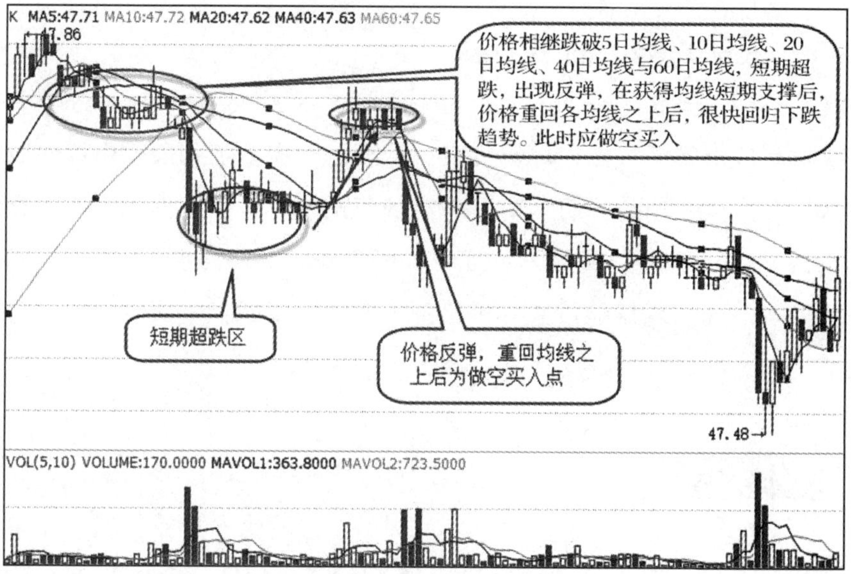

图 5－2　美原油连 3 分钟图

实战要点

1. 当股价处于下降趋势中时，均线往往无法形成较强的支撑位，只有在下跌初期，股价跌破中长期均线后会有一定吸引，令股价重回均线之上，但时间往往极短，成为做多的卖点与做空的买点。

2. 投资者在下降趋势中寻找支撑位时，应以 60 日均线为主，因此时只有较长周期均线才会在下跌初期对价格形成吸引，但价格一旦反弹回 60 日均线之上时，往往会成为做空买入和做多卖出的良机。

3. 在下降趋势中寻找支撑位时，往往选择的 K 线周期越长，其后行情持续得越长，这一点直接决定了投资者持有时间的长短。

5.2 压力位

5.2.1 上涨趋势中的压力位

上涨趋势中的压力位，是指价格在上涨过程中，遇到前期下跌过程中筹码密集区时，就会遇到前期套牢筹码的解套抛售，所以会形成制约价格继续上涨的因素，从而引发回落。而若要实现突破，往往需要以量破价。因此，投资者一旦发现出现量能放大，价格上行时，应果断做多买入，否则应做空卖出。

实战案例

2016 年 7 月 7 日 14:57 ～15:00，原油价格出现低位企稳上涨，在15:01 的上涨时，因遇到前期 14:45 ～14:52 长阴下跌前的平台做多筹码密集区，对价格的上涨形成了压力位，而价格却在此时出现了放量上攻，以量来破价，说明前期压力位会很快被突破。因此，投资者在发现以价破价突破上行压力位时，应果断做多买入。如图 5 -3 所示。

实战要点

1. 上涨趋势中的压力位，通常是前期做多筹码套牢区，或是位于价格之上的均线，也能成为上行的压力位，要想突破，必须以量破价，否则应做空买入。

2. 压力位往往成为制约价格继续上行的阻力，尤其是中长期均线，或前

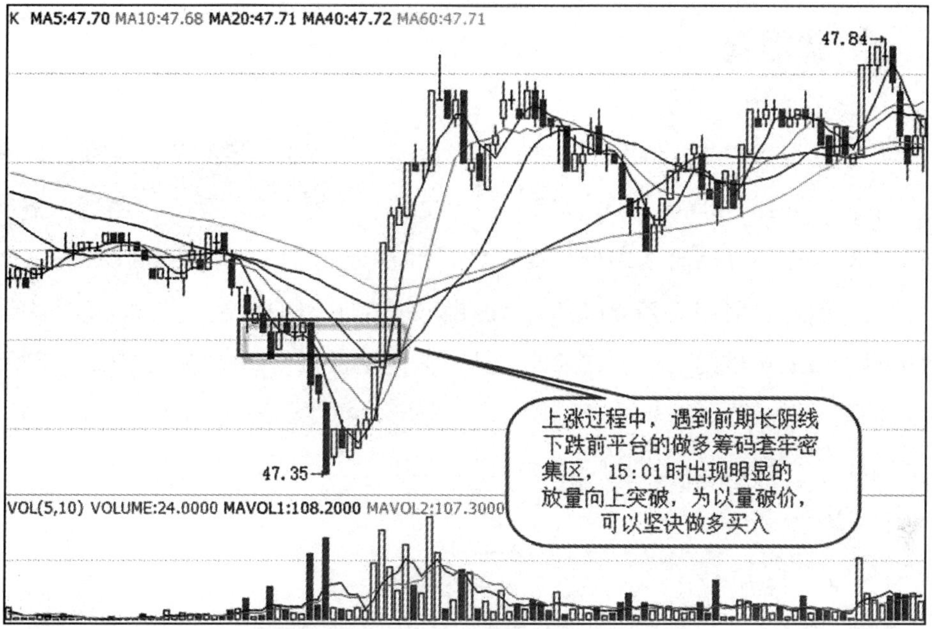

图 5－3 美原油连 1 分钟图

期下跌前的横盘震荡区间，时间越长，压力越大。

3. 投资者在上涨行情中遇到前期压力位时，应谨慎做多，尤其是日线上的压力位，往往会引发一轮较大的调整，甚至是趋势反转。

5.2.2 下跌趋势中的压力位

下跌趋势中的压力位，是指价格在下跌趋势中影响价格上行的压力位，实际上也就是下行趋势中的反弹行情中出现的均线压力。因为此时所有横亘在价格上方的均线都能成为一柄悬在半空的剑，尤其是当价格出现反弹向上突破均线后，均线即会成为影响价格继续上行的压力。如果不出现以量破价，或重大利好消息，通常价格在此时会选择继续回落整理。此时，均线往往成为压制价格快速下行的大山。

实战案例

在原油行情的 3 分钟图上，2016 年 7 月 7 日 7:03 开始的下跌过程，价格持续下跌，并在 8:06 ～9:00 期间，各均线之下进行了低位整理。但当价格出现反弹时，逐一开始向上突破各条均线，并在 9:09 时成功站在 60 日均线之上，此时遭遇了前期 7:27 ～7:54 时的做多套牢筹码的压制，以及 60 日均线的压制，形成较重的压力位，因此，此时应谨慎做多，而应做空买入。如图 5 –4 所示。

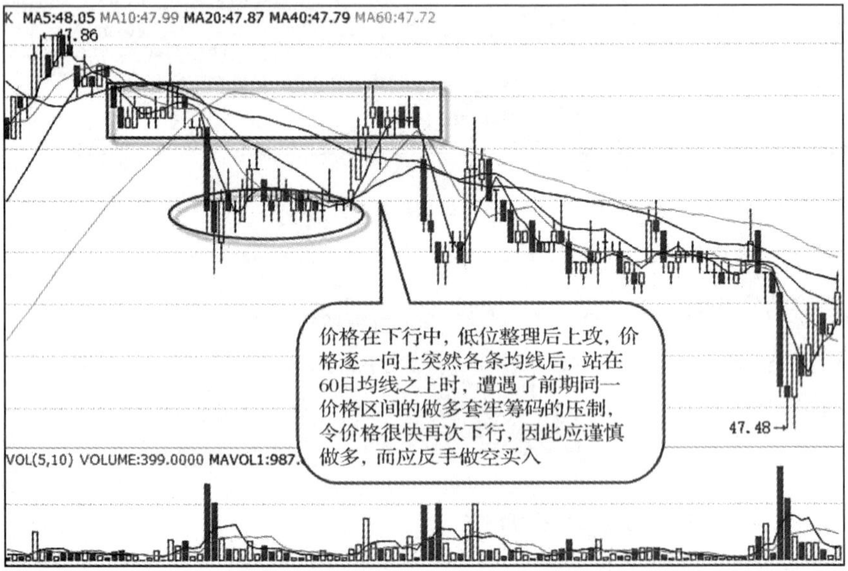

图 5 –4 美原油连 3 分钟图

实战要点

1. 下跌趋势中的压力位，主要是下跌反弹中的压力位，除了前期做多筹码外，60 日均线往往也会成为进一步压制价格持续上行的压力，因此应谨慎做多，应在价格遇到压力位时做空买入。

2. 如果出现以量破价时，可以选择做多，但必须这种量能持续跟上，否则仍然是昙花一现般短暂，所以，下跌行情中的反弹可谓压力重重，应谨慎做多，即使做多时，也应快进快出，以免高位被套。

3. 在下跌趋势中，当价格反弹至 60 日均线时，60 日均线也会成为做多操作的压力位。

5.3 支撑位与压力位的关系

5.3.1 压力位转支撑位

支撑位是支撑价格不再下跌的区间，而压力位则是制约价格继续上涨的区间，但支撑位与压力位并不是固守不变的，是可以相互转换的。比如在上涨趋势中，一旦价格在上行中遇到压力位制约时，出现以量破价后，那么压力位会瞬间成为支撑股价持续上涨的支撑位，此时应及时做多买入。

实战案例

2016 年 4 月 5 日，价格结束调整恢复上涨后，当 4 月 12 日价格上行到 3 月 17 日、18 日形成的高点时，遇到阻力，于是前期高点时的做多筹码成了制约价格继续上行的压力位。但价格在震荡数日后，选择了持续阳量破价，并在 4 月 12 日出现明显的放量上涨。此时应果断做多买入，因此价格一旦以量破价后，前期高点位置反而转化为了日后调整时的支撑位。果然，在 5 月 2 日出现的再度调整时，价格仅仅下探到了 3 月 17 日与 18 日时的价格上轨即宣告结束，重新回归上涨，此时仍可做多买入。如图 5 – 5 所示。

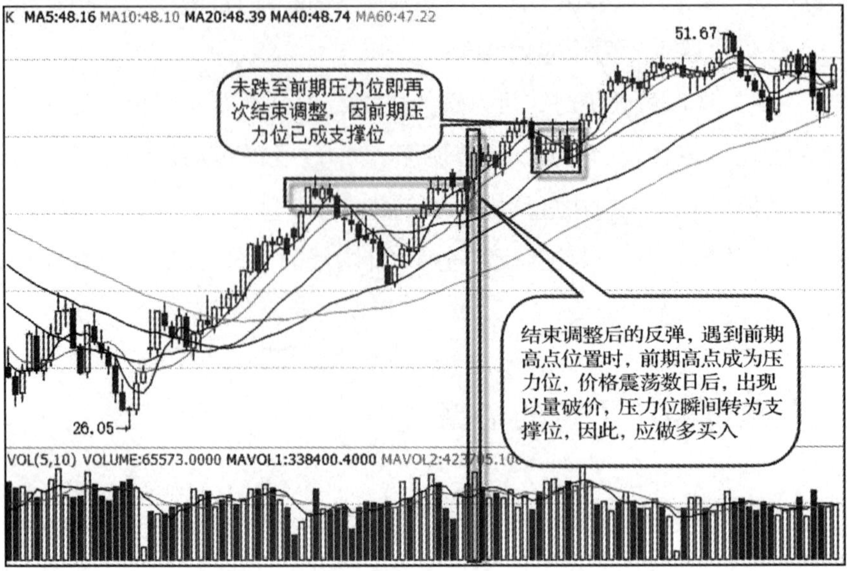

图 5－5　美原油连日线图

实战要点

1. 压力位与阻力位就像天平两端的砝码一样，当压力位被按下去后，就会成为支持价格持续向上的支撑位，因此是盘中积极做多的信号。

2. 当价格突破前期高点创出历史新高后，所有的筹码都在此时成为获利筹码，因此其后会出现持续刷新高点。

3. 当价格突破前期高点后再出现调整时，前期高点的压力位就会成为此时调整的低点即支撑位，因此当价格接近前期压力位区间时，往往成为做多买入的低点。

5.3.2　支撑位转压力位

支撑位转压力位，是指当价格在向下运行过程中，遇到前期支撑位时，如果无法在此区间获得支撑，则支撑位会瞬间成为压制价格止跌回升的压力位，促使价格继续向下运行，而这一支撑位也会成为日后价格反弹上涨时的压力位。

实战案例

2016 年 7 月 7 日 13:33 时，价格出现下跌，遇到 10 日均线、20 日均线时，并未获得 10 日均线、20 日均线的支撑，于是瞬间，10 日均线、20 日均线成为价格日后反弹时的压力位，于是价格在其后继续跌破 40 日均线与 60 日均线后的企稳反弹中，一旦在向上反弹越过 10 日均线后的 13:44 时向上突破了 20 日均线时，原来的支撑位此时瞬间显现了压力，使得价格在 13:45 时即刻出现再次的向下跌破 20 日均线与 10 日均线，持续出现下跌。因此，投资者应在价格反弹超过 20 日均线后，果断做空卖出。如图 5－6 所示。

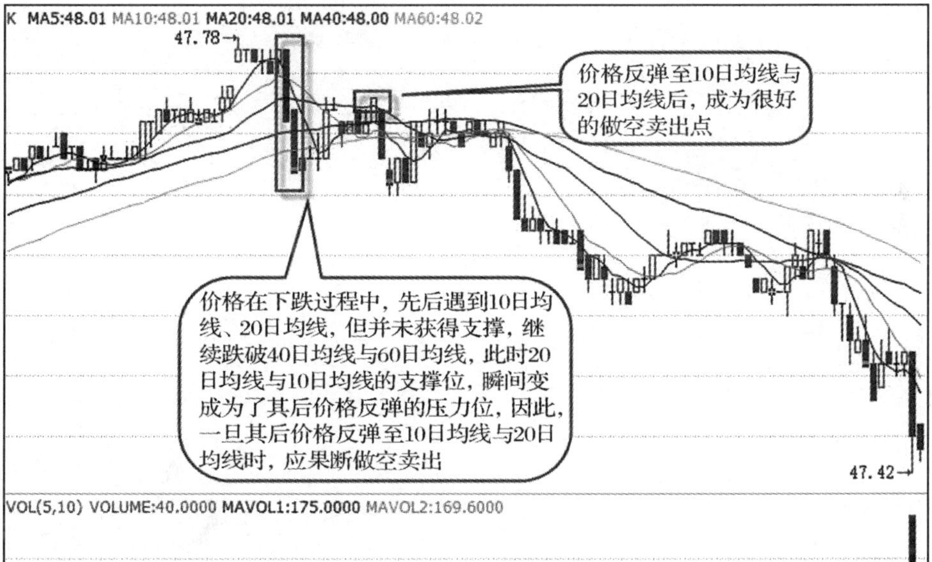

图 5－6 美原油连 1 分钟图

实战要点

1. 上涨行情时的支撑位，在下跌到来后往往会成为下跌的压力位，这是因为价格的下跌，引发了之前支撑位处的做多筹码出现了大举抛售所致。因此，此时应转为做空卖出。

2. 如果是在下跌过程中出现反弹，一旦价格突破短期均线后，短期均线此时往往不会形成支撑位，反而会成为压力位。这一点与上涨行情中的下跌刚好相反，因此此时成为做空卖出的良机。

3. 如果是趋势反转时的上涨初期，价格一旦出现向上突破 60 日均线时，原本是支撑位的 60 日均线会演变为压力位，所以当价格首次向上突破 60 日均线时一般均会再度回落到其下，只有价格再次出现向上突破 60 日均线时，才能成为做多买入的买点。

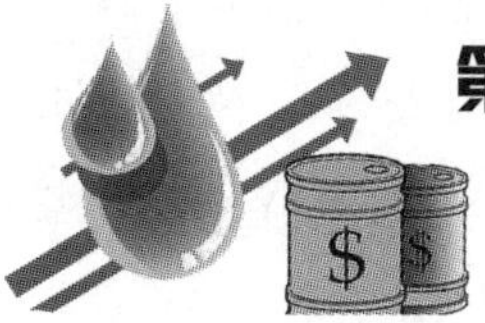

第6章 原油投资趋势交易实战

在原油投资中，趋势交易往往成为通过交易获得收益的关键，所以在实战交易中，一定要时刻明白自己是身处于一个什么样的趋势，是多头市场还是空头市场，因为在多头市场中有多头市场的操作策略和技巧，而空头市场又有着空头市场的操作策略与技巧。明白了这些，投资者才不至于选错交易方向。

6.1　多头市场

6.1.1　日线级别的多头市场

日线级别的多头市场，是指在日线上，因投资者均看好市场，所以价格出现持续上涨，并且在上涨过程中呈涨多跌少的情况。即大涨小跌，每一次的下跌后出现的上涨，都会在时间与幅度上超过调整下跌。因此，投资者应在日线上出现多头格局时，逢跌即可做多买入。

实战案例

2016 年 2 月 11 日，原油价格创出 26.05 美元的新低后，即开始持续上涨，且上涨的幅度较大，而跌的时间与幅度均较小，且各条均线也均慢慢转为向上运行，呈多头排列，渐渐形成了一个多头市场。此时，投资者可在盘中积极做多，逢调整即做多买入。

3 月 22 日至 4 月 5 日价格出现了较大幅度的调整，但 4 月 6 日结束调整后价格即出现了一路上涨，短期内出现了较大幅度的上涨，无论从时间上还是幅度上都超过了调整时。因此，投资者可在价格止跌结束调整时，果断做多买入。如图 6－1 所示。

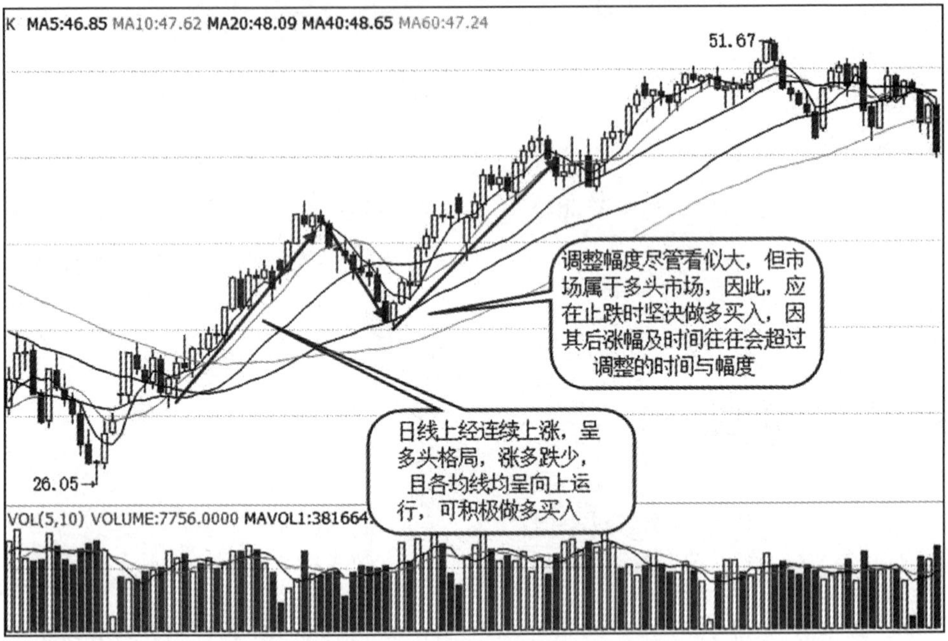

图 6－1　美原油连日线图

实战要点

1. 在判断日线级别的多头市场时，往往在初期短期均线会由短至长相继转为向上运行，只有 60 日均线还处于向下运行，但也在慢慢转为走平后向上运行。

2. 在日线上处于多头市场时，一旦价格与中长期均线相继较远时，往往就会出现调整，以修正前期过快的上涨，因此，调整结束时就成为很好的做多买点低点。

3. 当日线级别的多头市场形成后，成交量往往会呈放大的阳量居多，直到成交量再次缩减，且阴量开始持续出现，中短期均线开始向下运行时，趋势才会开始转变。此时，应以做空买入为主。

6.1.2 周线级别的多头市场

周线级别的多头市场，是指在周线图上，各条均线均呈向上运行的排列，此时的特征同样是涨多跌少。只是，由于周线图上均线的反映要慢些，尤其是60日均线，因此，基本上可以忽略60日均线。同时，作为原油投资，通常持有时间较短，因此，对于周线级别的多头市场格局，投资者在应用时可以作为操作时对大方向的把握，具体的买入时机，仍然需要从短周期图如1分钟图、3分钟图、5分钟图等图上去观察价格细微的变化。

实战案例

2016年4月15日，原油周线图上价格在持续低位上涨后，5日均线与10日均线此时均已明显向上运行，且20日均线也出现走平后开始上行的趋势。说明市场已转为明显的多头格局。此时，投资者在盘中应选择积极做多买入，即逢到价格调整出现后，一旦发现出现止跌回升时，应果断做多买入。如图6-2所示。

实战要点

1. 周线级别的多头市场，通常只是投资者研判市场趋势时的一种参与，不能靠周线提示来确定买卖点，因周线反映出来的情况往往较迟钝。

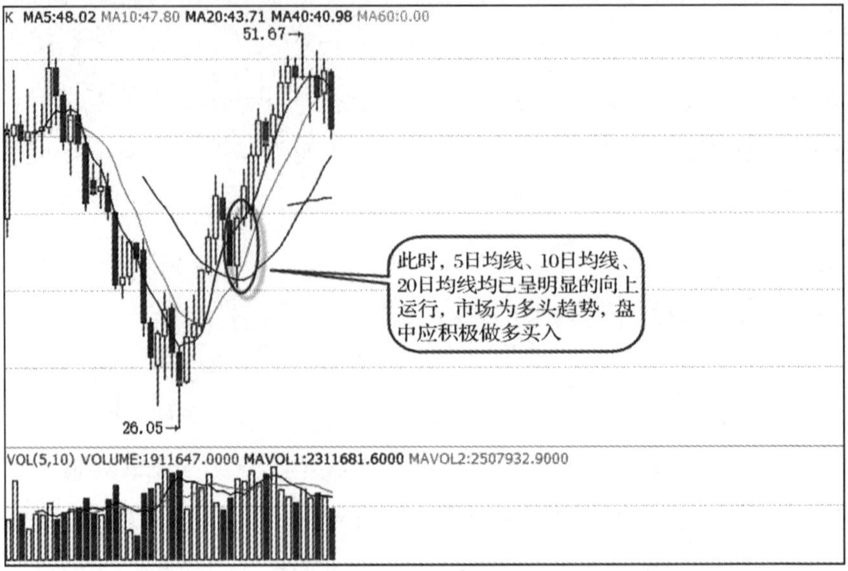

图 6－2　美原油连周线图

2. 投资者在利用周线判断多头市场时，不能像股票一样需要确保 60 日均线及 40 日均线均出现明显向上运行时再下结论，因此时往往行情已近尾声。所以，只要发现周线上中短期均线均已出现向上运行，且涨多跌少，成交量呈持续放大的阳量时，即可确认市场为多头格局。

3. 当投资者发现日线与周线上均呈多头市场时，可根据 1 分钟等短周期图寻找低点，积极做多买入。而一旦发现日线及周线上多头市场即将进入尾声时，应随时观察盘中变作，以做短为主。

6.2　多头市场的操作技巧

6.2.1　1 分钟图下单技巧

1 分钟图所反映的时间周期为 1 分钟，行情转化较快速。所以，投资者在根据 1 分钟图操作时，若是做多买入，应确保在日线上价格是处于多头格局的，这是因为，若是日线在空头排列之下，1 分钟图上的上涨均属于反弹，且持续的时间较短，涨幅通常不大，所以，此时的逆大势操作，收益往往不大，并且极容易失误，出现亏损。

实战案例

2016 年 7 月 8 日，如果投资者此时需要根据 1 分钟图去选择操作，应当首先看一下日线图，以明了此时的大趋势，从而掌握好操作方向。而通过观察日线，会发现此时价格正处在顶部反转后的震荡下跌。如图 6－3 所示。

图 6－3 美原油连日线图

在确定大趋势为下跌后，再回到 1 分钟图上，在 6:06 与 6:07 时，价格告别底部，持续上涨后均线呈明显的多头排列，此时可选择做多买入。当持有到6:56～7:01 时，价格出现了持续下跌，但并未破坏中长期均线的走势即宣告调整结束，此时仍然可以放心持有。

其后，价格出现持续上涨，至7:14 ～7:35 时，价格出现震荡上涨，但相对强弱指标 RSI 却出现了上涨波一浪比一浪弱的下跌趋势，出现顶背离，并且此时价格的上涨幅度已经很小。再综合日线上为下跌趋势，说明这段上涨行情仅仅是下跌中的反弹，时间不会太久，幅度不会太大，因此，应果断卖出离场。如图 6 –4 所示。

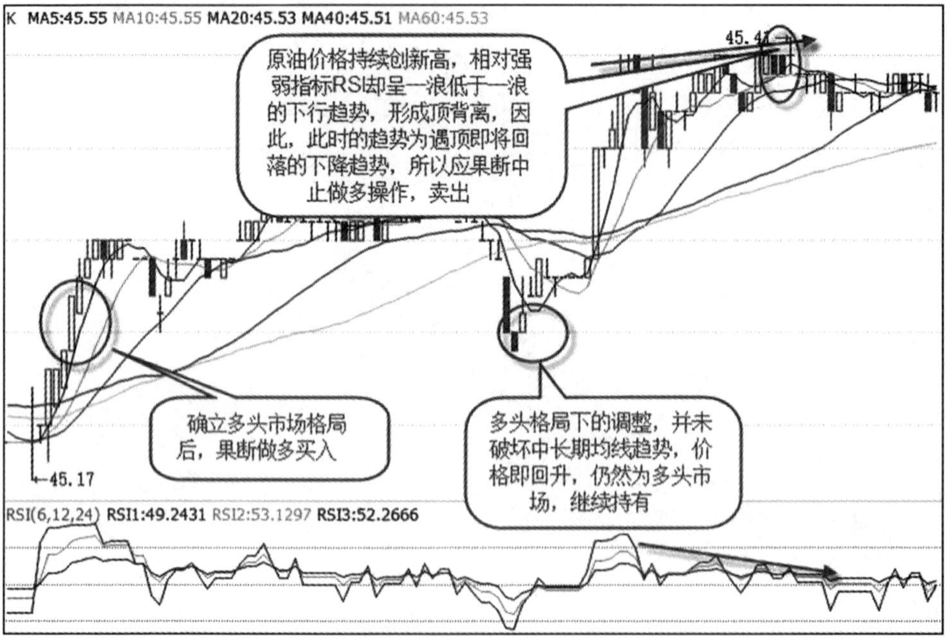

图 6 –4　美原油连 1 分钟图

实战要点

1. 投资者在根据 1 分钟图上的多头格局选择做多买入时，一定要看清日线上的大趋势，从而决定交易的思路。

2. 如果1分图上为多头市场，但日线上为空头市场时，此时的做多买入只能按抢反弹来对待，对行情期待不应太大，一旦发现有顶部迹象出现时，应果断卖出离场。

3. 如果1分图上为多头市场，日线上同样为多头市场时，此时应在盘中一旦发现价格出现调整时即可果断做多买入，因此时往往是涨多跌少，且跌幅及时间有限。如果在做多买入后，发现收盘前价格上涨趋势依然很强，不应当日卖出。

4. 在根据1分钟图显示交易时，投资者应结合技术指标来判断行情，尤其是RSI强弱指标，往往对短线操作帮助极大。

6.2.2 3分钟图下单技巧

当3分钟图上为多头行情时，投资者同样需要先从日线上去分辨出大的趋势方向，以及大趋势中的小趋势，然而再从3分钟图上去具体选择做多操作。比如，日线上是呈下跌趋势时，此时面对3分钟图上的多头趋势，应谨慎做多。但是，如果是下跌趋势中价格出现较长时间或幅度的下跌后，盘中的反弹力度会相对大些，但技术指标一旦提示顶部到来后，仍应果断卖出。

实战案例

2016年7月8日，如果投资者发现开盘后不久，3分钟图上价格呈多头排列，且在6:03时出现了明显的放量上涨，并且MACD指标中DIFF线与DEA线在0轴之上发出金叉，说明其后必会出现一波上涨行情，因此可做多买入。

然而，此时如果再去看一下日线图，如图6-3所示，价格大趋势为下降趋势，因此对此时的做多买入，只能以深跌后的反弹行情来对待。所以，当做多买入后，一路持有到10:48时，K线上出现一根明显的快速大幅拉高后回落的阴线，说明其后价格必然会出现逐渐回落。此时应在价格冲高回落时选择卖出，若是未能及时卖出，其后也应果断离场观望。如图 6－5 所示。

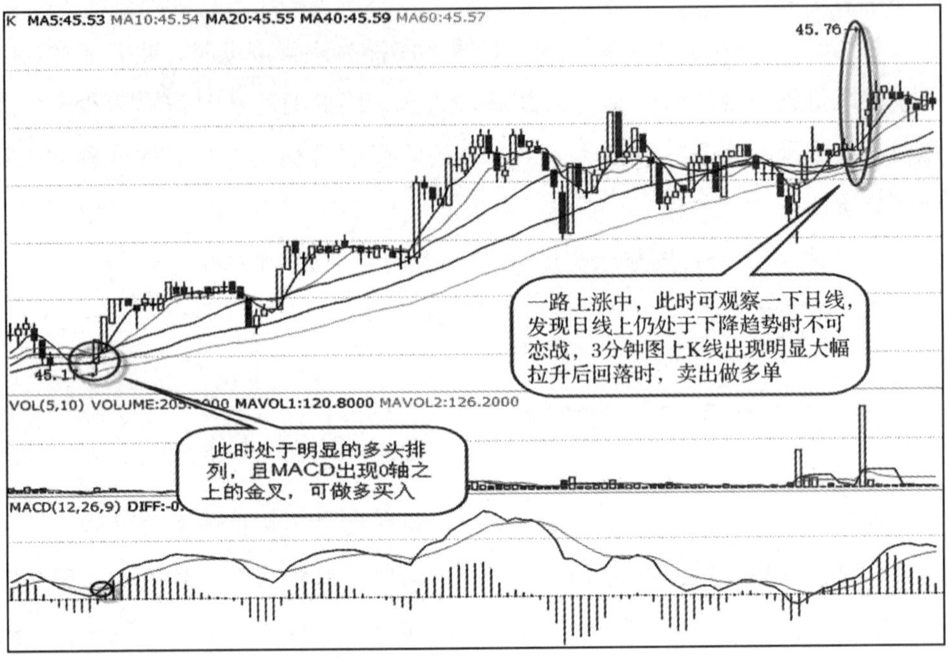

图 6－5　美原油连 3 分钟图

实战要点

1. 相对于 1 分钟图而言，3 分钟图周期略长些，因此，在 3 分钟图上价格处于多头格局时，应从 1 分钟图上去寻找更高的卖点。

2. 无论是 3 分钟图，还是 1 分钟图，甚至是 5 分钟图，投资者在选择做多下单时，一定要结合日线大趋势去判断。

3. 在 3 分钟图的多头格局之下，投资者观察行情时，应当结合各项技术指标去运用，比如判断买点或是卖点，而不能单纯地以 K 线形态选择下单操作。

6.2.3 5分钟图下单技巧

相对于1分钟图、3分钟图来说，5分钟图上，反映的价格周期略长些，但同样是一种短线交易中经常使用的K线图。在5分钟图上选择下单交易时，略有不同，投资者在掌握日线价格的大趋势后，当5分钟图上出现多头格局时，应及时选择做多买入。但是在选择卖出时，应当根据多头趋势延续的时间长短来决定，也就是并不一定非要当日买入、当日卖出。只有当发现多头趋势走到尽头时方可卖出。

实战案例

2016年7月7日，价格于15:10～16:15，上涨后震荡，各条均线在5日均线上形成多头排列，此时再看一下日线，为下降趋势，那么此时3日均线上的多头格局为盘中的深跌反弹行情。但到了6:20～6:30时，价格呈明显的告别震荡后的上涨趋势，此时应果断做多买入。

在随后展开的上涨趋势中，当运行至21:10～21:55时，价格在逐渐上行创出新高，但强弱指标CCI却呈明显的一波比一波弱的情况，形成顶背离。同时，成交量放大，K线上留下较长上影线的小阳线。这说明，盘中反弹的多头趋势已接近尾声，即将出现反转。投资者此时应果断卖出做多单，持币观望后再决定操作。如图6-6所示。

实战要点

1. 在根据5分钟图操作时，投资者并不一定要选择当日的T+0交易，只要多头趋势依然在延续，就可持有到次日，直到多头趋势发生改变时卖出。

2. 投资者在根据5日均线选择交易时，应在日线大趋势的基础上，并

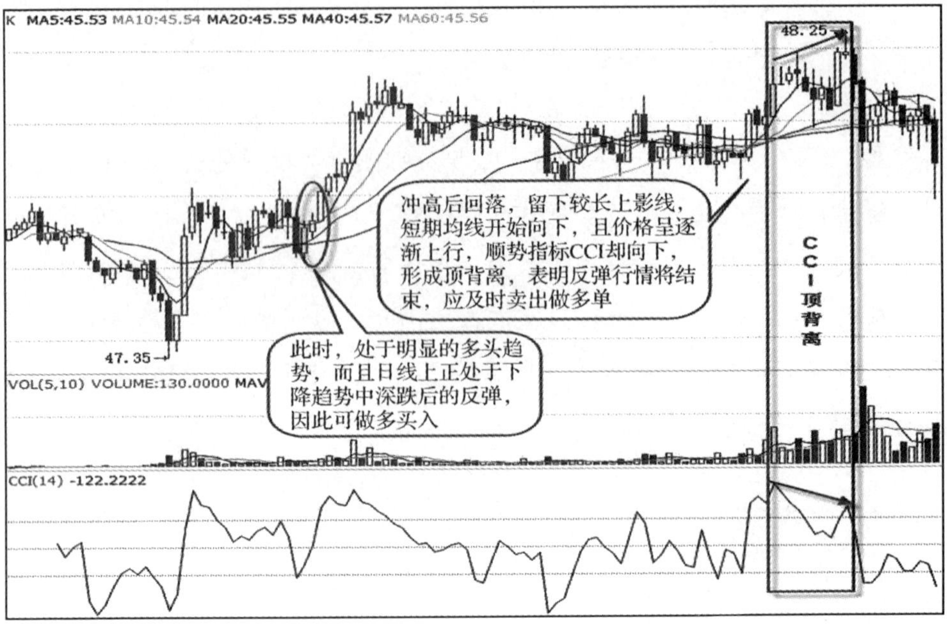

图6-6 美原油连5分钟图

且，在遇到买入或卖出时，最好结合1分钟图决定买卖点，这样能将收益最大化。

3. 投资者在使用5分钟图分析行情时，同样需要结合其他技术指标的变化来判断趋势的演变，尤其是对顶部的判断，指标背离往往是价格见顶时明显的标志。

6.3 空头市场

6.3.1 日线级别的空头市场

日线级别的空头市场，是指在日线上因投资者均不看好市场，所以价格出现持续下跌，并且在下跌过程中呈涨多跌少的情况。即反而出现一波反弹即会引发再一次的大幅下跌，且每一次反弹的力度都较小，时间也较短。而判断空头趋势的标准，往往是均线空头排列，即 5 日均线、10 日均线、20 日均线、40 日均线、60 日均线均在 K 线上方呈向下运行。因此，投资者应在日线上出现空头格局中的反弹时，逢涨即做空买入。

实战案例

2015 年 11 月下旬，日线上原油行情呈明显的空头趋势，且跌多涨少。5 日均线、10 日均线、20 日均线、40 日均线、60 日均线均位于 K 线上方，呈向下运行。一旦盘中出现反弹，反弹的幅度很小，时间也较短，且反弹后即刻引发一轮新的下跌。因此，投资者应在空头市场中一旦发现盘中出现反弹时，即果断做空买入。如图 6－7 所示。

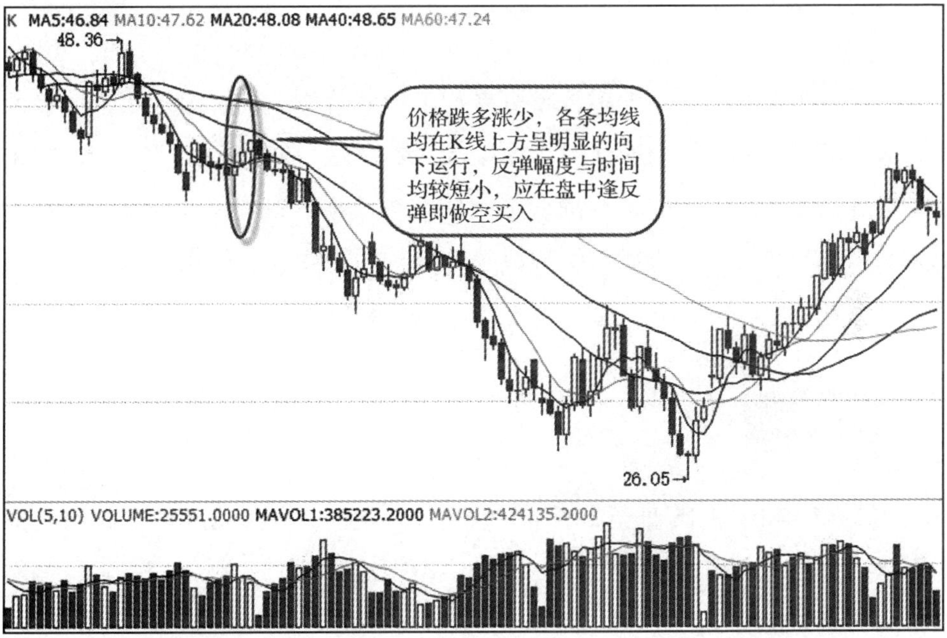

图 6－7 美原油连日线图

实战要点

1. 在日线级别的空头市场里，投资者应多选择做空买入，因大趋势是向下运行的。

2. 在日线级别的空头市场里，如果价格深跌后出现跌势趋缓时，投资者若是想做多的话，应从短期 K 线图入手去选择交易，但此时因大趋势主跌，所以即使做多买入，也应见好就收，以免被套亏损。

3. 日线级别的空头市场，通常应用在中线大波段交易，但在短线操作中，投资者也应以日线的大趋势为准。

6.3.2 周线级别的空头市场

所谓空头市场，就是大多数投资者均不看好价格，不愿做多买入，因此在空头市场里，往往是涨少跌多，且各条均线均在 K 线之上向下运行。如果这种情况发生在周线上，即为周线级别的空头市场。因在原油投资中，极少数人会以中长线投资，所以对于周线及月线的运用较少，因周线或月线上的价格反应往往十分慢，所以通常成为投资者选择操作方向时的趋势判断标准。

实战案例

在 2015 年 10 月 16 日至 2016 年 2 月 12 日期间，各条均线均在 K 线上方向下运行，价格跌多涨少，且每一次盘中出现反弹的时间都极短，且涨幅有限，为明显的空头市场。在此期间，投资者应以做空买入为主，即使要做多，也应在反弹初期抓住反弹低点，并做到快进快出，以免高位被套。如图 6 - 8 所示。

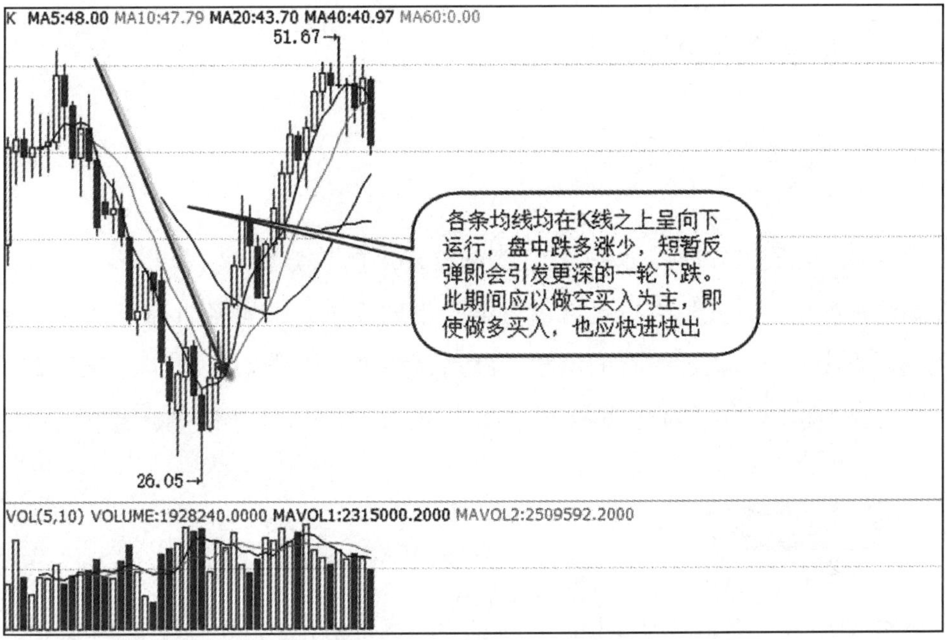

图 6－8 美原油连周线图

实战要点

1. 周线级别的空头市场与月线级别的空头市场一样，因所反映的时间周期较长，所以通常为投资者在把握趋势方向时所参与使用的。

2. 在周线级别的空头市场上操作时，应以做空买入为主，尤其是当反弹出现后，一旦发现反弹无力时，应及时抓住做空买入点。

3. 在周线级别的空头市场上，投资者在具体操作时，应当从更短级别的 K 线周期图上去寻找，并结合其他技术指标及信息综合判断，尤其是在市场经过深跌后的趋势反转时。

6.4 空头市场的操作技巧

6.4.1 空单

空单，是指在原油交易过程中因看空未来的趋势发展，所以做空买入，在具体的操作上，就是当投资者面对空头市场看空未来的原油行情时，可以先选择卖出，而后当行情真的出现下跌后，如果感觉未来市场可能会出现回转或是已经达到了预期时，再选择空单平仓，即可从价格下跌中赚到利润。

实战案例

在2016年7月的原油价格运行过程中，当价格在7月4日冲上49美元之后，投资者如果感觉价格仍然会出现下跌，那么可以在此时选择卖出。

其后，当价格在49美元附近震荡整理后，出现了一轮明显的下跌，但没有达到预期，所以可以不理会行情。但如果是到了7月8日2:00时，投资者发现原油价格已经跌破了45美元，感觉达到了自己的预期，那么此时就可以选择空单平仓。如此一来，投资者即可在做空中赚到利润。如图6－9所示。

实战要点

1. 空单属于原油投资中的做空操作，即投资者做空操作，多数在价格趋势处于空头排列时，或是上涨趋势中调整行情开始时使用。

2. 投资者在做空原油时，无须考虑之前是否已经买入了，只须先行卖出即可。但结束做空时，往往不需要再卖出了，而只需选择空单平仓即可。这是与股票的单向交易不同的地方。

3. 在大多数行情中，投资者如果选择做空，那么往往是已经准确地判断

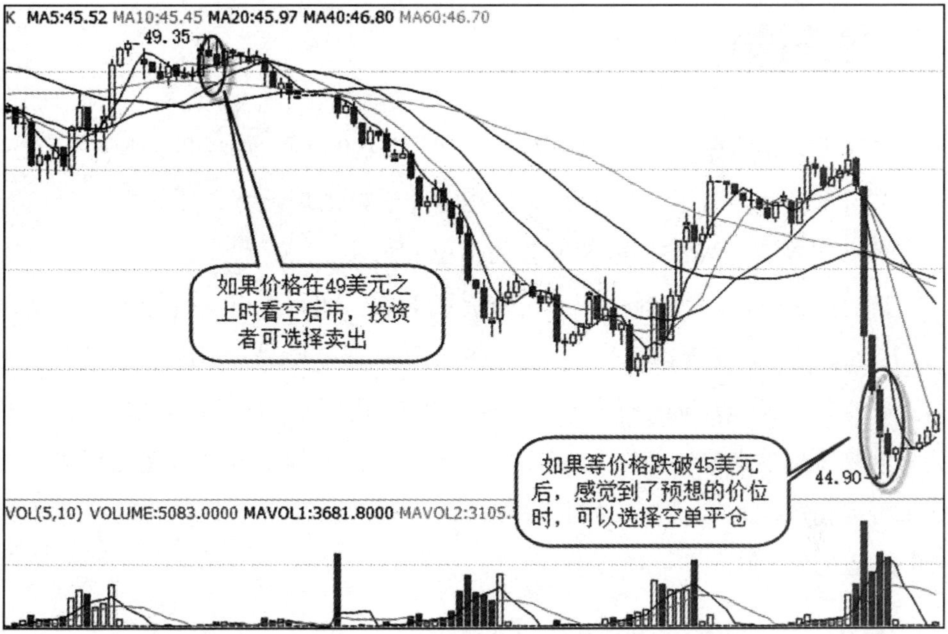

图6－9　美原油连60分钟图

出了价格的顶部。这一点与股票单向交易中的卖点的选择方法是一致的，只不过操作上不同罢了。

6.4.2　多单

多单，即是做多，和股票的单向交易相同，即感觉原油价格已经跌到位了时，买入做多，等价格达到了自己的预期时再行卖出。所以，多单也就是顺势交易的方式。在具体的操作中，当投资者看到价格已无法再继续下跌，或是达到了自己理想的低位时，即可选择好要买入的数量，然后选择买入即可。

实战案例

在原油 2 小时图上，当 2016 年 6 月 28 日 4:00 时，如果投资者感觉一根长阳的出现已经宣告了短期的底部，其后价格将出现上涨，那么即可以选择好要买入的数量，然后在 46 美元多的价位上买入。

其后的 29 日，如果感觉仍然没有完成上涨，那么可以一直持有，一直到 30 日 4:00 时，当发现价格快速冲高后出现了回落，K 线上留下了一根带有较长上影线的光脚阴线时，感觉价格已无法再实现上涨了，或是感觉 46 美元多买入的持有到现在价格已经上涨到了 49 美元多，达到了自己的理想预期，那么就可以在此时悉数卖出。如此一来，即可获利每桶 3 美元左右，一手即是 300 美元左右。如图 6－10 所示。

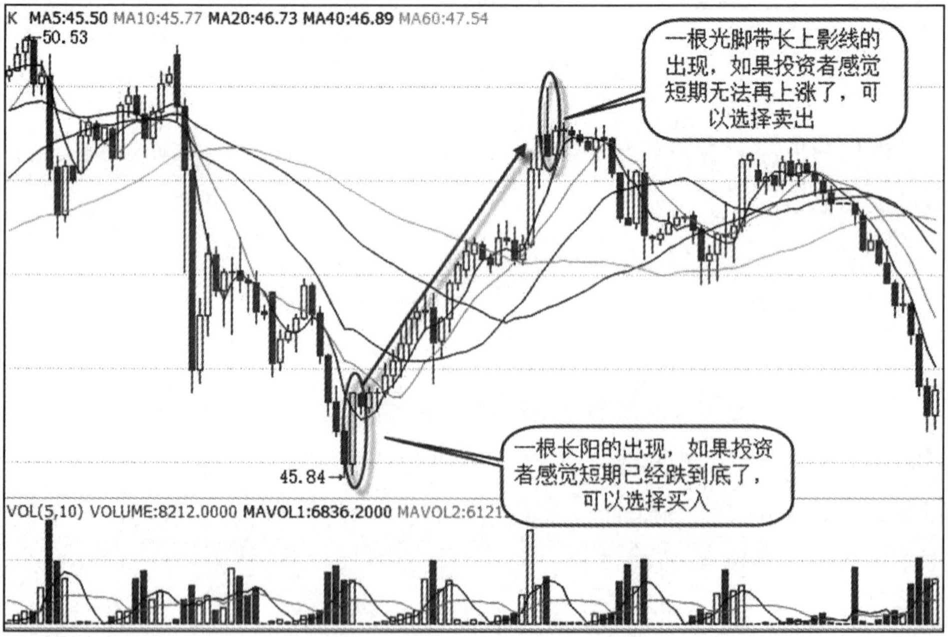

图 6－10　美原油连 2 小时图

实战要点

1. 多单就是做多，是在下降趋势中的反弹行情中，或是上涨调整行情结束时所使用的一种顺势交易。

2. 在多单操作中，投资者可以运用技术指标寻找下跌趋势中的末端迹象，或是价格见底时的特征，以选择低位买入；同时，也应寻找价格顶部出现时的信号，以保证利润的最大化。

3. 在空头市场中，投资者如果是做多行情，应做到快进快出，尽量减短持有时间，因空头市场中的做多，就是抓盘中的超跌反弹，而大多数情况下，在下跌趋势中出现的反弹往往是较短暂的，涨幅也有限，因此应见好就收，不可预期过高。

第三部分

原油投资实战技术篇

第7章 原油波段投资经典买入形态

因为在原油投资交易制度中是可以T+0交易的，所以波段操作往往在原油投资中更为实用，这就需要投资者明白哪些经典底部形态是会出现熊转牛的趋势反转的，也就是做多操作中的抄底买入形态，以及做空操作中的卖出形态。比如底部与底部反转形态、买入形态、K线组合买入形态。知道了这些，在实战交易中就可以选择做多买点与做空卖点。

7.1 经典底部反转形态

7.1.1 单针探底

单针探底，是由单根带有较长下影线的K线组成，此形态大多出现在下降趋势中，是下降趋势可能即将结束的信号，因此它经常发生在一段下跌行情的底部。在单针探底形态中出现的K线，可以是绿色的阳线，也可以是红色的阳线，但往往下影线越长的放量阳线特征最为明显。因此，在单针探底出现后，应及时做多买入。

实战案例

在原油15分钟图上，2016年7月7日开盘后，原油价格在略有震荡上涨，创出48.25美元的新高后，即在其后的23:05出现了一路下跌，至7月

8 日 1:20 时，收出了一根下影线长、实体较短的阴线，形成单针探底形态，说明价格短期已经见底，应在单针探底出现后，及时选择做多买入。如图 7-1 所示。

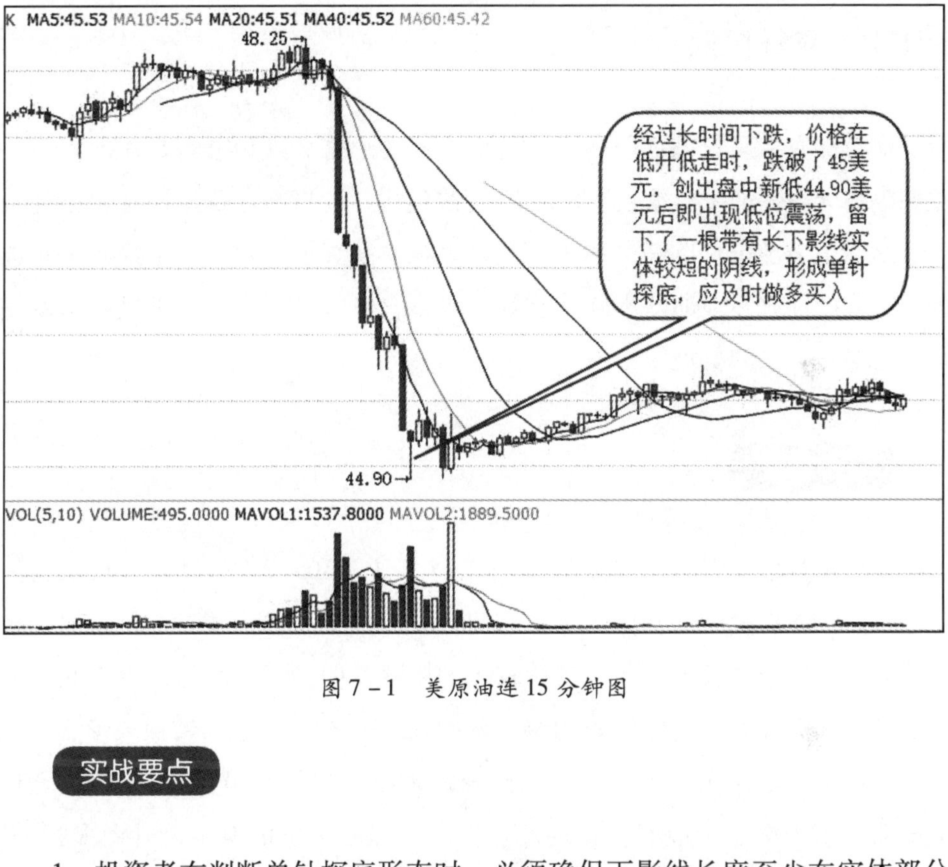

图 7-1　美原油连 15 分钟图

实战要点

1. 投资者在判断单针探底形态时，必须确保下影线长度至少在实体部分的两倍以上，原则上是下影线越长，后市反转的意味越浓。

2. 单针探底出现时，市场必须经过一段时间的下跌，哪怕是较小规模的下降趋势，出现单针探底形态时才具有参考意义，否则分析意义不大。

3. 单针探底形成后，如果其后的第二根 K 线为较长的阳线实体，且收盘价超过了单针探底形态时的最高价，就可能预示着新一轮上涨行情的快速到来。

4. 在单针探底形态形成中，若第二根 K 线为较长的阴线实体，往往市场可能继续维持下跌趋势。因此，在出现单针探底后，投资者应观察后再做多买入。

7.1.2 双针探底

双针探底，是 K 线图较为常见的底部反转形态。这种形态是由两根有一定间隔或无间隔的带有较长下影线的 K 线组成，此形态往往出现在价格连续下跌之后，表示价格已经过两次探底，下档有较强的支撑，是下降趋势可能即将结束的信号，底部基本确认有效，所以它经常发生在一段下跌行情的底部，是做多买入的良机。

实战案例

在原油行情 30 分钟图上，2016 年 7 月 7 日 23:05 至 7 月 8 日 1:05，价格出现了较大幅度的下跌，从 48 美元多跌到了 45 美元多，并在 7 月 8 日1:35 时，收出一根带有长下影线、实体较短的阳线，但到了2:35时，再次收出了一根带有长下影线、实体较短的绿色的阴线，从而形成了双针探底形态。这说明，价格经过两次下探后，第二次未跌破第一根针的最低价即开始回升，此处获得了支撑，行情即将出现反转向上。因此，投资者应及时做多买入。如图 7－2 所示。

实战要点

1. 当双针探底出现时，双针可以接连出现，或是中间相隔一定时间，但不能太久，否则将失去意义。

2. 在双针探底出现时，必须确保双针均有较长的下影线，并且下影线的

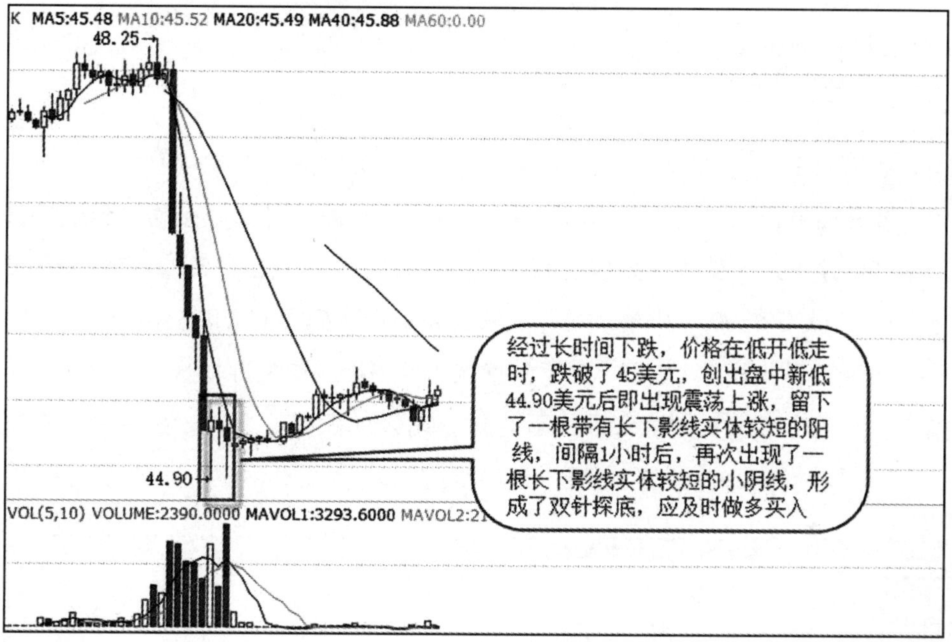

图 7－2　美原油连 30 分钟图

长度通常为实体的两倍以上，且实体较小。如果有较长的下影线，但实体较长时，就不能以此形态来对待。

3. 双针探底形态必须是出现在低位区，如果出现的位置偏高，即前期价格的下跌幅度太小时，应慎重操作。

7.1.3 V 形底

V 形底，是一种典型的底部反转形态，通常出现在价格快速的下跌过程中。是指价格在快速或持续的下跌过程中，突然出现急骤的上涨，K 线上形成了一个英文字母“V”的形状。这往往说明，市场已经见到底部，因此突然出现了较多的买盘，价格出现了快速回升，是做多买入的强烈信号。

实战案例

在原油2小时图上，2016年6月9日8:00盘中创出51.67美元的新高后，即开始见顶回落，跌至16日18:00时，价格原本已出现企稳，但随即又出现了快速下跌，K线上接连出现下跌的阴线，但在创出45.91美元的新低后，即于17日8:00时出现了快速上涨，并很快回到了16日18:00时的价格，K线上形成了一个英文字母"V"的形状。这说明，价格在低位区很快得到了投资者的认可，纷纷做多买入，因此是短期底部探明的征兆，投资者应在确认V形反转形态后，及时做多买入。如图7-3所示。

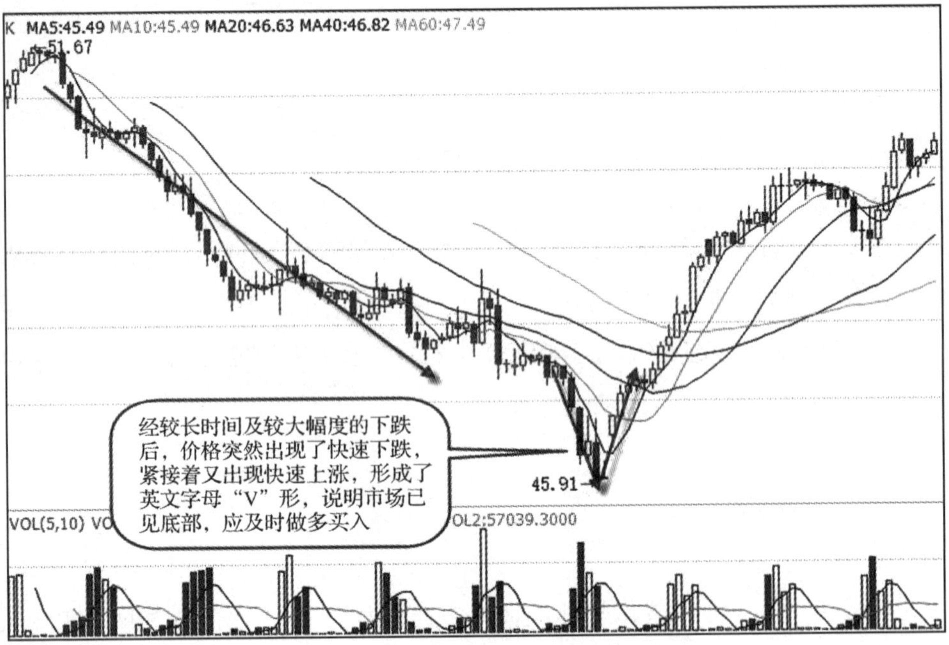

图7-3 美原油连2小时图

实战要点

1. V 形底是底部快速出现的一种象征，在实际走势中经常会出现，尤其是市场出现快速下跌时。

2. 当 V 形底出现时，投资者不能确认是价格中长期已见底，但短期趋势应是见底的，因此在具体操作中，一旦发现价格有见顶回落应果断卖出。

3. V 形底是一种价格加速见底快速回升的表现，出现后，往往短期价格的涨幅较大，因此一经出现，投资者即当及时做多买入。

7.1.4 U 形底

U 形底，也是一种常见的底部反转迹象，是指价格在低位企稳后，突然又出现了快速下跌，当跌至一定程度时，突然出现了在低位震荡，但时间不长，又出现了长阳式的快速上涨，价格很快回到了下跌前的位置，与之前下跌时的长阴线形成了鲜明的对比，从而在 K 线上形成了一个英文字母“U”的形状。这说明，价格以快速下行方式再一次确认了低位的支撑，所以才出现了快速回升，因此是一种趋势反转前的信号，投资者应在确立 U 形底后，及时做多买入。

实战案例

在 2006 年 7 月 8 日的原油行情 1 分钟图上，当价格在低位震荡整理时，突然在 3:47 时出现了快速长阴式下跌，其后下跌趋势渐缓，并在低位开始震荡整理，但到了 3:55 时，突然又出现了长阳式上涨，一举令价格回到了下跌前的水平。K 线上形成了一个较长的英文字母“U”的形状。这说明，底部已经获得支撑，价格将在其后出现反转向上。因此，投资者应在 U 形反转形态确认后，及时做多买入，而有经验的投资者，往往会在U形底的底部形成后，价格出现小幅上涨时做多买入。如图7－4所示。

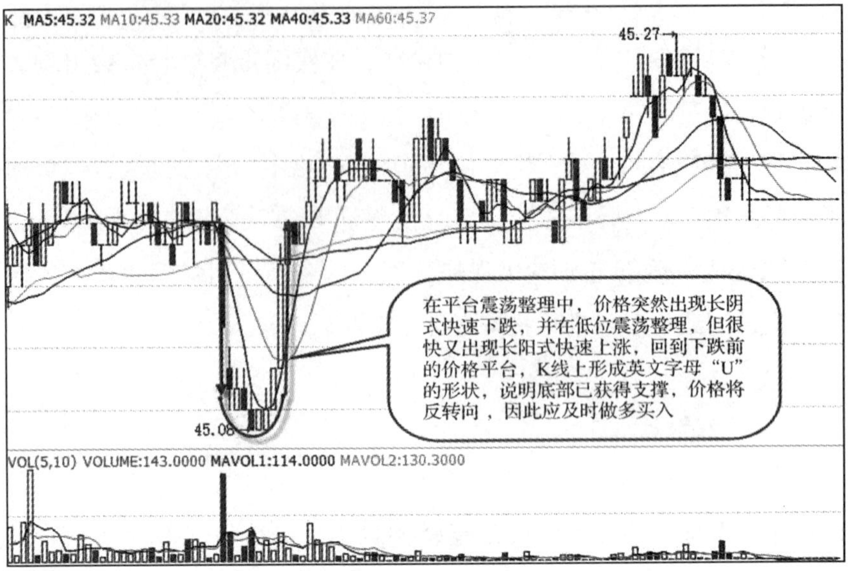

图7－4 美原油连1分钟图

实战要点

1. U形底往往出现在平台整理的过程中，属于一种突然以深跌的方式快速探明底部的形态，因此也是价格短期见底的征兆，应及时做多买入。

2. U形底出现后，涨幅不一定会有多大，但其后通常会出现震荡上行，因此盘中可积极做多。

3. U形底并不一定会出现在绝对的底部区域，在上涨中途的平台整理中也会出现。

4. 有经验的投资者会在U形底左边形成，右侧刚刚出现缓慢上涨时大胆做多买入；稳健者通常在U形底形成后，价格回到下跌前的平台时做多买入。

7.2 经典底部形态

7.2.1 平底

平底，是指价格在经过较长时间的下跌后，突然在低位区出现了止跌，并上下在同一水平做窄幅震荡，K 线上多为小阴小阳线或十字星。这说明，价格已在低位获得认可，很快即将出现底部趋势反转，因此是一种做多买入的形态。

实战案例

2016 年 7 月 8 日 18:18，原油价格经过较长时间和幅度的下跌后，突然以一根长阴线的下跌，创出盘中新低 45.26 美元。其后，开始在低位震荡，但上下震荡的幅度并不大，且在同一水平，K 线上多出现了小阴小阳线，形成

图 7-5 美原油连 3 分钟图

平底形态。这说明，价格在低位区获得了投资者的认可，其后出现底部反转的概率极大，因此应做多买入。如图 7－5 所示。

实战要点

1. 当平底出现时，往往是对之前下跌趋势的一种缓冲，但如果出现时 K 线图的周期越长，则形态底部反转后上涨的幅度越大、时间越长。

2. 当平底形态出现时，必须确保上下波动的幅度始终在同一水平，如果出现波动幅度较大的 K 线时，无论是长阳或是长阴，都表明盘中仍有分歧，此时不能确认为底部，应综合其他指标来判断行情。

3. 平底形成的时间越长，后市反转的意味越浓，若平底转为底部横盘窄幅震荡，则后市上涨的幅度较为可观，但必须确保平底是出现在下跌末端。

4. 如果是出现在上涨或是下跌中途时，往往只是一种对前期行情的整理，因此，投资者应在平底出现后、价格出现明显上涨时做多买入。

7.2.2 双底

双底，是指当价格在下跌过程中，当跌幅收窄后，价格震荡后再次出现快速下跌，并创出盘中新低后开始止跌回升，但当反弹到下跌前时的价格平台后，即出现了再次下跌，但在接近上次下跌的低点时，再次企稳回升，又回到了最初下跌时的价格平台，形成了一个像英文字母“W”形状的 K 线图形。双底的出现，是价格短期已探明底部的征兆，因此是一种做多买入的形态。

实战案例

在 2016 年 7 月 18 日 1 分钟图上，经前期的震荡下跌后，原油价格在9:05

时于低位区出现下跌，并于9:07创出盘中新低46.48美元后，9:08后开始反弹，但至9:13时，当价格到达前期9:05下跌前的价格平台时，即出现震荡下跌，但当9:26时跌破上次9:07的新低46.48美元，创出46.47美元的新低后，即刻出现了反弹，并很快在9:33时再次回到了上一次反弹的位置，即最初下跌时的价格平台，形成了一个像英文字母"W"的双底，并于9:35时出现了明显的放量上涨。这说明，价格已从短期探明的底部开始了上涨，此时应选择在9:35出现放量上涨一举突破前期下跌的价格平台时，及时做多买入。如图7-6所示。

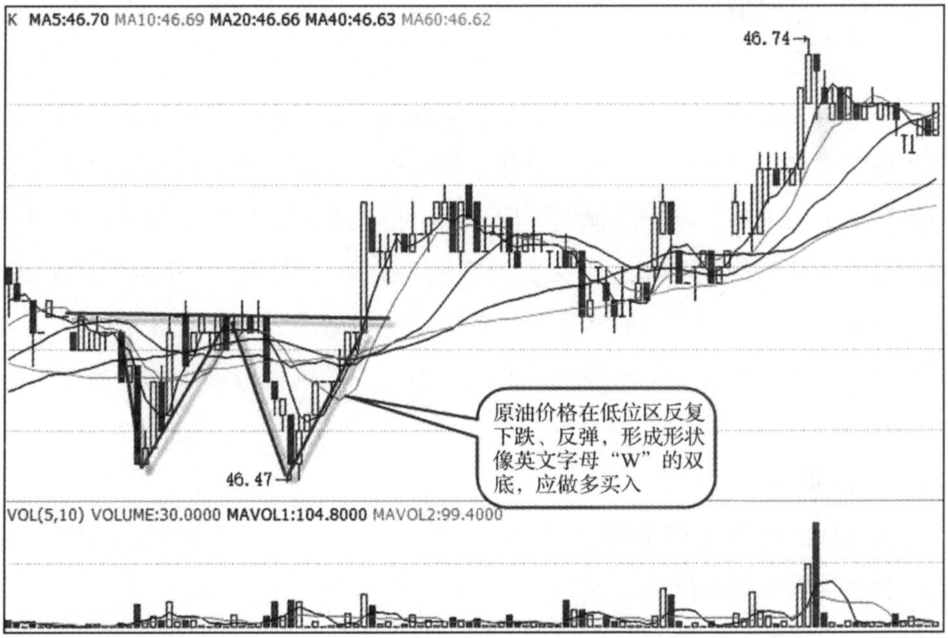

图7-6 美原油连1分钟图

实战要点

1. 双底出现时，两次下跌的低点允许出现左底高或右底高，但只要价格在同一水平，相差不大即可。如果右底高出左底较多时，说明后市极有可能继续出现探底，此时不能过早做多买入。

2．双底出现时，应在双底形态形成后，价格出现明显向上突破颈线（首次下跌时及首次反弹的位置）后，做多买入。

3．如果双底是出现在短期K线上，往往其后的价格反转上涨的时间不长，因此不能期望过高。只有日线级别上出现双底时，才是大趋势转变的信号。

7.2.3 头肩底

头肩底，是指价格经过较大幅度的下跌后，突然在低位区放缓下跌，出现了反复震荡，当价格下跌时，看似要创新低，但很快即会被拉起，从而形成左肩；随后反弹，可当反弹到前期下跌时的位置时，即中止反弹，转为下跌，此次下跌的幅度要超过上一次，但随即出现止跌反弹，从而形成头部；但反弹至上一次高点时即回落下跌，跌至左肩位置时又出现止跌回升，从而形成右肩，并一举或是小幅震荡后即出现向上突破前次反弹高点。如果将高点、低点分别连线的话，即会发现，像一个倒立的人的左肩、头部和右肩，因此叫作头肩底。

头肩底的出现，说明价格在低位区反复震荡后得到了众多投资者的认可，是一种底部做多买入形态。

实战案例

在2016年7月8日1分钟图上，21:53时原油价格开始下跌，至创出新低44.78美元后开始震荡，并于22:58时开始震荡下跌，23:02时止跌回升，但价格在反弹接近前期下跌位置时，反弹结束并转跌，这一次却跌破了前期低点，并出现止跌反弹，可反弹至前期高点时再次转跌，在23:16跌至第一次下跌时的低点附近时，再次出现止跌回升，但在接近并瞬间超越前两次高点后出现了回落，但随即止跌，再次向上一举突破了高点连线点。

此时，如果将几次反复上涨、下跌的价格高点、低点分别用线连接起来就会发现，像一个倒立的人的两个肩膀和头，形成了头肩底形态。说明底部已经确认，因此投资者应做多买入。如图 7－7 所示。

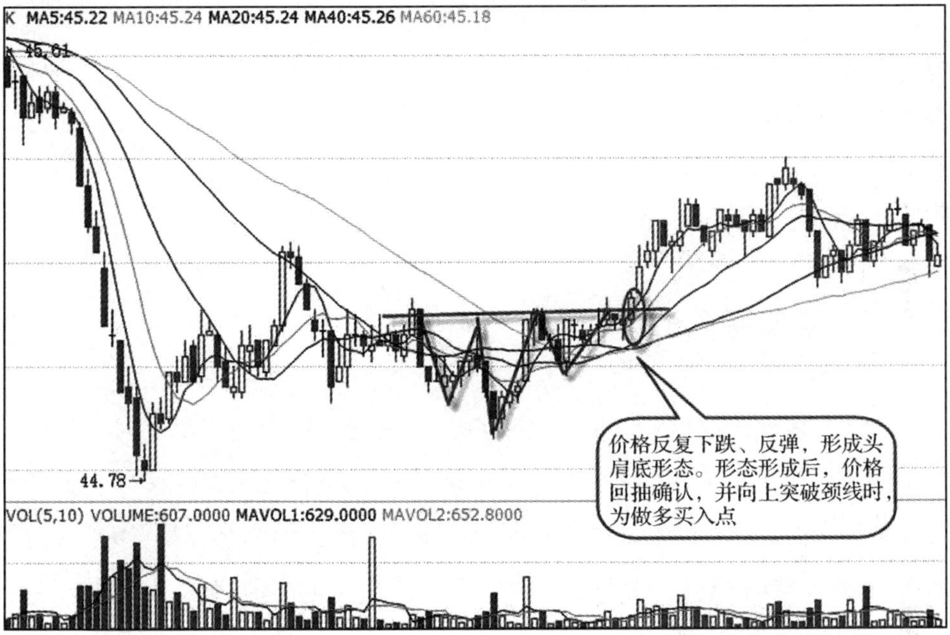

图 7－7 美原油连 1 分钟图

实战要点

1. 头肩底出现后，往往价格会出现一次回抽，因此，稳健的投资者应在价格回抽确认并一举突破颈线（反弹高点连线）时果断做多买入。

2. 在头肩底形态中，左肩往往与右肩在同一价格水平，即使相差也不能太多，但是却不能低于或是等于头部的低点。否则，说明盘中仍然存在较大的分歧，价格仍会反复甚至创出新低。

3．头肩底出现时，如果价格不出现回抽，则必须有明显的向上突破颈线后的放量行为，此时无须再等待回抽时买入，而应根据具体决断。所以，在头肩底出现后，投资者应随时观察价格突破颈线后的表现来决定是否做多买入。

4．头肩底出现时，往往会出现技术指标底背离，因此，当形态出现时，可综合观察各技术指标，如发现有技术指标出现底背离现象时，则底部形态更准确，应果断做多买入。

7.3 经典买入形态

7.3.1 金叉买入形态

金叉有多种表现形式，比如均线金叉，是指中短期均线由下向上与中长期均线的交叉，如5日均线由下向上与60日均线的向上交叉；另外，金叉也可以是技术指标中短期指标线与长期指标线由下向上的交叉，如DIFF线由下向上与DEA线的MACD金叉，以及相对强势指标RSI中的RSI1由下向上与RSI2、RSI3的RSI金叉。

金叉是黄金交叉的简称，它的出现意味着其后价格将出现上涨，因此是一种做空平仓卖出与做多买入的形态。

实战案例

在2016年7月8日1分钟图上，当原油价格经过下跌后的震荡，在震荡走低创出新低后，在23:10时出现了DIFF线由下向上与DEA交叉的MACD交叉，其后的23:12出现了5日均线向上与40日均线的金叉，并在23:14时出现了5日均线由下向上交叉60日均线的金叉。这说明，23:07时的探低得到了众多投资者的认可，所以才会接连出现金叉。因此，投资者可在金叉出现后及时做多买入。如图 7－8 所示。

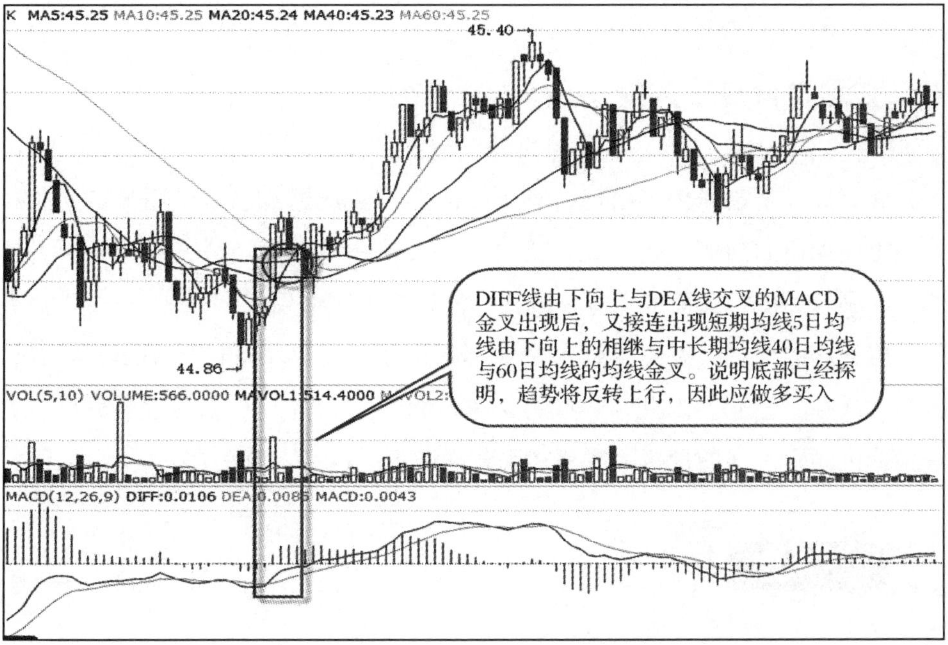

图 7－8　美原油连 1 分钟图

实战要点

1. 当均线出现金叉时，短期均线之间的金叉其后上涨的行情极短，如 5 日均线与 10 日均线的金叉，因此，只有短期均线与较长周期的均线发生金叉时，其趋势反转的意味才更浓，如 5 日均线与 60 日均线的金叉。

2. 技术指标的金叉，往往在较长周期 K 线图上较为准确，若在 1 分钟等短周期图上出现低位金叉，此时往往不可信，应再结合其他指标综合判断行情。

3. 技术指标出现的金叉，往往是在靠近 0 轴或 0 轴之上的可信度高，但最好结合其他指标或是较长周期图确认，如日线、周线。

4. 投资者在利用金叉做空时，应在短期均线与中期均线出现金叉初期时，或是技术指标即将出现金叉时选择空单平仓。

7.3.2 底背离买入形态

底背离，是指当价格出现持续下跌时，技术指标却出现了明显的与价格运行方向相反的向上运行，或是价格在一波比一波低地下跌，技术指标却未能不断刷新前低，反而低点呈一波比一波强的上涨格局。

底背离的出现，说明尽管价格在不断走低，但盘中却已经不断有人在做多买入或空单平仓，因此，在底背离末端价格出现新点后，会逐渐转强，是一种低位做多买入的良机，或是在底背离结束时选择空单平仓。

实战案例

在 2016 年 7 月 8 日原油行情 1 分钟图上，在 21:53 开始的下跌趋势里，当跌到 22:18 以后，价格依然在持续下跌，但技术指标中的顺势指标 CCI 却出现了触底回升，并逐渐形成明显的向上运行，与价格的运行方向相反，形成 CCI 底背离。这种背离情况一直持续到了 22:24，价格在盘中也创出了 44.78 美元的新低。这说明，在此期间一直有投资者在大举做多买入，价格很快将见底。

至 22:25 时，CCI 底背离消失，同时价格出现了明显的放量上涨。因此，此时是盘中做空者平仓的良机，以及做多者买入的低点时机。如图 7 - 9 所示。

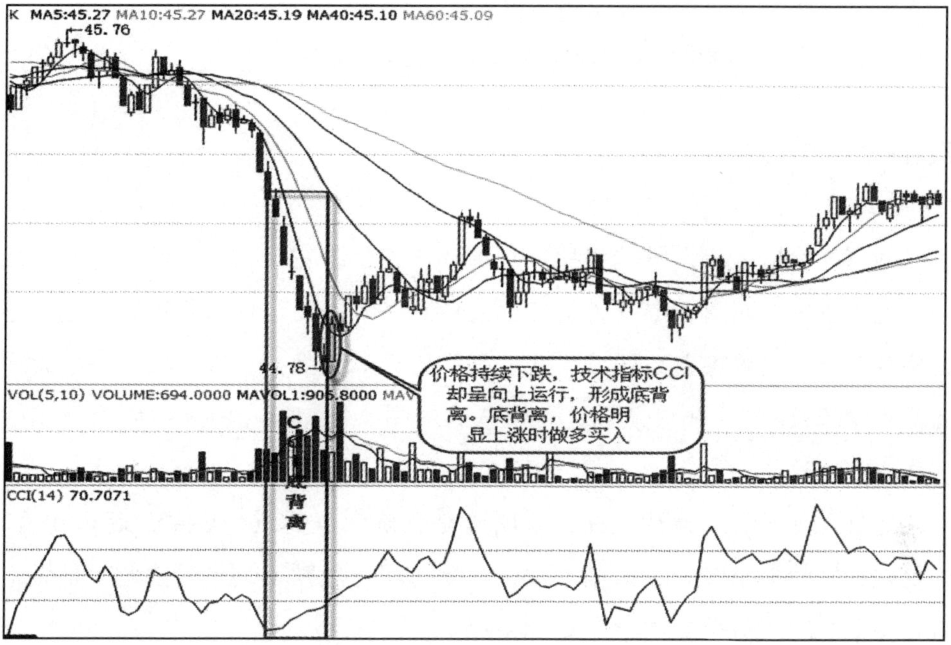

图 7－9　美原油连 1 分钟图

实战要点

1. 技术指标底背离的出现，往往意味着价格基本已处于低位区，但很多时候并不一定就会是最低点，有时多次底背离的出现才能确认底部，但第一次底背离发生时，往往是做空者平仓的最好时机。

2. 作为做多的投资者，应在底背离出现并结束时，结合其他指标的情况来判断是否是真正的底部。最通常的是成交量，因量价齐升是最好的做多买入良机。

3. 如果发现一种指标底背离出现后，其他技术指标在同一时期也出现了底背离，往往会形成一种背离共振，是不同指标之间的一种印证，此时应果断做多买入。

7.4 经典 K 线组合买入形态

7.4.1 旭日东升

当原油价格形成下跌趋势后，在出现接连暴跌时，通常会低开低走，甚至是连续收阴，而随着空方力量的逐渐耗尽，多方在次日即刻还以颜色，令价格突然出现大幅跳空高开，延续上升趋势直至收盘，令价格收出一根近乎光头光脚的长阳线，并一举将上一交易日的阴线覆盖，这种 K 线组合形态就叫作旭日东升。

旭日东升形态出现后，往往说明价格已确认了低点的底部，后市看涨，但价格见底并不意味着会即刻上涨，只是证明已经跌不去了。因此，是做空者选择平仓时，与做多者低位买入的一种形态。

实战案例

在 2016 年 7 月 8 日原油行情 3 分钟图上，价格在 21:09 时形成下跌趋势，并在 22:18 与 22:21 时出现了连续下跌，其后的 22:24 时继续长阴下跌，并创出 44.78 美元的新低，延续了之前的下跌趋势，但到了 22:27 时，价格出现了高开后一路高走，并最终收出一根光头光脚的长阳线，并吞没了 22:24 时的长阴线，形成了旭日东升形态。说明价格已经跌不下去，因此做空者可以在此时选择平仓，做多者可以在确认旭日东升形态后果断抄底买入。如图 7－10 所示。

实战要点

1. 在旭日东升形态形成的过程中，阳线的收盘价必须高于阴线的开盘

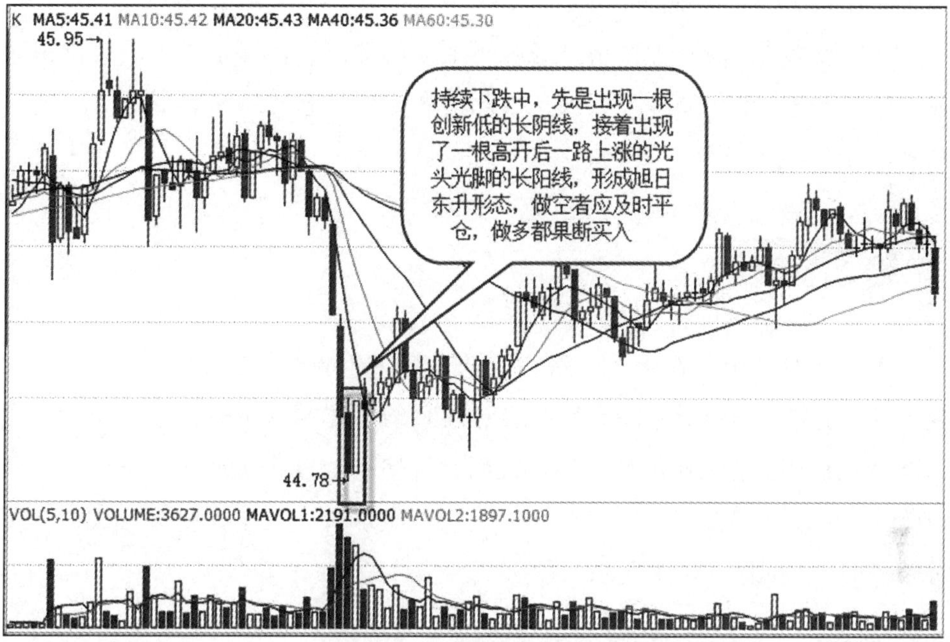

图 7-10 美原油连 3 分钟图

价，即阳线的实体上沿要高于阴线实体的上沿，并且阳线实体高出阴线实体的部分越多，后市转势的信号越强。

2. 旭日东升形态往往出现在下跌趋势中，如果是上升趋势的调整行情中出现旭日东升，同样说明调整已经结束，应及时空单平仓，或是做多买入。

3. 旭日东升形态往往是价格短期见底的特征，因此做多买入后，一旦发现上涨趋势即将转为下降趋势时，应果断选择卖出。

7.4.2 曙光初现

曙光初现，是由一阴一阳两根 K 线组成，意味着市况由淡转好，通常出现在一个下跌趋势的末端。第一根 K 线为处于跌势的大阴线，第二根 K 线为大阳线，其开市价必须低于第一根 K 线的最低价，收市价必须高于第一根 K

线实体的二分之一以上。

曙光初现同样是一种价格见底跌不下去的形态，但不是说出现后价格即会大涨，只是股价已经跌不下去，因此是做空者平仓与做多者低位买入的一种形态。

实战案例

在2016年5分钟图上，价格在下跌趋势中于3:50先是出现了一根长阴线，接着出现了一根低开高走的阳线，且K线实体深入了第一根阳线三分之二以上，形成了曙光初现形态。这说明，价格已难以在短期出现下跌，并跌破此时的低点，因此，做空者应及时平仓；做多者应在曙光初现形成后，及时做多买入。如图7－11所示。

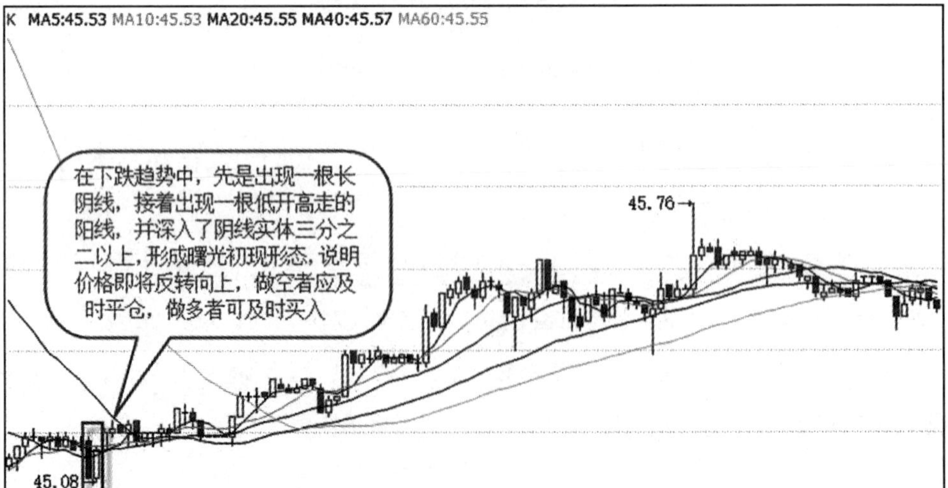

图7－11　美原油连5分钟图

实战要点

1. 曙光初现形态出现时，允许第二根阳线开盘与阴线最低价持平，但必须盘中出现一定下跌，也就是刷新前一根阴线后即开始反转上涨。

2. 在曙光初现形态形成过程中，第二根阳线的实体应深入到第一根阴线实体部分至少二分之一以上，深入越多，后市反转的意味越浓，如果完全将第一根阴线实体吞没，则其后短期出现接连上涨的概率较大，因此，可在阳线深入到阴线实体三分之二左右并依然保持上涨趋势时，大胆做多买入。

3. 曙光初现形态是价格快速见底的信号，至于其后能涨多少，应根据指标提示去判断，一旦发现趋势将转跌时，应果断卖出，尤其上短周期 K 线图上出现曙光初现形态时。

7.4.3 红三兵

红三兵，是指价格在连续收出阴线后又连续拉出红色三根阳线，并且这三根阳线的实体大体相当，且呈逐级上升的状态。红三兵的出现，预示着价格短期会有一定的上涨空间。通常而言，出现在底部区域或上涨初期的红三兵，股价经过了较长时间的盘整，意味着后市上涨的空间可期。因此，是一种做多者强烈买入的形态。

实战案例

在 2016 年原油行情日线图上，价格经过底部上涨后出现调整，但当调整时束后，突然于 4 月 8 日、4 月 11 日与 4 月 12 日三个交易日中，接连出现了三根大小相等的阳线，且三根阳线呈逐级向上的形态，每一根阳线实体均在前一根阳线之上，形成红三兵形态。这说明，在结束短暂调整后，原油价格进入了快速上涨的趋势，因此，投资者此时应及时中止做空操作，转为做多买入。如图 7－12 所示。

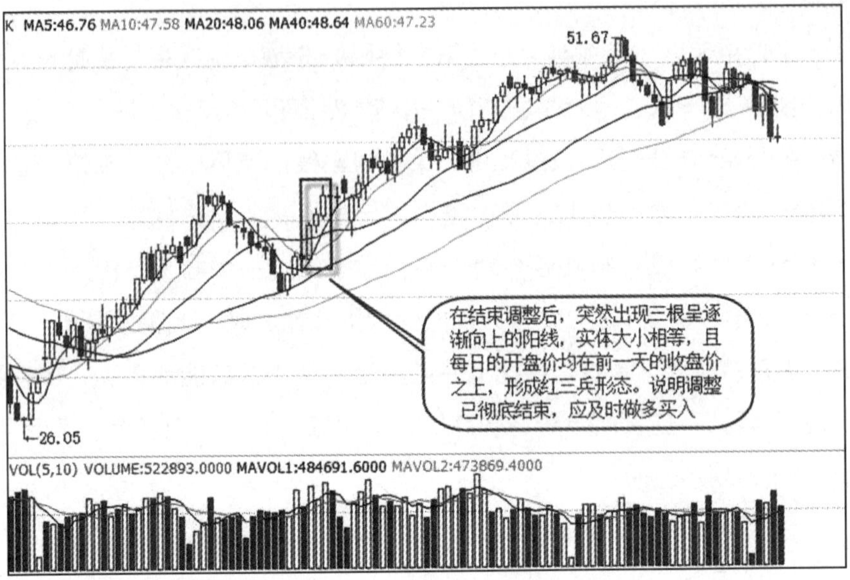

图 7－12 美原油连日线图

实战要点

1. 在红三兵形态中，三根阳线实体必须大小相当，每天的收盘价高于或等于前一天的收盘价。

2. 在红三兵形态中，每根阳线的收盘价必须是当天的最高点或接近最高点。

3. 红三兵可以出现在价格运行中的任何位置，但只有出现在低位区或是上涨初期时，后市的行情才可期，是一种买入的形态。若是出现在价格高位区时，就没有任何参与意义。

4. 红三兵中的第三根阳线，如果是一根光头光脚的阳线，为无敌红三兵，后市短期的涨幅可期。

第8章 原油波段投资经典卖出形态

在原油投资中，投资者不仅要学会买，还要学会卖，这样才能真正实现锁定利润。所以，在了解了那些空头末端的做多买点与做空卖点时，仍然要了解那些做多卖点与做空买点，比如多头市场尽头出现的经典底部形态与底部反转形态，经典K线组合做多买入形态及做空卖出形态。

8.1 经典顶部反转形态

8.1.1 尖顶

尖顶，又称倒V形顶，是指当价格经过一定幅度的上涨后，突然在高位区先是出现快速上涨，紧接着又出现了快速下跌，从而在K线上形成了一个像倒写的英文字母“V”的形状，留下了一个尖尖的顶，所以叫尖顶。

由于尖顶是一种顶部快速反转的形态，所以一经出现，做多的投资者应果断在形态确立后及时选择卖出，同时反手做空操作。

实战案例

在2016年6月6日，原油行情日线图上，原本趋势已出现上涨乏力，但API此时却发布报告，称原油库存下降356.9万桶，库欣原油库存减少130.9

万桶，原油库存降幅超出预期，因此，原油价格突然出现了接连上涨，但事实上，全球原油库存在减少的同时，还有一个消息是：美国页岩企业将重新恢复生产，此举将使原油供应再度增加。如此一好一坏的两个消息，造成了原油价格的先涨后跌，并且还有一个问题是不容忽视的，此时原油价格一年多来首次超过了 50 美元一桶。种种迹象表明，原油价格将出现顶部震荡反转。因此，做多者应在此时看消息面好坏参半、技术面短期累积涨幅较大时选择卖出，同时也可以反手做空操作。如图 8 - 1 所示。

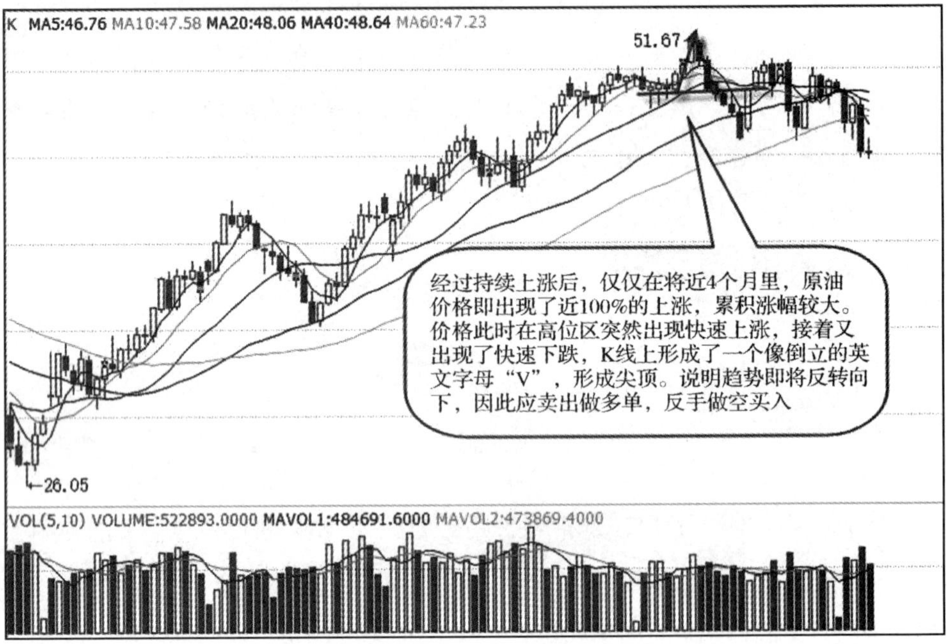

图 8 - 1　美原油连日线图

实战要点

1. 尖顶的出现，往往是原油价格在经过较大上涨后，因利好与利空消息几乎同时出现时的一种快速上涨与下跌的表现。

2. 尖顶是价格快速顶部反转的形态，因此，做多者此时应在尖顶出现后及时卖出，并转手做空买入。

3. 如果日线上出现尖顶，则往往意味着价格将出现较大级别与时间的调整，因此盘中应主要以做空操作为主，尽量减少做多。即使是做多，也应以短线操作为主，且预期不能过大。

8.1.2 倒 U 形顶

倒 U 形顶，是指原油价格在经历了上涨后，于高位区突然出现了快速上涨，然后在顶部稍作震荡后，即出现了快速下跌，价格很快又跌回到了开始快速上涨时的位置，形成了像一个倒写的英文字母“U”的形状。

倒 U 形顶的出现，是价格受突发利好出现快速拉升又快速下跌的表现，因此时的利好出现时价格已在高位，因此价格受到了市场投资者的普遍看空，是一种顶部反转前的形态，也是做多者高位卖出、反转做空的形态。

实战案例

在 2016 年 7 月 8 日的 3 分钟图上，当原油价格在高位震荡的过程中，突然在 20:45 开始快速上涨，接边拉出三根几乎呈直线向上的长阳线，并于 20:54~21:06时在高位震荡，但到了 21:09 时，突然一根长阴线出现了下跌，且价格一下子跌回到 20:45 时的起涨位，K 线上形成一个像倒写英文字母“U”，形成倒 U 形顶。这说明，价格此时已失去了上行的动力，U 形顶左侧形成时，只是一种虚假的拉高。因此，做多者应在倒 U 形顶出现后及时逢高卖出；同时，应反手做空操作。如图 8 -2 所示。

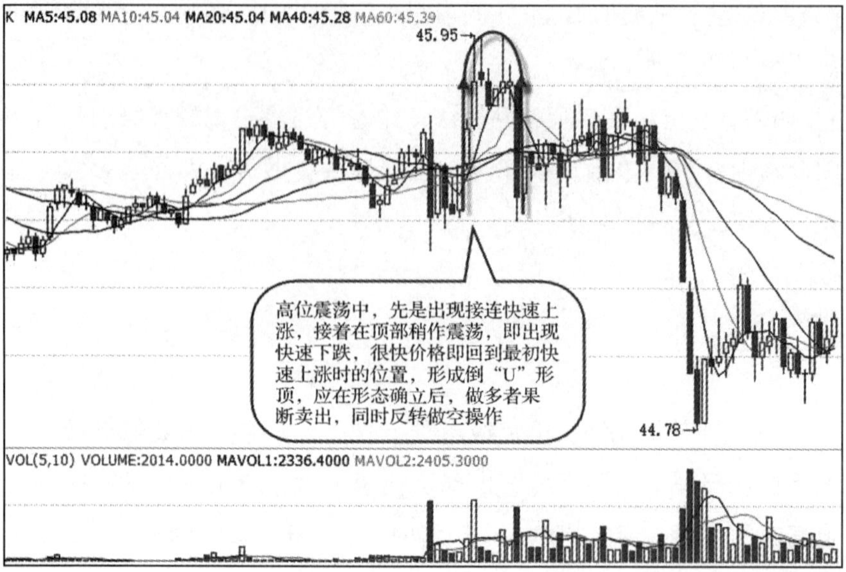

图 8－2　美原油连 3 分钟图

实战要点

1. 倒 U 形顶，只是价格在瞬间的拉高行为，而非真正的上涨，因此应在 U 形顶出现后，做多者及时逢高卖出，并可以反转做空操作。

2. 倒 U 形顶的出现，可能只是瞬间的利好出现所致，但因此时价格早已在高位，因此才会出现强拉后的快速下跌。

3. 有经验的投资者可在倒 U 形顶左侧形成后，价格在高位震荡时，根据其他指标的显示，选择高位卖出做多，并反手做空操作。

8.1.3 塔形顶

塔形顶，是指价格经过持续上涨后，当涨势趋缓时，原本应当转头向下的，但却突然出现了小步稳健的上涨，一步一个台阶，上涨趋势明显，在很快出现新的高点后，突然掉头出现了一步一个台阶式的下跌，K 线上仍然有较明显的层次，且价格很快即跌到了上涨时的位置，从 K 线上看，好像是一个塔的顶部形状。

塔形顶是价格在高位区出现一缓慢转势前的一种形态，也是投资者卖出做多、选择反转做空操作的形态。

实战案例

在 2016 年 7 月 8 日原油价格的 1 分钟图上，15:30 开始在高位震荡，于16:10时开始震荡向上，并以一步一个台阶式的方式上涨，涨到16:40时，价格在高位略有小幅震荡后即开始下跌，同样是以一步一个台阶的方式下跌的，并很快跌到了 16:10 时开始上涨的位置，从 K 线上看，很像一个塔的塔尖，于是形成塔形顶。这说明，价格此时也出现无力上涨，即将转跌，因此是做多者卖出的好时机，同时也是做空操作的良机。如图 8 - 3 所示。

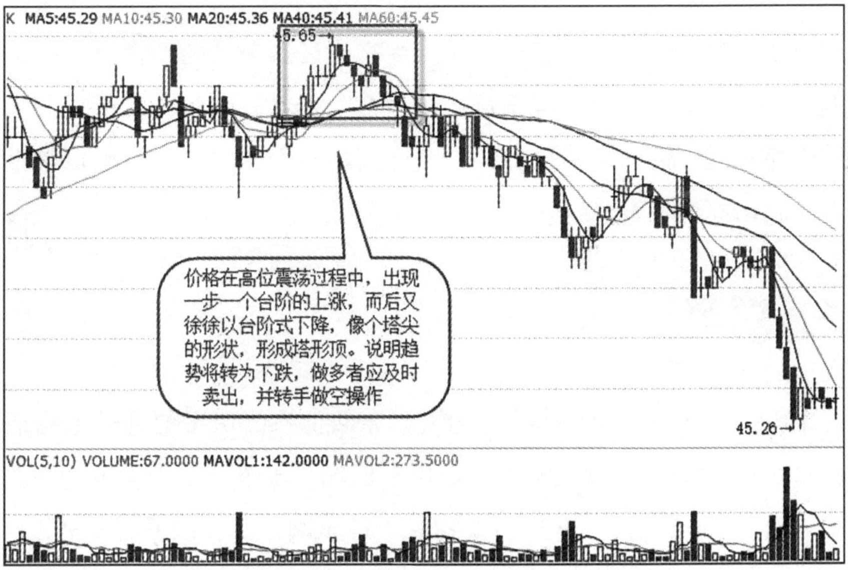

图 8 - 3 美原油连 1 分钟图

实战要点

1. 塔形顶出现时，往往发生在价格高位震荡时期，是上涨乏力的一种表现。

2. 有经验的投资者，可在塔形顶形成顶部时，通过其他指标提示，选择高位卖出做多，同时反手做空操作。

3. 塔形顶是顶部反转时一种缓慢转变趋势的形态，但尽管此时价格不会出现短时大幅下跌，但往往会因这种缓慢下跌破坏掉原有的上涨趋势，因此是做多卖出与做空操作的良机。

8.2 经典顶部形态

8.2.1 双重顶

双重顶，是指价格在上涨过程中，在高位区形成了两个高点，并且两个高点基本在同一水平，像英文字母中的“M”形状，因此，双重顶又被叫做M顶。双重顶的出现，是一种趋势转变前渐渐转变的形态，因此也是做多者选择高位卖出并反手做空的形态。

实战案例

在2016年原油行情的60分钟图上，原油价格经历了前期的上涨后，于6月22日5:00时开始快速上涨，并很快于8:00时创出50.45美元的新高后回落，但回落到5:00快速上涨时的位置时出现止跌，并再次反弹，并于18:00时刷新了50.45美元，创出了50.53美元的新高，但随即再次出现下跌，且此次并未在上一次下跌时的低点位置出现止跌，而是选择了继续下跌。因此，投资者此时应及时做多卖出，反转做空操作。如图 8 -4 所示。

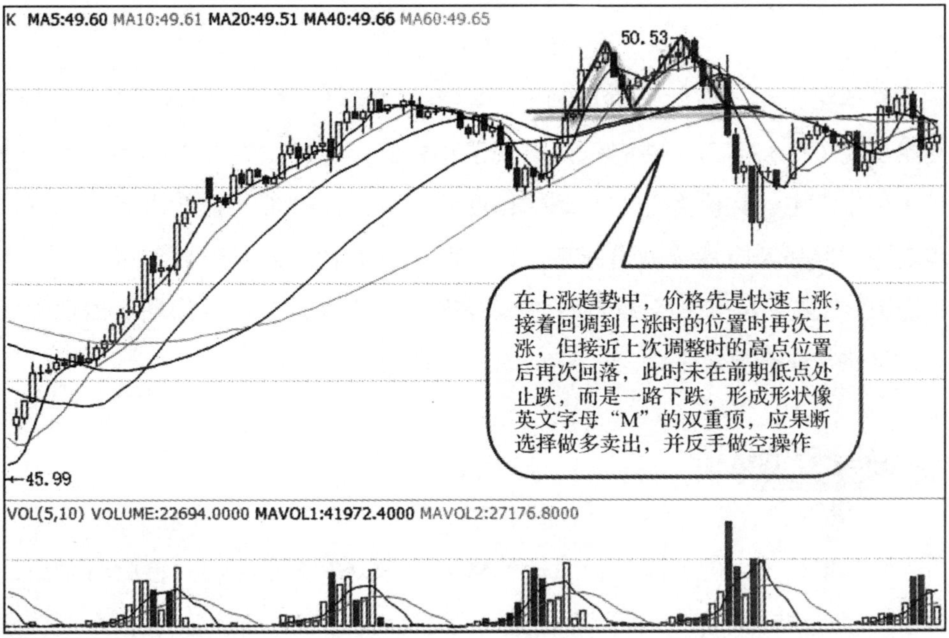

图 8 -4 美原油连 60 分钟图

实战要点

1. 双重顶是一种价格在高位震荡缓慢转跌的顶部形态，尤其是在第二个头要比第一个头高，且创出新高时，往往会给投资者一种上涨的样子。但事实上两个头依然在同一价格水平，价格并未超出太多，因此是一种假象。

2. 双重顶出现时，如果此时技术指标发出顶背离的信号，则投资者应在顶背离出现时，果断在高位做多卖出，并反手做空操作，而并非非要等到双重顶形态确立后再操作，因双重顶确立后，往往价格已跌去不少了。

3. 日线上如果出现双重顶，则说明，阶段性顶部已经到来，此时投资者应尽量以做空操作为主，并及时卖出做多单。

8.2.2 平顶

平顶在原油行情中经常出现，是指当原油价格经过一定幅度的上涨后，突然出现了价格滞涨，在高位区出现了小幅震荡，K 线上多以小阴小线，或是十字星为主，且价格上下波动的幅度并不大，此时价格往往离新高仅仅一步之遥，但却未能继续创出新高。这说明，投资者在此时正在价格高位出现了谨慎，或是在等经济数据或原油库存报告的公布，而一旦消息面出现不利时，价格往往会放量下跌。

实战案例

经前期较大幅度上涨后，原油价格创出 51.67 美元的新高，此时是原油价格一年多来首次站上 51 美元一桶，因此投资者出现了谨慎，价格在高位区出现缩量震荡，K 线上多以小阴小阳线或十字星为主，价格上下浮动并不大，

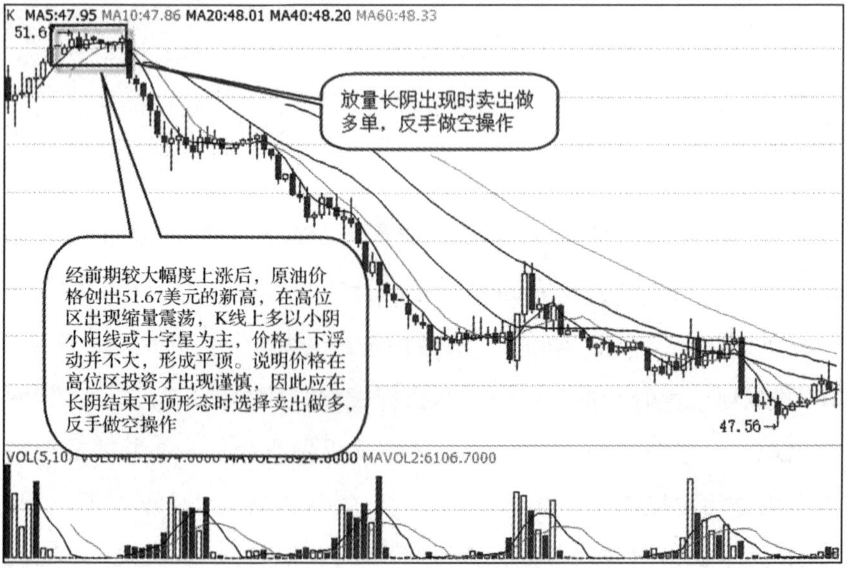

图 8－5　美原油连 60 分钟图

形成平顶。而6月8日原油EIA库存报告发布，称原油库存出现了长期增加，导致原油高位震荡后选择了下跌。因此，投资者应在长阴结束平顶形态时，选择卖出做多单，并反手做空操作。如图8-5所示。

实战要点

1. 平顶形态，通常出现在高位区或是下跌中途，是一种顶部形态，但投资者在选择操作时，应选择在K线上出现放量长阴出现时。

2. 通常，在高位区出现平顶时，往往是美国经济数据或原油库存报告发布前后，是资金在高位区出现谨慎态度的反应。

3. 有经验的投资者往往不会被数据牵着鼻子走，只要发现前期涨幅较大时，在平顶形态出现后，即行卖出做多单。待结束平顶形态时，若出现长阴下跌，再行做空操作。

8.2.3 头肩顶

头肩顶，是指当价格经过上涨后，突然出现了反复调整后继续上涨，K线上形成了震荡上涨后震荡下跌的趋势。最初，价格在上涨调整后继续上涨，形成一个高峰，即左肩；随后价格创出新高后回落，形成头部；当回落到一定程度时再次止跌反弹，此次反弹的高度要小于头部，形成右肩。如果此时，将K线高点、低点连线，即会形成像一个人的一个头和两个肩的形态，因此叫头肩顶。

头肩顶是一种明显的顶部反转形态，是价格上涨乏力的表现，因此也是做多卖出的形态，同时也是做空买入的形态。

实战案例

在2016年7月9日5分钟图上，经前期的上涨后，原油价格在1:00出现回落调整，形成第一个高峰；但很快在1:05出现止跌，并开始回升，至1:15时刷新第一个高峰，随后再次出现回落，形成了第二个高峰；但在1:40时出现止跌后继续回升，反弹至接近第二个高峰时出现回落，形成了第三个高峰。此时，如果将高点、低点分别连线，就会形成一个头与两个肩的头肩顶形态。其后，价格出现快速跌破低点连线。因此，做多买入者应在价格跌破颈线时选择卖出，因此时MACD出现了高位死叉。其后，价格出现了止跌反抽，重回颈线之上，但在颈线之上只是做了短暂停留即再次跌破颈线，转为下跌趋势。此时，若是未卖出的投资者，可在价格再次回到颈线之上时选择最后卖出做多单，并转手做空操作。如图8－6所示。

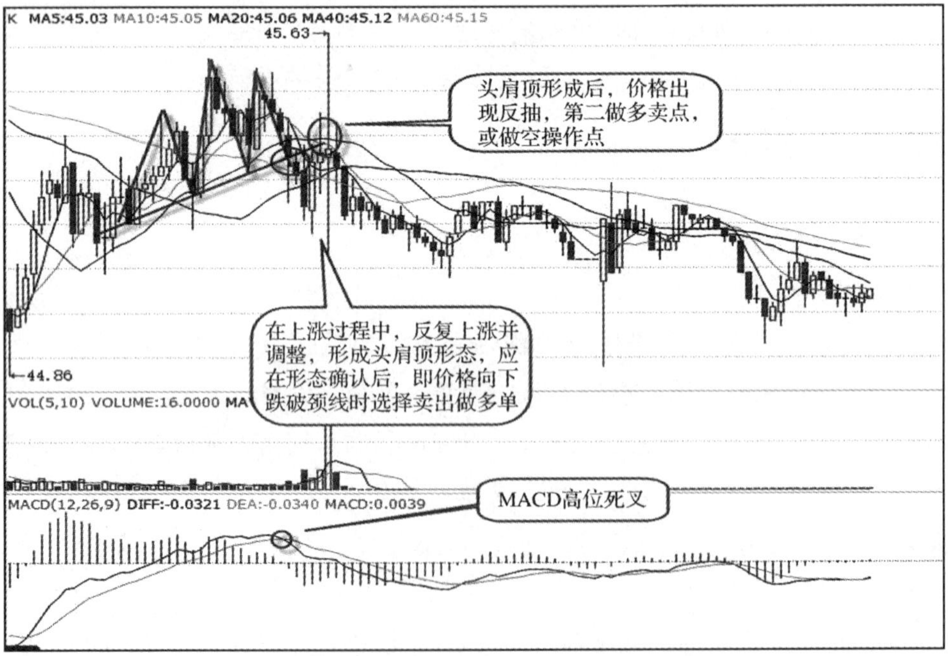

图8－6　美原油连5分钟图

实战要点

1. 头肩顶在形成期间，往往会出现顶背离，如此时出现 MACD 顶背离，应果断卖出做多单，而并非一定要确认形态后再行卖出。

2. 头肩顶在形成过程中，右肩不能高于左肩，否则不能以头肩顶形态对待。并且，在头肩顶形成后，并不一定会出现价格反抽再回到颈线之上，因此，不可等到出现反抽时再卖出或做空操作。

3. 因头肩顶形成的过程相对较长，因此，有经验的投资者应在头肩顶形成头部时，再综合其他指标判断，若已确定顶部形成时，应果断做多卖出并做空，而不一定非要确认头肩顶形成后再操作，这样可以扩大收益。

8.3 经典底部买入形态

8.3.1 死叉卖出形态

死叉，即死亡交叉，其表现形式较多，如均线死叉或技术指标死叉。均线死叉，是指短期均线向下与中长期均线的交叉，如 5 日均线由上向下与 40 日均线或 60 日均线的交叉；技术指标死叉，是短期指标线由上向下与长期指标线的交叉，如相对强弱指标 RSI 中，RSI1 由上向下与 RSI2、RSI3 的交叉。

然而，不管是均线死叉还是技术指标死叉，都说明趋势已经转弱，此时顶部反转前的做多卖出形态，也是做空操作的信号。

实战案例

在 2016 年 7 月 11 日的 1 分钟图上，原油价格在 7:17 时经过前期的震荡上行，于高位出现了 5 日均线先后与 40 日均线与 60 日均线的由上向下的交叉，形成均线死叉。而事实上，早在7:03时，在技术指标中，MACD指标在冲至高位后即出现了DIFF线由上向下与DEA线的交叉，形成了MACD死叉。因此，投资者应在MACD死叉出现时及时卖出做多单，并转手做空操作。若是未曾操作，应在均线死叉出现时果断卖出做多单，并转手做空操作。如图8－7所示。

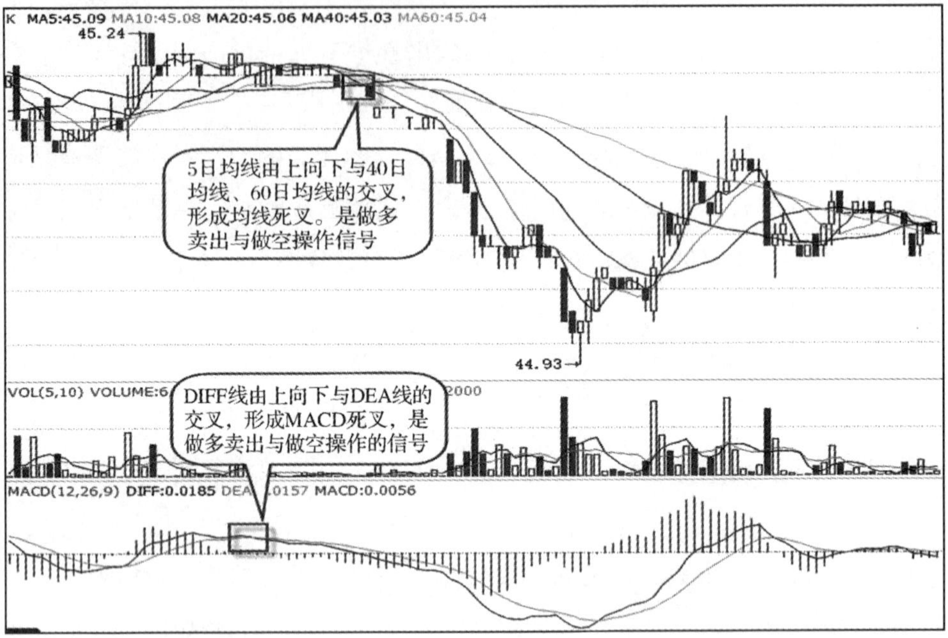

图8－7　美原油连1分钟图

实战要点

1．均线死叉出现时，应选择5日均线与中长期均线死叉出现时再选择做多卖出或做空操作，因均线若时间太短，则有可能只是短线调整，并不能确认趋势反转。

2．技术指标死叉出现时，技术指标应在0轴以上出现死叉，若是在顶部区域出现的死叉，往往卖出的信号更强烈。但如果是发生在 0 轴以下的死叉，则可能是弱势钝化的表现，可信程度往往不高。

3. 当原油行情在高位震荡时，不管是技术指标死叉，或是均线死叉，应在确保死叉是有效的前提下，一经出现即选择做多卖出或做空操作。

8.3.2 顶背离卖出形态

顶背离，是指当价格在出现持续上涨时，技术指标却出现了明显的与价格运行方向相反的向下运行，或是价格在一波比一波强地上涨，技术指标却未能不断刷新前高，反而呈反弹高点一波比一波弱的下跌格局。

顶背离的出现，往往说明尽管价格在不断走强，但盘中却已经不断有人在做多卖出或做空操作，因此，顶背离末端价格出现新高后，会出现快速转弱，因此是一种顶部反转前做多卖出的良机，或是在顶背离结束时选择做空操作。

实战案例

在 2016 年 7 月 11 日原油 1 分钟图上，当价格在上涨至高位后，在9:17 ~ 9:30 时，依然在持续震荡上涨，但技术指标中的顺势指标 CCI 却出现了明显的向下运行，从而形成了 CCI 顶背离。这说明，尽管价格在不断震荡上行，但盘中投资者却多数在看空，不断卖出做多单，或开始做空操作，其后趋势即将反转向下。所以，投资者应在顶背离确认后，果断地在高位卖出做多单，反手做空操作。如图 8 - 8 所示。

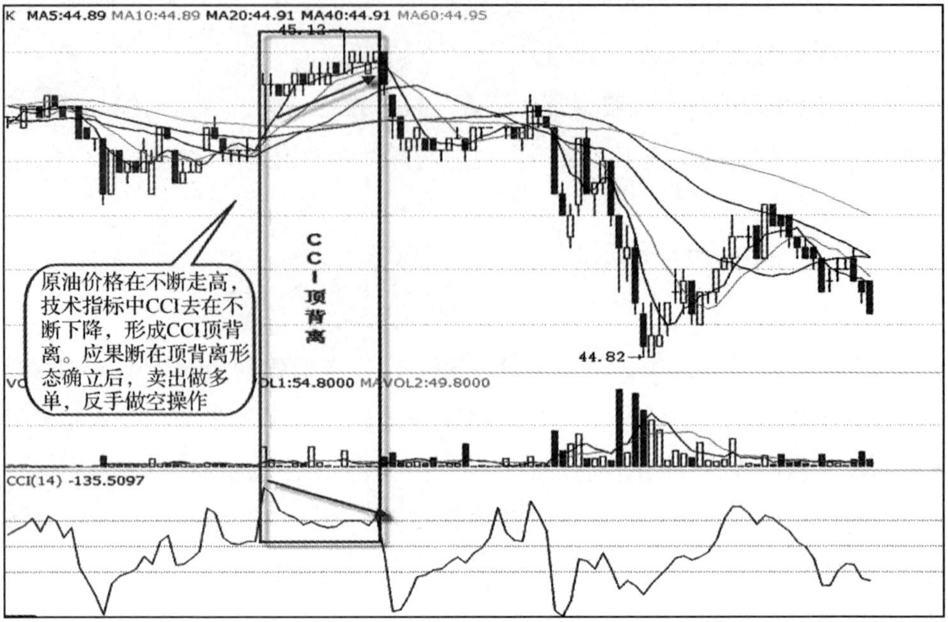

图 8－8　美原油连 1 分钟图

实战要点

1. 技术指标顶背离，准确率较高，尤其是在价格经过上涨后的高位震荡上行过程中，一次底背离往往就会出现趋势反转，因此是强力做多卖出与做空操作的信号。

2. 如果价格在持续高位震荡上行时，出现了两次甚至更多不同技术指标的顶背离，这往往意味着价格即将转势的概率极大，应果断选择结束做多，在做空操作时，最好是选择价格在顶背离后出现明显下跌时。

3. 顶背离出现时，若是技术指标出现小幅向下运行或是平行，价格却出现了震荡上行，为一种浅背离状态，此时应持续观察后再决定操作，但若是背离的程度较为明显，则应果断做出决断。

8.4 经典 K 线组合买入形态

8.4.1 黄昏之星

黄昏之星是一种由三根 K 线组成的顶部形态，是指价格在高位区上涨时，第一天继续上升，收出一根阳线；第二天波动较小，形成一根小阳线或小阴线，构成星的主体部分；第三天形成一根包容第二天并延伸至第一天阳线的 K 线实体。

黄昏之星的出现，意味着市场持续上涨的势头消失，因此才会有带有较长上影线及下影线的“星”的出现，是投资者做多卖出与做空操作的形态。

实战案例

在 2016 年 15 分钟图上，原油价格在持续上涨过程中，至 7 月 8 日8:50 时，先是出现了一根长阳线，接着出现了一根有着较长上影线及下影线、实体较短的小阴线，第三天出现了一根低开低走的长阴线，形成了黄昏之星。这说明，当价格在不断快速冲高时，盘中大多数投资者都看空市场，所以纷纷选择卖出做多单，或是做空操作，因此导致了价格的冲高回落，后市看空。投资者应在及时确认黄昏之星形态后，果断卖出做多单，反手做空操作。如图 8 –9 所示。

实战要点

1. 黄昏之星出现时，第二根 K 线可为出现在高开后的十字星或纺锤，此信号显示买方压力逐步得以舒缓，价格大有可能已见顶。倘若第二根 K 线有着较长的上影线，利淡转向信号的可靠性更高。

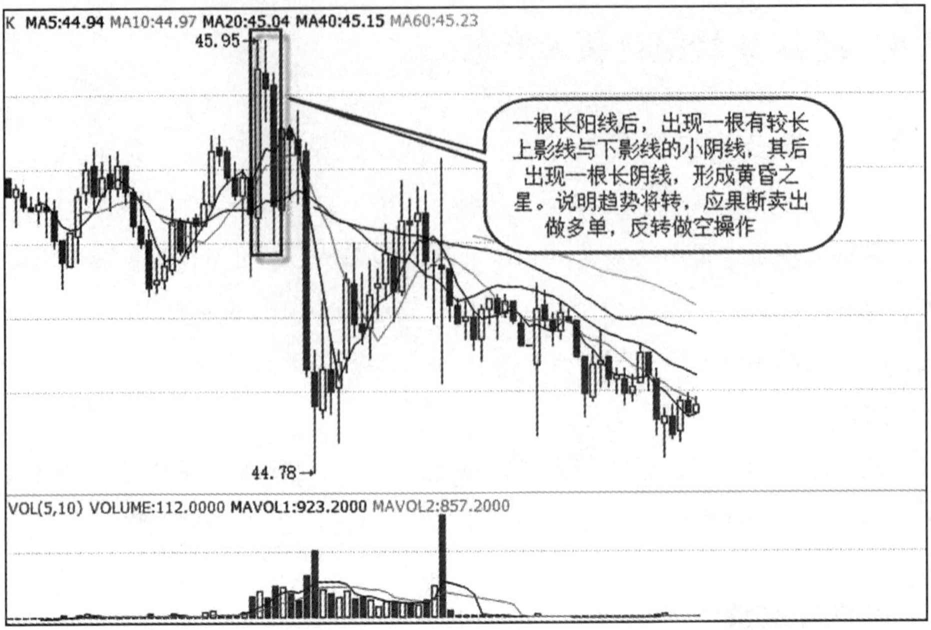

图 8－9　美原油连 15 分钟图

2. 黄昏之星出现时，第三根是卖盘强劲的阴线，此时市况已发生根本的转变，因此，有经验的投资者往往会选择在价格持续下跌的趋势时卖出做多单，或反手做空操作。

3. 在黄昏之星出现时，往往第三根为放量阴线，因此，投资者也可以选择观察成交量的变化，若是发现成交量呈阴量并超过上一根 K 线的成交量后，基本上黄昏之星形态已确立，可提前做出操作反应。

4. 黄昏之星出现时，应结合其他技术指标，或在“星”刚刚形成或即将形成时，其他指标已提示价格遇顶，也应果断做出操作反应。

8.4.2　三只乌鸦

三只乌鸦，是一种由接连三根 K 线组成的 K 线顶部转跌的形态，三只乌鸦出现时，是由三根大小相当的阴线组成，且呈依次逐级下降的趋势，每根K线的收盘价都在向下跌，收盘价接近最低价，且每根K线开盘价都在前一根K线之下。因三根K线出现后，像三只乌鸦站立在枝头，并且乌鸦在中国是不祥之兆，所以叫三只乌鸦。

三只乌鸦形态出现后，往往后市看淡，因此是做多者趋势反转前的卖出形态，同时也是做空操作的征兆。

实战案例

在2016年原油行情的2小时图上，经过前期大幅上涨后，价格在创出51.67美元后开始小幅震荡，但接着在6月9日16:00～20:00时，出现了三根接连向下运行的阴线，大小相当，且每一根K线开盘都在前一根K线之下，收盘价接近最低价，形成三只乌鸦形态。这说明，市场在高位震荡，投资者均在做空原油或是高位卖出，趋势即将转跌。因此，投资者应在三只乌鸦形态出现后，及是卖出手中的做多单，并反手做空操作。如图8－10所示。

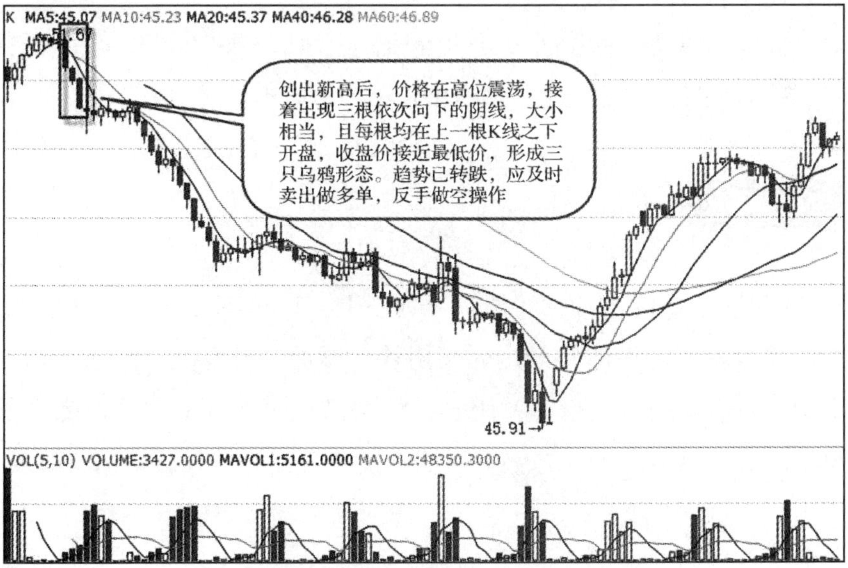

图8－10 美原油连2小时图

实战要点

1. 三只乌鸦形态出现时，趋势刚刚转跌，此时若是成交量出现明显放大，往往后市会出现快速下跌，所以应及早卖出做多，反手做空操作。

2. 三只乌鸦形态出现时，必须确保三根 K 线大小相当，且每根均在上一根 K 线之下开盘，收盘价为最低价或接近最低价。

3. 如果日线上出现三只乌鸦形态，则说明趋势将遇顶回落，是一种强烈的波段做空操作和卖出的信号。

8.4.3 倾盆大雨

倾盆大雨形态，是指在 K 线图中先是出现了一根大阳线或是中阴线，接着出现了一根低开的大阴线或是中阴线，阴线的收盘价低于前一根阳线的开盘价。因这种形态出现后，持续的下跌将如倾盆大雨一样令我们应接不暇，所以叫作倾盆大雨。

倾盆大雨形态是一种强烈的见顶信号，这种形态的出现预示着价格即将会出现下跌的趋势。因此，是一种做多卖出和做空操作的信号。

实战案例

在 2016 年 7 月 11 日原油行情 1 分钟图上，2:21 时出现了一根较长的阳线，接着即出现了一根低开低走的长阴线，形成了倾盆大雨形态。这说明，此时盘中众多资金均看空后市，所以在价格高位不断地卖出或是做空操作，导致价格形成了明显的下跌趋势。因此，投资者此时应及时卖出，并反手做空操作。如图 8－11 所示。

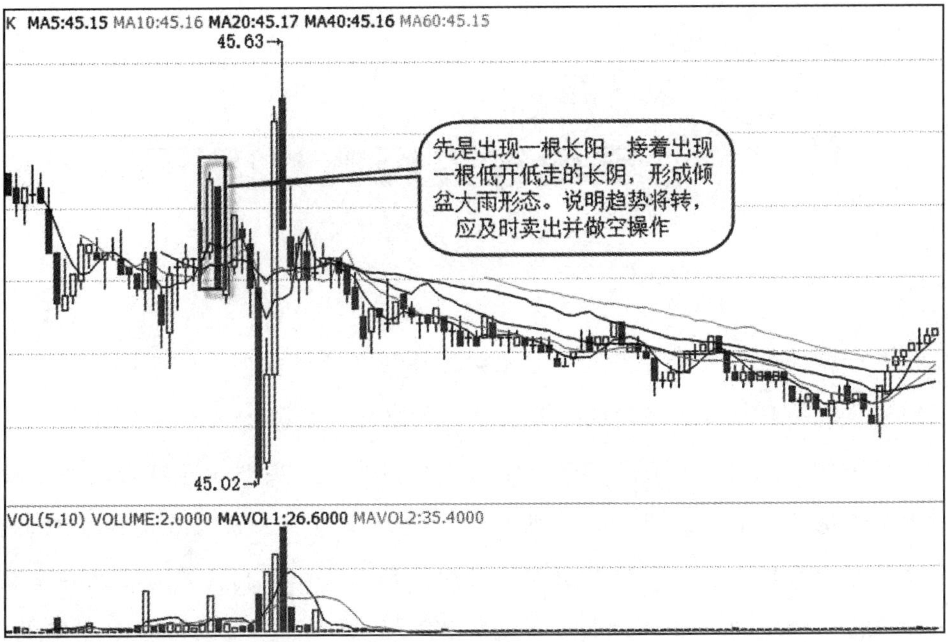

图 8－11　美原油连 1 分钟图

实战要点

1. 倾盆大雨形态出现时，当阴线实体低于阳线实体部分越多时，则转势信号越强。

2. 在倾盆大雨形态中，第二根阴线的实体部分必须在第一根阳线之下，即阴线的开盘价必须在阳线的收盘价之下，越低表明下跌的意味越浓。

3. 倾盆大雨形态大多出现在价格转势之初，若是出现在下跌趋势中的反弹行情时，说明反弹即将结束，价格将重回下跌。因此，应及时卖出做多，反手做空操作。

第9章 原油投资经典整理形态

原油市场除了上涨与下跌外，还同样存在震荡整理形态，而此时往往会让投资者有一种行情不明朗的感觉，从而出现前怕狼后怕虎的畏缩不前的犹豫。但事实上，这种价格震荡等待消息面的时期，只要明白哪些形态的整理结束后原油价格会是上升的，哪些整理形态结束后原油价格又会是下跌的，而哪些整理形态结束后趋势会出现反转的，那么就能做到提前预知。在多数人还未做出决定前，对行情早已成竹在胸，大胆地在整理的尾声提前布局，从而获得最大的收益。

9.1 震荡向上的整理形态

9.1.1 上升三角形

上升三角形，是指在上涨趋势中，价格突然出现了向下调整，但调整不大，遇到前期上涨时的支撑后即出现止跌回升，但回升到开始调整的位置附近再次停止上涨，继续调整，但这一次调整的低点要高于上一次的调整低点，而随着如此反复，每次向下调整的幅度均在不断提高，直到反弹高点与低点收缩到一起时，才宣告调整结束。如果此时将反复震荡反弹的高点、低点分别连接的话，就形成了一个三角形。因这种三角形整理是发生在上涨趋势中，所以叫上升三角形。上升三角形形成后，价格将结束调整，重新恢复上涨，因此是一种做多买入的形态。

实战案例

在2016年原油行情3分钟图上，当7月11日10:03价格创出新低企稳后，经过快速上涨，至10:48时开始出现调整，但到11:00跌至10:42的长阳中间位置时开始止跌，并开始回升反弹，但反弹至调整的位置时停止上涨，再次转为下跌，但尚未接近上次调整低点即企稳，而反弹到前期调整时的位置时再次中止上涨，又一次出现调整，但调整低点却再次抬高。此时，如果将下跌、反弹的高点、低点分别连线，就会发现，K线上形成了一个三角形。因此，形成上升三角形整理。而此时，投资者应及时在价格向上突破三角形的上沿后买入做多。如图9-1所示。

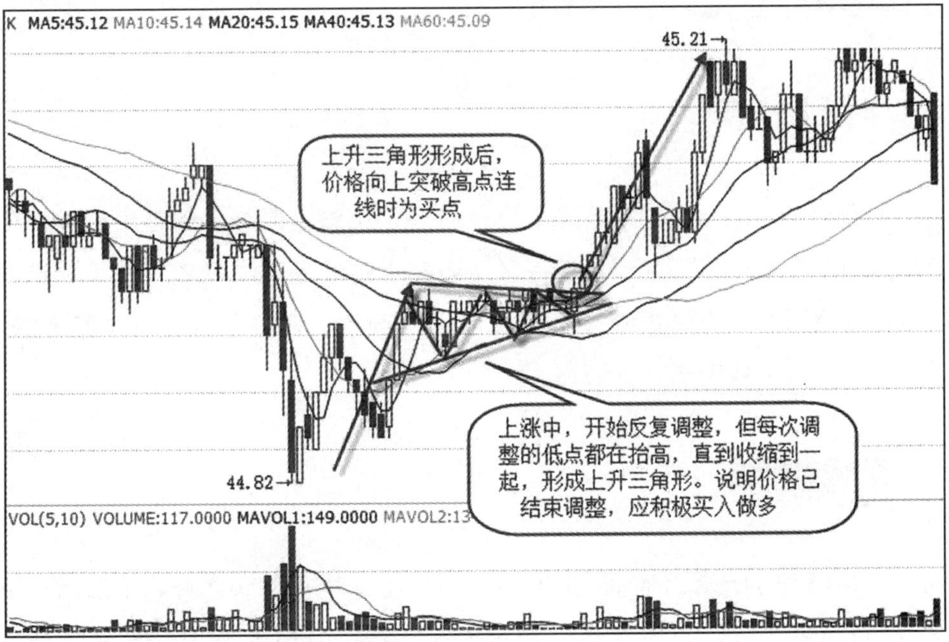

图9-1　美原油连3分钟图

实战要点

1. 上升三角形出现时，必须确保是出现在上涨趋势中，行情才会是对快速上涨的一种调整。

2. 因上升三角形整理往往是出现在上涨初期，尤其是在短周期 K 线图上，如果出现上升三角形时，应选择在三角形完全形成后，价格向上突破三角形上沿时买入，如果过早，一旦未实现向上突破，则极有可能演变为继续震荡调整。

3. 在短周期 K 线图上，当行情出现上升三角形整理时，投资者应杜绝做空操作，因上升三角形的调整往往很短暂，并且调整低点在不断抬高，做空操作很容易失败，且利润差并不大。

9.1.2 上升旗形

上升旗形，是指在上涨趋势中价格出现了调整，但每次调整出现时，调整低点均在不断抬高，直到最后一举突破高点连线后不再调整，而是选择了向上运行。因此，上升旗形是价格上涨中的调整，调整结束后将重回上涨，是一种买入做多的形态。

实战案例

在 2016 年 7 月 8 日原油行情的 5 分钟图上，当价格触底开始上涨后，至 18:05 价格冲上 45.66 美元后，开始出现调整，但调整至 18:25 的最低点 45.36 美元后，即止跌回升，但至 18:40 反弹接近上次调整时的价位时，中止了上涨，再次转跌，但调整于 18:50 的 45.38 美元后即止跌回升，但这一次当接近前两次高点时未再回落，而是选择了继续上行。如果将两次调整的高点、低点连线，即形成了一面向上的旗子，因此形成上升旗形整理。所以，投资者应在上升旗形整理结束，价格一举向上突破高点连线（旗形上沿）时，积极买入做多。如图 9－2 所示。

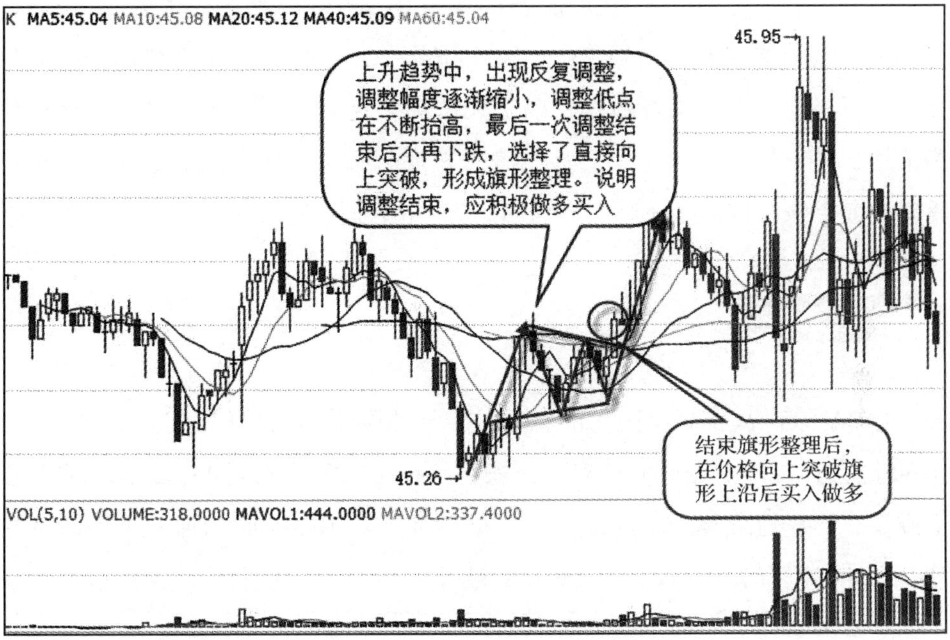

图 9－2 美原油连 5 分钟图

实战要点

1. 上升旗形属于三角形整理的一种变异，是提早结束调整的象征，因此，一经出现即当果断买入做多。

2. 上升旗形出现时，如果价格未出现向上突破旗形上沿，则说明调整尚未结束，不应过早买入。

3. 在上升旗形整理期间，投资者不应在价格调整时做空操作，因此时趋势是向上的，做空与大趋势的反向操作，极易失败。

9.1.3　上升矩形

上升矩形，是指发生在上涨趋势中的矩形整理。矩形，又被叫作箱形，是一种典型的整理形态，是指当价格上涨到一定高度时，出现滞涨，并开始在上、下一定幅度内进行震荡，向上无法突破这一价格，向下又无法跌破价格下轨，是一种上有压力、下有支撑的表现。而一旦结束矩形整理，价格将重新回归上涨，因此是一种买入做多的K线形态。

实战案例

在2016年7月11日原油行情的5分钟图上，当价格经过了10:40与10:45的接连长阳上涨后，出现了滞涨，并在44.93美元至44.99美元之间上下震荡，形成矩形整理。这说明，价格只是针对10:45时的那一根阳线的整理。因此，投资者应当以这根阳线的最低价为准，一旦发现向下跌破时，应

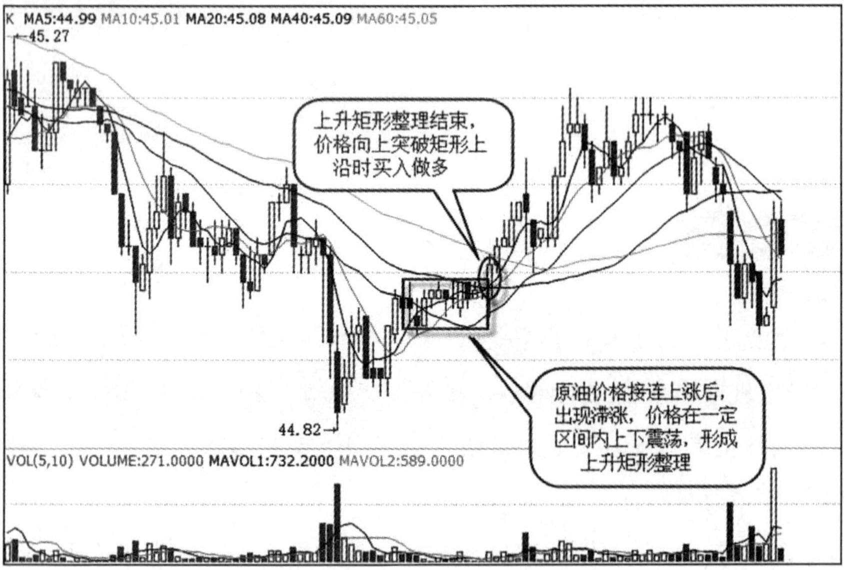

图9-3　美原油连5分钟图

观望。而当发现价格向上突破矩形上沿时，则选择果断买入做多。如图9－3所示。

实战要点

1. 矩形整理出现时，往往是针对前期上涨时的某一价位的调整，因此，调整前出现的大阳线，成为矩形整理的极限。

2. 矩形整理出现时，应随时观察行情的演变，一旦发现价格向下跌破矩形下沿时，应随时观察其后的趋势演变，切勿匆忙操作。

3. 矩形整理出现时，价格出现向上或向下突破上、下沿时，不是以瞬间的价格突破为准，而是以收盘价计算。

9.2 震荡向下的整理形态

9.2.1 下降三角形

下降三角形，是指在下降趋势中突然出现了止跌反弹，但反弹到一定程度后即出现回落下跌，但跌到接近上次回落的低点前，即再次出现止跌回升，而反弹至前次高点时又遇阻回落，如此反复，下跌低点与反弹高点呈不断收缩的状态，直至合而为一，宣告整理结束。如果将高点、低点连线，即会出现一个三角形形状。

因三角形整理是出现在下跌趋势中，说明只是多头的一种抵抗，所以当三角形整理结束后，价格将再次回归下跌，因此是一种做空操作的形态。

实战案例

在 2016 年原油行情的 5 分钟图上，经过前期的下跌后，价格在 7 月 11 日

6:05 开始出现反弹，但反弹到接近前期高点时即中止，开始回落下跌，在接近上次反弹时的低点时即止跌反弹，随后再次出现这种反弹与下跌，且反弹的高点与下跌的低点均在不断向一起收缩，直至消失，如果此时将高点、低点连接起来，形成一个下降三角形。这说明，当价格经过一段时间的下跌后，多头开始发生，但空头开始抵抗，令价格出现反复上涨与下跌，直到多方再无力推动行情，空头则开始发力，行情才会出现三角形整理结束后的下跌。因此，在一经确立下降三角形整理结束，发现价格向下跌破三角形下沿时，应果断做空操作。如图 9 –4 所示。

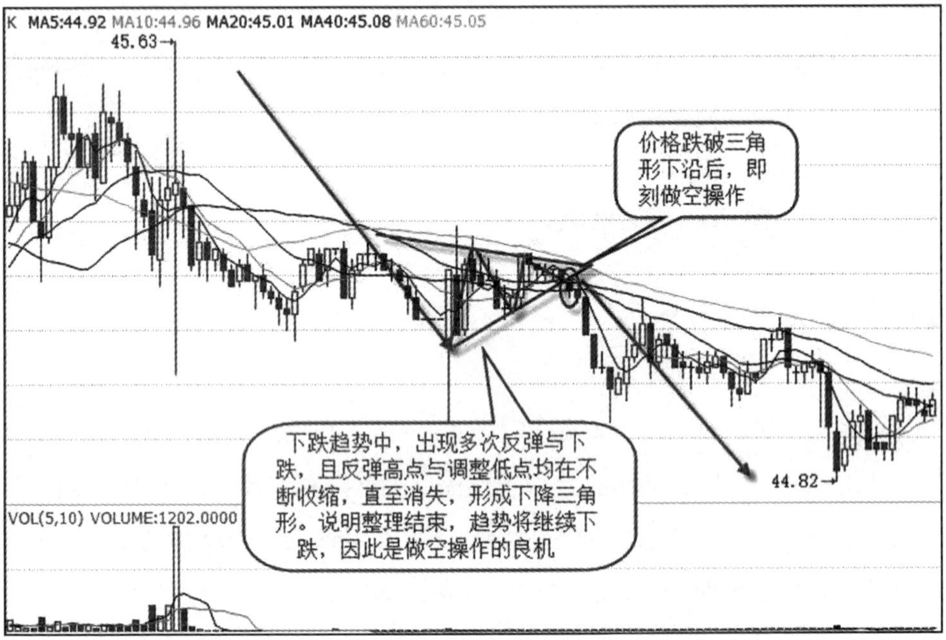

图 9 –4　美原油连 5 分钟图

实战要点

1. 下降三角形，是多空双方在价格经过一段时间下跌后的对抗，也就是我们常说的下跌趋势中的反弹行情。因此，下跌中的反弹并非趋势反转，所以尽量避免做多操作。

2. 通常下降三角形如果是发生反转，则必须有重大利好，且成交量会呈明显的放大阳量，这样才能促成大级别的反弹，否则均应以做空操作为主。

3. 下降三角形出现时，只有当形态形成后，价格跌破三角形下沿时方可做空操作，不可过早，因为如果不出现跌破三角形下沿，则不能说明趋势再次转跌，此时应观望后再选择操作。

9.2.2 下降旗形

下降旗形，是指原油价格在下降过程中突然出现了跌势放缓，但在反复反弹与下跌的过程中，当价格反弹到一定高度时即停止上涨，转为下跌，但跌至最初反弹时的位置时又出现上涨，如此反复，直到再次出现下跌时，一举跌破最初反弹时的位置。如果将每次反弹的高点、下跌的低点分别连线，就会发现，K 线上此时形成了一面倒立的旗子。

下降旗形往往是对前期快速下跌的一种休整，结束后，趋势仍将回归下跌，因此是一种下跌中继形态，也是投资者做空操作的良机。

实战案例

在 2016 年 7 月 11 日原油行情 1 分钟图上，当价格在下跌过程中，于 15:37出现止跌，其后反弹，反弹到 44.85 美元时即出现回落下跌，但跌到接近上次反弹时的价格附近时又出现回落下跌，而跌到接近上次调整低点时再次止跌回升，反弹至上次反弹高点附近时再次中止，并一路下跌，跌破了上几次的低点，将高点、低点连线会发现，K 线上形成了倒立的旗形，为下降三角形。这说明，盘中遭遇了多头的抵抗，但力度明显较小，直到多方力竭，价格重回下跌趋势。因此，投资者应在下降旗形出现后，价格跌破旗形下沿时选择做空操作。如图 9 – 5 所示。

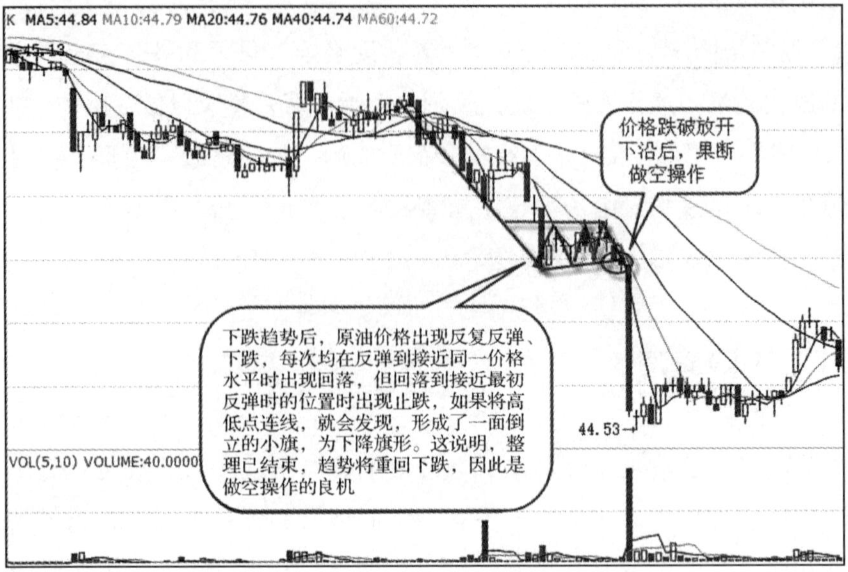

图 9-5 美原油连 1 分钟图

实战要点

1. 下降旗形同样是下降三角形的一种变异，是价格提前中止调整的信号，因此也是做空操作的征兆。

2. 当下降旗形出现后，投资者千万不要因价格的盘中反弹而误以为趋势已止跌，并尽量减少逆势的做多操作，因在下降旗形整理期间，反弹的力度是很小的，且时间及幅度一直在逐级缩减。

3. 当下降旗形出现后，做空者一定要等到价格跌破旗形下沿时再操作，否则旗形发展极有可能会演变为震荡趋势，并逐级向上。

9.2.3 下降矩形

下降矩形也是在原油投资中经常出现的一种行情，是指价格在下跌趋势中突然出现了跌势渐缓，价格开始在某一箱体内做震荡，向上无法突破箱体上沿，向下又无法跌破箱体下沿，但结束箱体震荡后，价格往往会一举跌破箱体下沿，回归下跌趋势。因此，下降矩形出现后，应及时做空操作。

实战案例

在 2016 年 7 月 11 日的 3 分钟图上，当价格经历了一定时间的下跌后，突然出现了止跌，并在 7:00 ～7:15 时，反弹到一定高度后出现了在 45. 20 美元至 45. 21 美元这一箱体内上下震荡，向上无法突破上涨，向下也无法突破下跌，K 线呈横盘状态，形成了下降矩形整理。但在随后，价格即打破了这一矩形的箱体震荡格局，价格一举向下跌破了箱体的下沿 45. 20 美元，并开始继续下跌。这说明，价格在持续下跌中，多头试图反抗，但又无太大的力量反抗，因此才形成了这种在某一价格区间的箱体震荡。所以，投资者应在矩形整理结束时，即价格跌破箱体下沿时做空操作。如图 9 –6 所示。

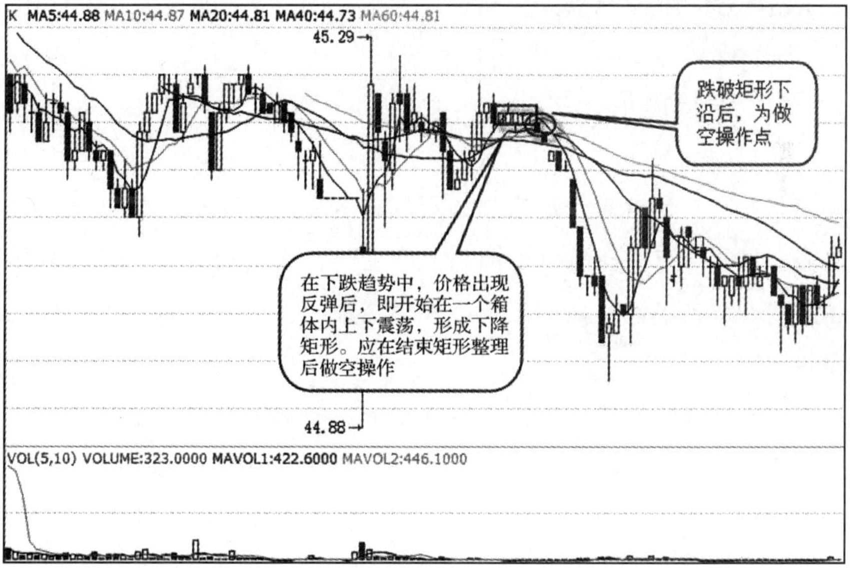

图 9 –6 美原油连 3 分钟图

实战要点

1. 下降矩形出现在下降趋势中，不是止跌的象征，而是下跌中的间歇，也是多头想反抗又无力反抗的表现，因此是做空的良机。

2. 当下降矩形出现时，投资者不要为K线上的箱体震荡而动，应尽量减少做多，因有时这种箱体震荡的幅度并不大，且较难把握高低点，一不小心即会出现亏损。

3. 下降矩形，又叫箱体整理与横盘震荡，是在原油投资过程中经常出现的一种下降中继整理形态。在判断矩形整理是否是下降矩形时，应从其出现前的趋势判断。

4. 下降矩形整理形态出现时，投资者可结合其他技术指标及消息面综合判断趋势，而不应只凭K线形态来做出判断。

9.3 震荡整理的变盘形态

9.3.1 反转三角形

反转三角形，是指原油价格在运行的过程中，当出现三角形整理时，未能如上涨三角形结束整理后出现回归上涨趋势，或是未能如下降三角形结束整理后回归下跌趋势，而是在三角形整理结束后，出现了与三角形整理出现前的反转行情。

从三角形出现前的趋势分，反转三角形可分为上升三角形反转向下、与下降三角形反转向上两种情况。

实战案例

在 2016 年 7 月 11 日原油行情 3 分钟图上，当价格在持续下跌的过程中，在 10:06 出现了止跌反弹，但反弹到前期阻力位后即出现了中止，并随后出现冲高回落，但在接近上一次止跌低点时即出现止跌回升，反弹时越过前期反弹高点时出现回落，如此反复，反弹高点与调整低点呈低点在不断抬高、高点也在不断抬高的不断收缩状态，直到 11:48，这种调整才以小幅震荡后完全收缩到一起告终，形成了一个三角形。

从三角形整理出现时的趋势看，应为下降三角形，但因价格在结束三角形整理后选择了一举向上突破三角形上沿，为反转三角形。因此，投资者应在此时选择做多买入。如图 9-7 所示。

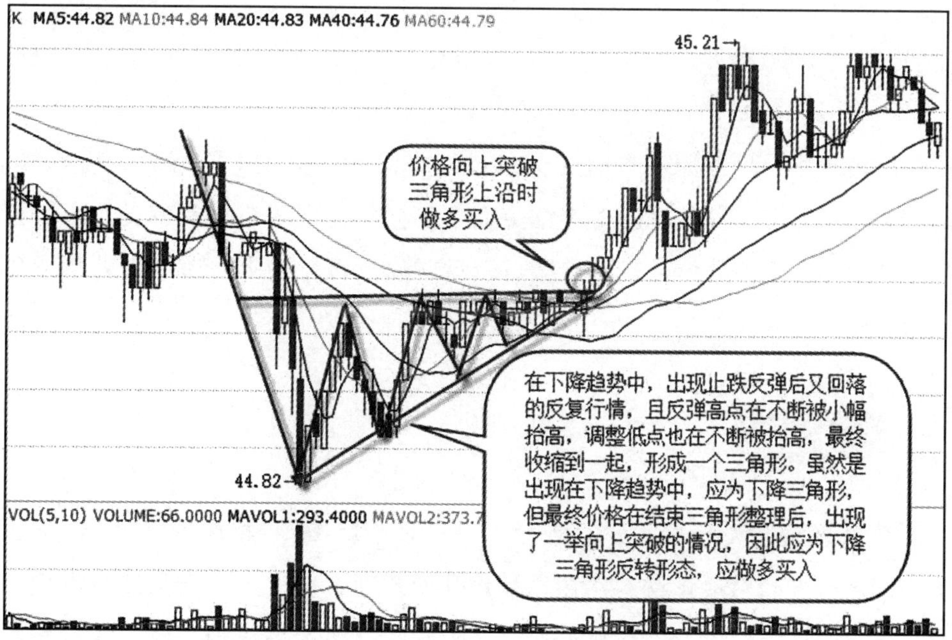

图 9-7 美原油连 3 分钟图

实战要点

1. 反转三角形出现时，投资者应看清三角形出现时的价格趋势，然后在结束三角形整理时关注价格方向的选择，从而决定操作方向。

2. 如果是下跌趋势中出现的反转三角形，通常为下降三角形反转，此时应选择做多买入，而不应做空操作。

3. 如果是上涨趋势中出现的反转三角形，通常为上升三角形反转，此时应选择做空操作，而不是做多买入。

4. 三角形反转，在实战中出现的情况较少。而即使是出现，投资者通过其他指标的情况，也同样可以在三角形反转形成的初期判断行情，因此应随时结合其他技术指标来综合判断行情。

9.3.2 反转旗形

反转旗形，是指原油价格在运行过程中，突然中止了原有的运行趋势，出现了旗形整理。而等旗形整理结束后，价格却出现了与之前相反的运行趋势。从旗形出现前的价格运行趋势看，反转旗形可分为上升旗形反转与下降旗形反转。

实战案例

在2016年原油行情5分钟图上，7月11日15:50价格在创出44.53美元的新低后，开始出现止跌，并在16:10开始反弹，反弹到一定高度时出现回落，但仅仅回落到了16:10与16:15之间的缺口位置即出现止跌，随后再次发起反弹，超过上次反弹高点后，在接近15:50那根大阴线上沿时中止上涨，并再次下跌，但尚未跌破上一次的低点即宣告止跌，并以一根中阳线结束了低位整理，一举实现了向上突破。如果将此次调整的高点、低点分别连线，会发现，形成了下降旗形整理反转。因此，投资者应在价格向上强劲突破旗形上沿时，积极做多买入。如图9－8所示。

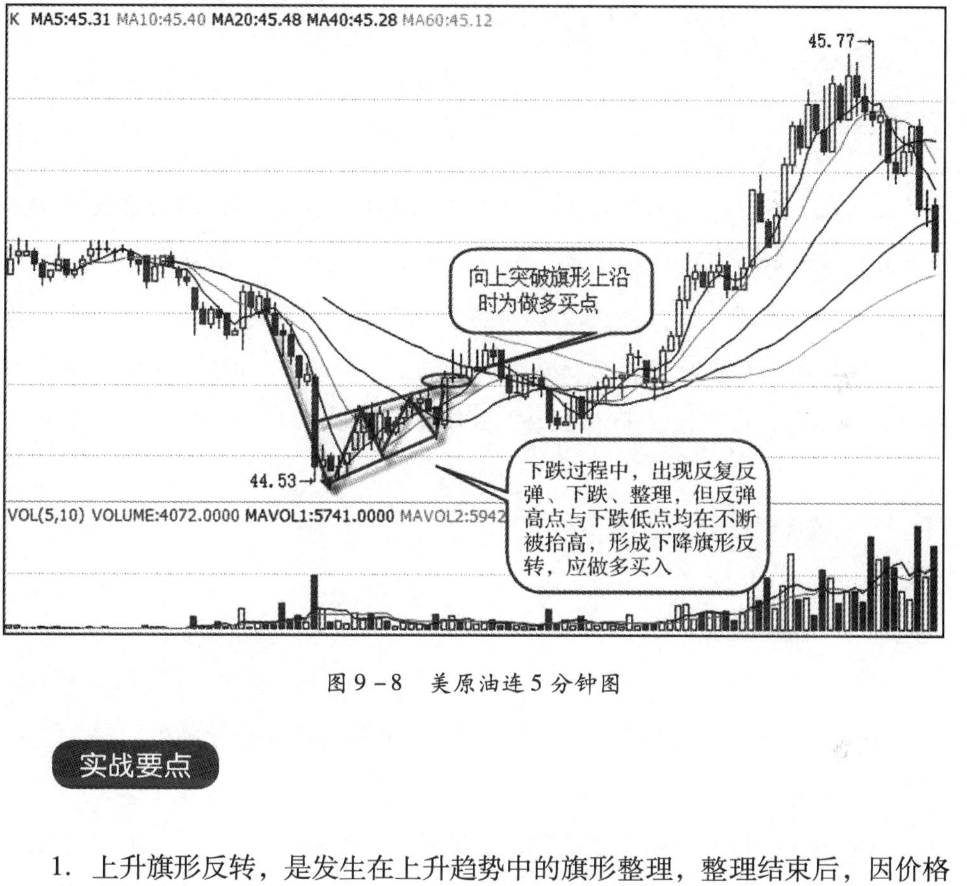

图9－8 美原油连5分钟图

实战要点

1. 上升旗形反转，是发生在上升趋势中的旗形整理，整理结束后，因价格无法实现向上突破，因此引发趋势转跌，所以是做空卖出点与做空操作点。

2. 下降旗形反转，是发生在下跌趋势中的旗形整理，整理结束后，因价格出现强劲反弹，引发趋势反转向上，因此是做多买入良机。

3. 上升旗形反转出现时，最佳的做空操作点为价格向下跌破旗形下沿后；下降旗形反转出现时，最佳的做多买点为价格向上突破旗形上沿后。投资者在实际操作中，不可过早，因过早极易出现变数。

第10章 原油投资MACD实战

在波段操作中，技术指标MACD有着指路先锋的美誉，因为在波段投资中，MACD的运行规律往往决定了原油价格运行的趋向。而有些MACD形态的出现，又明显是上涨的形态，或是卖出的形态，以及趋势反转的形态。比如，MACD买入形态、卖出形态、柱线形态，以及背离形态。根据MACD指标的这些形态变化，投资者才能更精准地抓住买卖点。

10.1 MACD买入形态

10.1.1 佛手向上

佛手向上，是指当DIFF线与DEA线出现金叉后，指标随着价格的上行而上行，随后，DIFF线随价格的回调而出现下行，而DIFF线回调到MACD柱线附近时，出现反转向上，便形成了佛手向上的形态。

佛手向上形态出现后，价格会出现快速大幅的上涨，因此是一种做多买入的形态。

实战案例

在2016年7月12日1分钟图上，当MACD指标在低位区行后，于8:06出现了DIFF线向上与DEA线的低位金叉，其后，DIFF线、DEA线与价格一起出现缓慢上行，至8:36价格出现调整，DIFF线也开始转为由上向下运行，到8:45时与MACD绿柱交叉，但仅仅只有3分钟的时间，到8:48时，DIFF线即向上与DEA线再次出现金叉，形成佛手向上的形态。这说明，价格已结束调整，其后往往会出现快速上涨。因此，投资者应在MACD二次出现金叉时，选择做多买入。如图10-1所示。

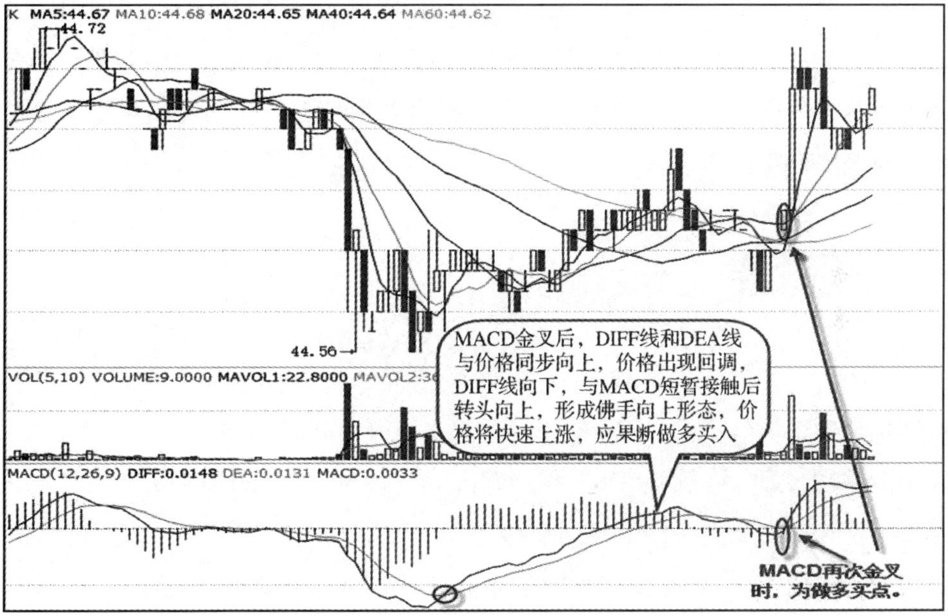

图10-1 美原油连1分钟图

实战要点

1. 在MACD指标中，只有DIFF线与DEA线在0轴以下并接近0轴后出现的佛手向上形态更为可信。

2. 佛手向上形态出现时，往往是价格在初涨时间的短时价格回调，其后会出现短期快速上涨，因此是投资者做多捕捉起涨点时的买入良机。

3. 如果佛手向上形态是出现在日线或周期较长的K线图上时，说明其后会有较长时间较大幅度的上涨，因此应一路做多。

10.1.2 小鸭出水

小鸭出水，是指价格在运行过程中，当 DIFF 线在 0 轴以下出现与 DEA 线的低位金叉以后，并没有上穿 0 轴，或是仅仅上穿了一点即再次回到了 0 轴之下，然后向下死叉 DEA，其后再次上穿 DEA 线，出现金叉。这种形态是一种价格走出底部区域时的形态，因此投资者发现后，应当在价格低位企稳反弹时及时做多买入。

实战案例

在 2016 年 7 月 9 日原油行情 1 分钟图上，当价格在下跌趋势中时，MACD 指标也运行在了 0 轴以下的低位区，并于 12:02 出现了 DIFF 线向上交叉 DEA 线的金叉。其后，DIFF 线继续上行，在向上突破 0 轴后并未在 0 轴之上继续运行，而是转头向下跌回 0 轴之下，与 DEA 线出现了死叉，但在其后，又很快转头向上，与 DEA 线再次发生金叉，形成了小鸭出水形态。这说明，价格已出现止跌回升，因此是做多买入的良机。如图 10－2 所示。

实战要点

1. 小鸭出水形态，是指原油价格在下跌探底之后，抛盘穷尽之时呈现的底部形态，也就是价格见底反弹时发出的信号，投资者此时应当做多买入。

2. 如果在 DIFF 线与 DEA 线低位金叉后未能突破 0 轴，则表明形态宣告失败，价格可能会出现再次震荡下跌，此时投资者应当先通过其他技术指标来判断行情演变。

3. 如果是在价格相对高位时出现小鸭出水形态，极有可能是原油价格出

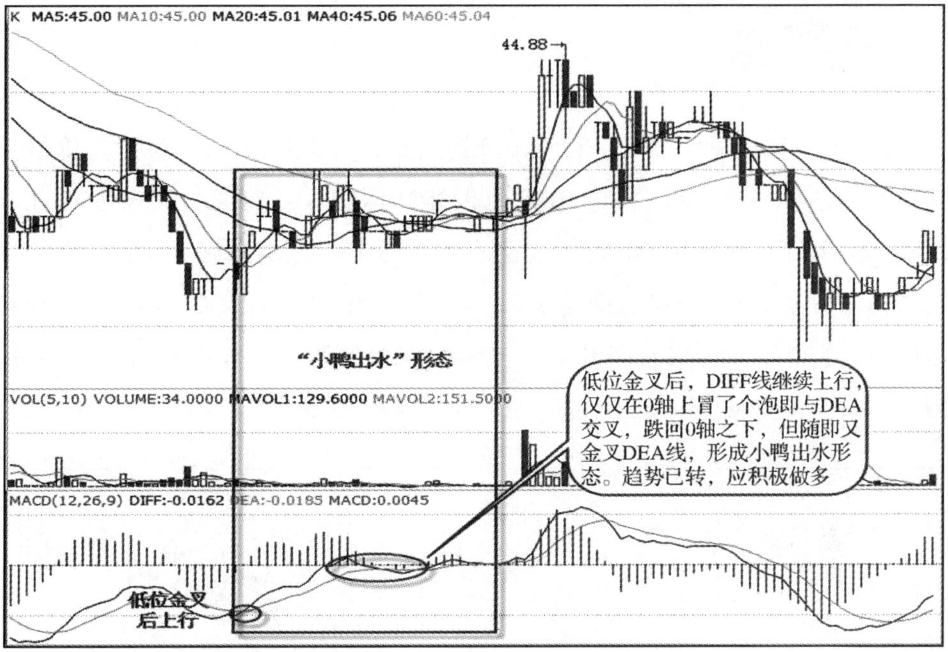

图 10－2　美原油连 1 分钟图

现快速上涨前的征兆，此时可结合其他技术指标综合判断。

4. 如果小鸭出水形态是出现在短周期 K 线图上，投资者在做多买入后，应随时观察趋势，一旦发现遇顶回落应果断卖出。

10.1.3　漫步青云

漫步青云，是指当 DIFF 线在 0 轴以上死叉 DEA 线后，出现下穿 0 轴，然后在 0 轴附近金叉 DEA 线。漫步青云形态的形成是价格在探底回升途中的盘整所造成的，因此属于一种上涨之前的蓄势，投资者应积极在漫步青云形态出现后介入，果断做多买入。

实战案例

在 2016 年 7 月 12 日原油行情 1 分钟图上，自 4:03 开始上涨后，价格一直小幅震荡上行，DIFF 线与 DEA 线也渐渐运行至 0 轴之上，但在4:37时 DIFF 线出现了向下死叉 DEA 线，并在 0 轴之上震荡后，跌破了 0 轴，但仅仅在 0 轴之下震荡了 7 分钟，即于4:52 时与 DEA 线出现了金叉，形成了漫步青云形态。这说明，价格已经结束了趋势转涨后的调整，即将发动上涨行情。因此，投资者应在漫步青云形态出现金叉时果断做多买入。如图10－3所示。

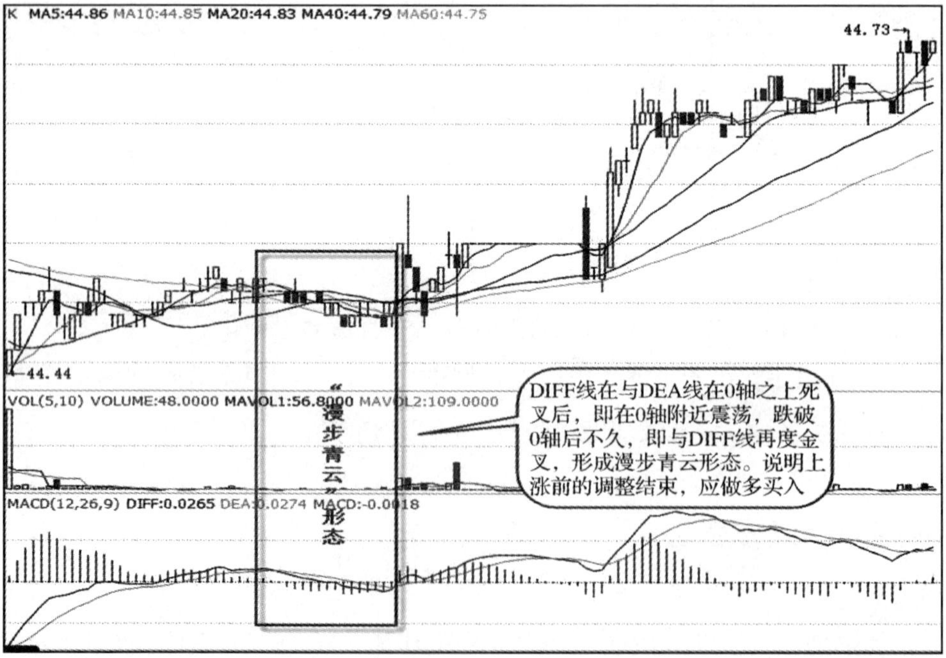

图 10－3　美原油连 1 分钟图

实战要点

1. 漫步青云形态大多出现在价格上涨途中，是一种结束调整的信号，因此可视为一种做多买入信号。

2. 如果在漫步青云形态形成的过程中，当死叉出现后再次出现的金叉是出现在了0轴以下，且距离0轴较远时，那么此时不能确认为漫步青云形态。

3. 如果漫步青云形态是出现在上涨途中，投资者不可对后市期望太高，一旦指标提示高位风险时，应当果断离场，以免高位被套。

10.1.4 天鹅展翅

天鹅展翅，是指当DIFF线在0轴以下与DEA线出现金叉后，随后没有上穿0轴就出现了回调，出现向DEA线靠拢，并且MACD红柱开始缩短，但DIFF线却没有死叉DEA线就再次反转向上，同时配合MACD红柱加长，便形成了天鹅展翅的形态。

顾名思义，天鹅展翅形态预示着天鹅即将展翅高飞，因此，是一种价格即将上涨的形态，也是一种买入形态。

实战案例

在2016年7月12日3分钟图上，当原油行情经过震荡上行后出现调整时，于7:57 DIFF线跌破0轴，在0轴之下运行后，突然于8:30出现DIFF线向上金叉DEA线的情况，其后，DIFF线在持续向上运行后，还未向上触碰0轴，即选择了向下运行。但是，DIFF线却未发生与DEA线的死叉，而是在即将向下碰触到DEA线时即出现止跌，并转头开始向上运行，形成天鹅展翅形态。这说明，原油价格已经结束了调整，即将恢复上涨。因此，投资者应及时做多买入。如图 10－4 所示。

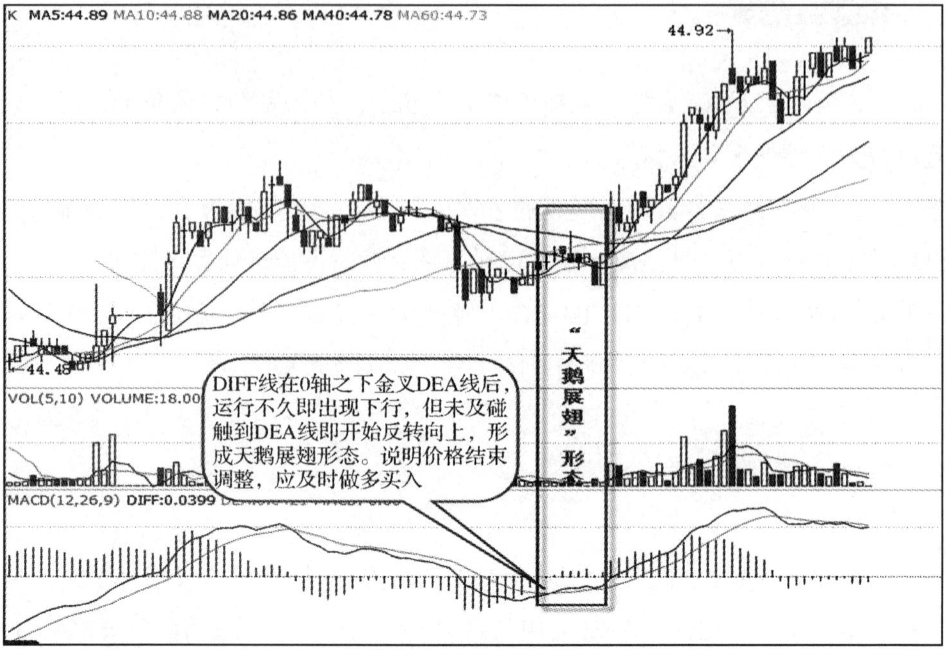

图 10－4　美原油连 3 分钟图

实战要点

1．天鹅展翅形态是一种阶段性底部形态，是价格在下跌探底之后呈现的底部形态，也是一种价格探底回升时发出的做多买入信号。

2．在天鹅展翅形态形成的过程中，如果当 MACD 金叉之后，DIFF 线在回落时与 DEA 线出现了交叉，那么宣告形态失败，价格将继续震荡下跌，此时投资者应当回避观望。

3．天鹅展翅形态出现后，最佳的买点为 DIFF 线与 DEA 线运行过程中出现向上远离 DEA 线时，也就是 MACD 红柱在缩小后再变大的状态比较明显时。

10.1.5　空中缆绳

空中缆绳，指的是DIFF线在0轴以下金叉DEA线，接着在0轴之上运行一段时间，然后价格出现回调，DIFF线也开始向下回调，当DIFF线调到DEA线的时候，两条线黏合成一条线，当它们再次分开并出现多头向上发散的时候，形成了买入时机，新的涨势由此开始。因此，空中缆绳是一种做多买入形态。

实战案例

在2016年7月12日1分钟图上，当原油行情经历前期下跌后，于8:48出现在0轴附近的低位金叉，其后DIFF线向上突破0轴上行，但在9:02时出现转头向下运行，在接触到DEA线时，并未跌破，与DEA线出现黏合并行，形成了空中缆绳形态。这说明，价格的调整即将结束。而至9:15开始，DIFF线

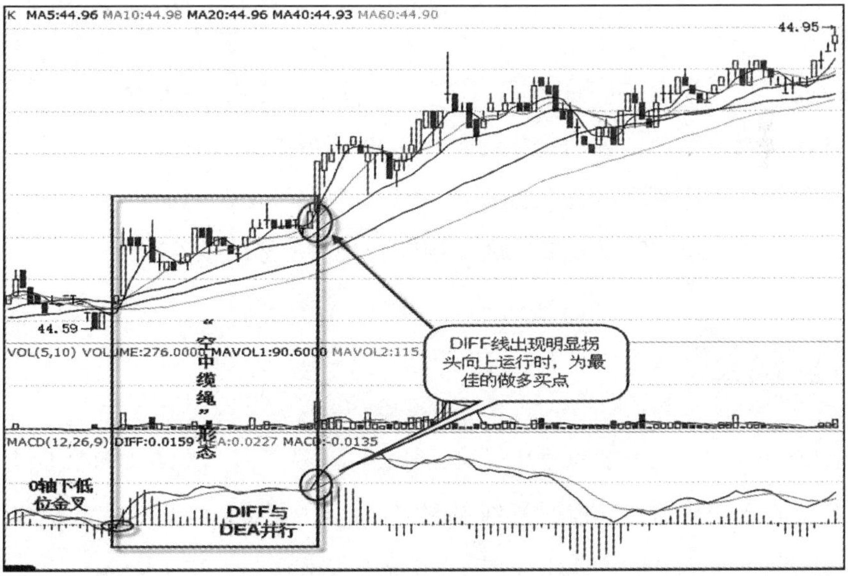

图10－5　美原油连1分钟图

突然开始转头向上运行，成为做多买入的良机。如图 10－5 所示。

实战要点

1. 空中缆绳形态的出现，多为上档盘整和下档承接所致，是价格在上升途中做短暂盘整的形态，因此，一经出现，投资者即应抓住机会，积极做多买入。

2. 空中缆绳形态出现时，往往价格已经明显走出了底部区域，并出现了明显的上涨，是低位震荡整理的一种体现，所以才出现了 DIFF 线与 DEA 线的黏合，从而令价格震荡走低，而这恰恰给投资者提供了一个良好的低位做多买入良机。

3. 空中缆绳形态出现后，最佳的买点为 DIFF 线与 DEA 线黏合分开，且 DIFF 线出现向上发散形态时。

10.1.6 海底捞月

海底捞月，是指在 0 轴以下，DIFF 线与 DEA 线接连出现至少两次低位金叉，这种情况的出现，表明价格在低位不断获得了投资者的做多关注，从而令价格开始走出底部。因此，投资者一经发现这种形态时，应当果断择机做多买入，因为价格此时已完成了底部构筑，其后上涨的幅度较大。

实战案例

在 2016 年 7 月 12 日的原油行情 5 分钟图上，下跌过程中，MACD 指标一直在 0 轴之下弱势运行，但运行到 3:35 时，出现了 DIFF 线向上交叉 DEA 线的低位弱势金叉，其后的 4:10，再次出现了 DIFF 线向上与 DEA 线交叉的弱势金叉，形成海底捞月形态。这说明，投资者已在低位大举买入原油，从而造成了行情多次在短时间内出现弱势金叉。因此，投资者应在海底捞月形态出现后，DIFF 线明显引领着 DEA 线向上运行时，果断做多买入。如图 10－6 所示。

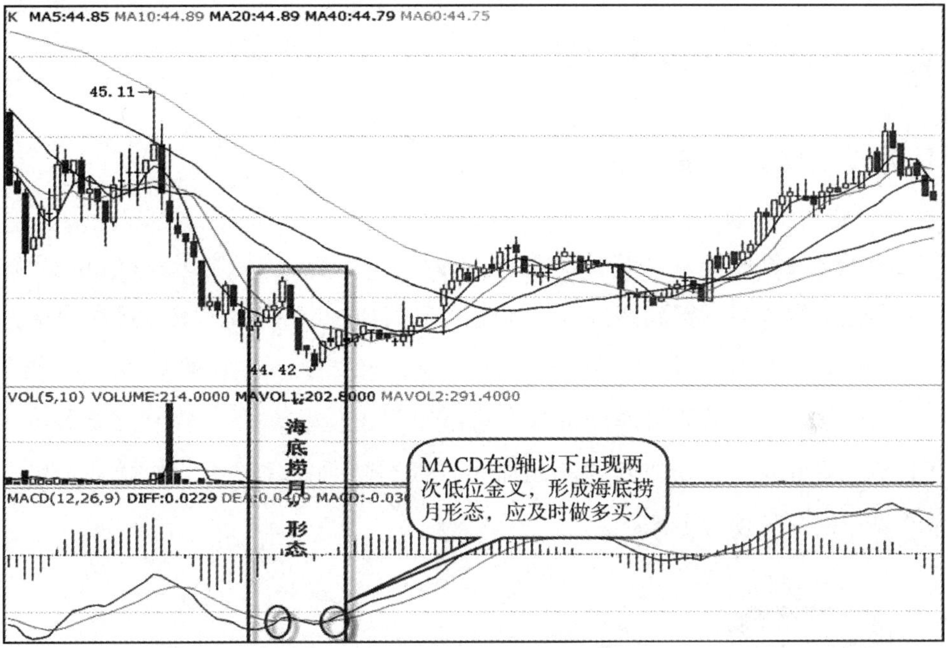

图 10－6 美原油连 5 分钟图

实战要点

1. 海底捞月形态是一种典型的底部形态，是投资者纷纷认可原油价格的一种表现，一旦出现，后市涨幅往往十分可观。因此，投资者一经发现即应当果断做多买入。

2. 在海底捞月形态形成的过程中，DIFF 线与 DEA 线大多呈近距离的水平运行状态，两条线黏合得越近，说明底部越结实，此时往往说明盘中做空者已极少。

3. 海底捞月形态通常出现在价格底部震荡后的再次破位下行后低位，也是投资者抄底的良机，此时往往成交量极少，最佳买点是最后一次出现金叉后的放量上涨时。

10.2 MACD 卖出形态

10.2.1 MACD 高位死叉

MACD 高位死叉，是指当价格在上涨过程中，DIFF 线与 DEA 线也在 0 轴之上向上运行，当运行到高位区，即向上远离 0 轴时，DIFF 线突然在放缓上行后出现了拐头向下运行，并自上向下出现了向下与 DEA 线的交叉。

MACD 高位死叉的出现，说明价格已出现了上涨乏力，盘中投资者均在此时不大看好后市，所以纷纷卖出做多，或是转手做空，因此是做多卖出与做空操作的一种顶部形态。

实战案例

在 2016 年原油行情的 60 分钟图上，自 6 月 28 日 3:00 价格开始上涨后，当运行到 6 月 30 日 11:00 时，价格持续上涨，DIFF 线与 DEA 线也已在 0 轴之上运行到高位区，此时，DIFF 线却在拐头向下运行中出现了向下与 DEA 线的交叉，形成 MACD 高位死叉。这说明，盘中投资者均在原油价格上涨到接近 50 美元一桶后，开始看空后市，所以纷纷卖出，后市将由涨势转为跌势。因此，投资者应在 MACD 高位死叉出现后，及时逢高卖出做多单，并反转做空操作。如图 10 - 7 所示。

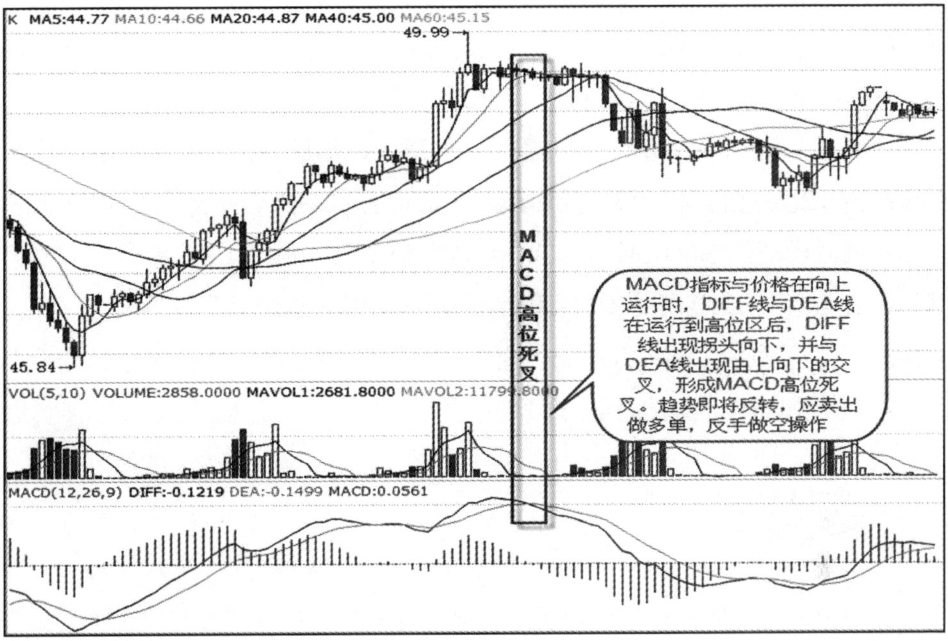

图 10-7 美原油连 60 分钟图

实战要点

1. 在波段操作中，MACD 指标较其他指标更为准确，尤其是高位死叉的出现，说明 MACD 指标已经出现了波段运行中的高位，即将转势下行，因此是做多卖出与做空操作的信号。

2. 投资者在实际操作中，当确认 DIFF 线是否为“高位”时，一是看其是否离 0 轴较远，二是看高位死叉出现后，DIFF 线是否出现明显的向下运行。因为在弱市反弹中，DIFF 线并不一定会运行到顶部后再反转的。

3. 如果在高位区出现 MACD 死叉后，DIFF 线只是略向下移后即开始走平，甚至是向上，则意味着涨势未止，但此时离到顶已不远了，此时继续持有，也应随时观察 DIFF 线的运行情况。

10.2.2 金叉不叉

金叉不叉，是指价格在向下运行的过程中，DIFF 线与 DEA 线也运行到 0 轴之下，当经过震荡，DIFF 线出现走平后向上，在接近甚至是与 DEA 线出现黏合的时候，如果继续向上，就会形成弱势金叉，但是 DIFF 线却没有选择继续向上与 DEA 线形成交叉，反而是出现了与 DEA 线的平行。这种金叉不叉的形态，说明价格反弹之力较弱，尚未形成反弹即已宣告反弹结束，因此是一种做多卖出与做空操作的形态。

实战案例

在 2016 年原油行情 60 分钟图上，自 6 月 9 日出现跌势放缓后，价格出现横盘震荡，但在技术指标 MACD 中，DIFF 线开始变为上行，在与 DEA 线向上接触后，并未出现向上突破形成金叉，反而出现了黏合并行，形成金叉不

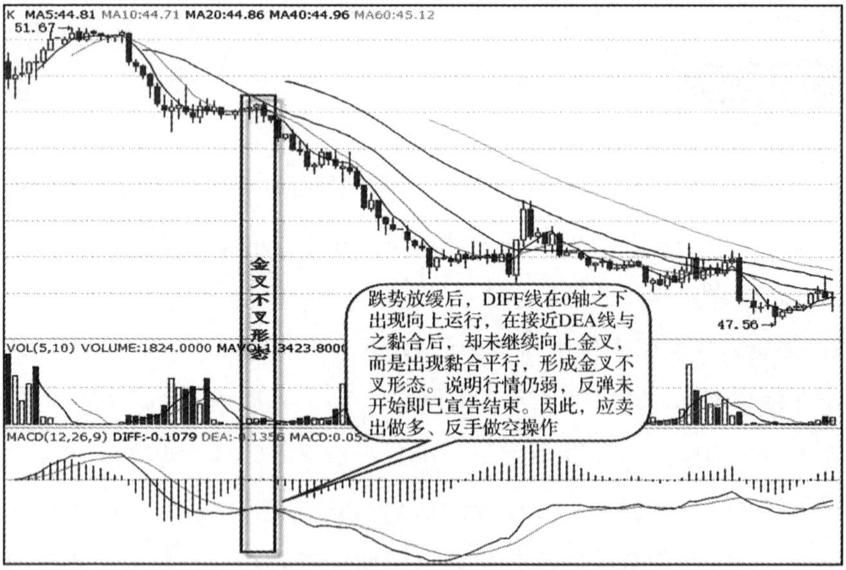

图 10－8 美原油连 60 分钟图

叉形态。这说明，投资者此时依然不看好未来原油市场，多以卖出做多或做空操作，价格还未发生反弹即已宣告结束。因此，投资者应在金叉不叉形态出现时，及时卖出做多单，并反手做空操作。如图 10－8 所示。

实战要点

1. 金叉不叉形态是一种价格弱势的表现，是盘中买盘不断积极所致，如果发生在上涨趋势中，此时 MACD 指标即使是运行在 0 轴之上，说明价格即将到顶，应果断卖出做多，反手做空操作。

2. 金叉不叉形态如果是出现在下跌趋势中，往往是反弹乏力的表现，此时 MACD 指标是在 0 轴之下弱势运行，预示着其后价格仍然会转为跌势。

3. 当金叉不叉形态出现时，K 线上往往会形成横盘震荡，DEA 线呈平行运行，且震荡幅度不大。

10.2.3 0 轴之上接连死叉

0 轴之上接连死叉，是指当 MACD 指标中的 DIFF 线与 DEA 线在 0 轴之上运行时，突然接连在高位出现 DIFF 线向下与 DEA 线交叉的死叉。这种形态的出现，说明上涨趋势已经宣告结束，顶部已出现，因此应及时卖出做多单，反手做空操作。

实战案例

在 2016 年 7 月 12 日原油行情 1 分钟图上，当价格在上涨行情中时，MACD 指标中的 DIFF 线与 DEA 线也同时在 0 轴之上向上运行，但运行到 10:34时，突然出现了 DIFF 线向下死叉 DEA 线的情况。随后，经高位震荡后，DIFF 线很快回到了 DEA 线之上，但随即又在 10:45 时再次出现了 DIFF

线向下死叉 DEA 线的情况，形成了 0 轴之上接连死叉。这说明，价格已结束上涨，已经转为下跌趋势。因此，投资者应果断在高位卖出做多单，反手做空操作。如图 10－9 所示。

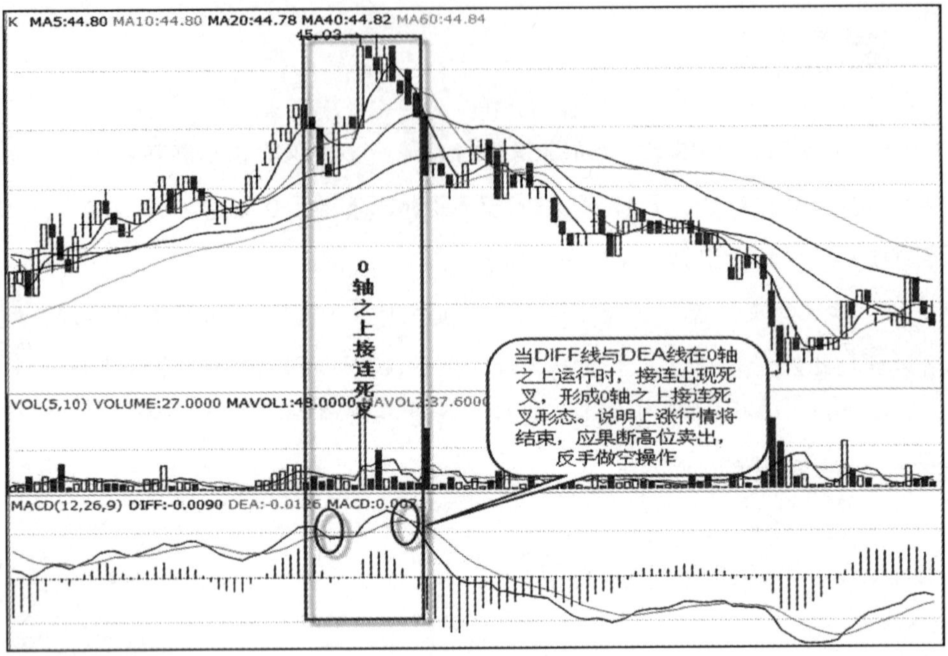

图 10－9　美原油连 1 分钟图

实战要点

1. 0 轴之上接连死叉出现时，往往是价格上涨乏力的表现，因此是价格见顶回落时的征兆。

2. 0 轴之上接连死叉出现时，必须确保两次死叉发生的时间不能相隔太久。

3. 0 轴之上接连死叉出现时，往往是价格在快速赶顶时的征兆，此时 K 线上震荡幅度会加大，且成交量也多为阴量。

10.3 MACD 柱线买卖形态

10.3.1 绿柱消失，红柱出现

绿柱消失，红柱出现，是指当价格在上涨过程中出现调整时，MACD 绿柱会在出现后逐渐变小并消失，随之红柱出现。这种 MACD 柱线的形态，是一种典型的调整结束的形态，也是一种做多买入的形态。

实战案例

在 2016 年 7 月 12 日原油行情 1 分钟图上，在 8:00 开始的上涨行情中，价格在 8:35 出现调整，随之 MACD 绿柱出现，并逐渐放大后开始缩小，直到 8:49 时突然消失，代之而起的是 MACD 红柱，形成“绿柱消失，红柱出现”形态。这说明，调整已经结束，投资者应积极做多买入。如图 10－10 所示。

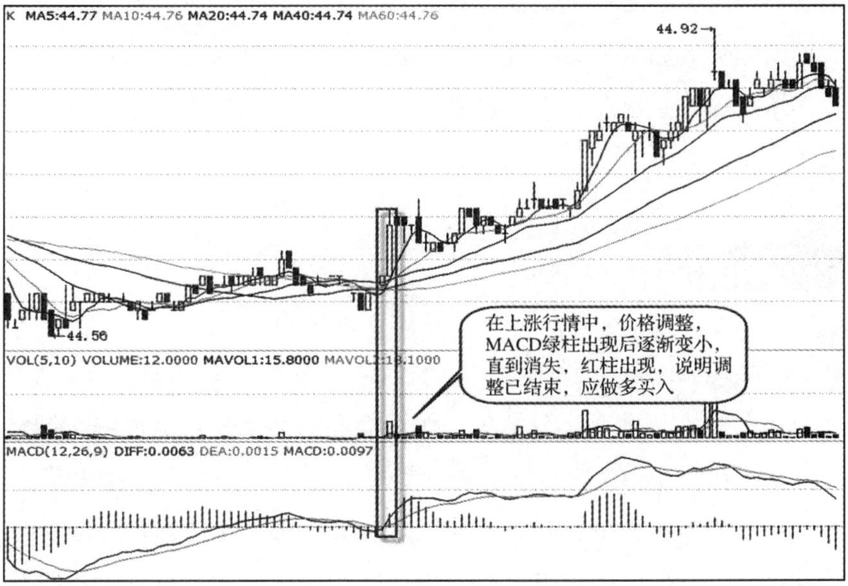

图 10－10 美原油连 1 分钟图

实战要点

1. 只有出现在上涨行情中的“绿柱消失，红柱出现”形态，才是调整结束时的信号。

2. 在下跌趋势中出现的“绿柱消失，红柱出现”形态，是价格止跌反弹的象征，但因弱势反弹往往时间很短，反弹幅度有限，因此应减少做多操作，以做空为主。

3. 投资者在上涨行情中根据 MACD“绿柱消失，红柱出现”形态做多买入时，应在确保绿柱消失后、红柱出现时操作，而不能过早。因为绿柱消失后，并不一定只会出现红柱，有可能依然会出现绿柱。

10.3.2 红柱消失，绿柱出现

MACD“红柱消失，绿柱出现”，是指在运行过程中，MACD 红柱在逐渐变小后突然消失，代之而起的是绿柱。当这种情况出现时，投资者应首先分清出现前的趋势：如果是在上涨趋势中出现，说明行情出现了调整，应先行卖出做多单；如果是出现在下跌趋势中，则说明反弹已经结束，也应及时卖出做多单，反手做空操作。

实战案例

在 2016 年 7 月 12 日原油行情 1 分钟图上，10:20 价格正处于上涨趋势，突然 MACD 红柱在逐渐变小后消失，代之而起的是绿柱。这说明，调整已经开始，应先行卖出，当调整结束后再做多买入。

在 10:40 趋势转为下跌后，于 11:25 再次出现“红柱消失，绿柱出现”形态。这说明，反弹已经结束，此时应及时卖出做多单，反手做空操作。如

图 10－11 所示。

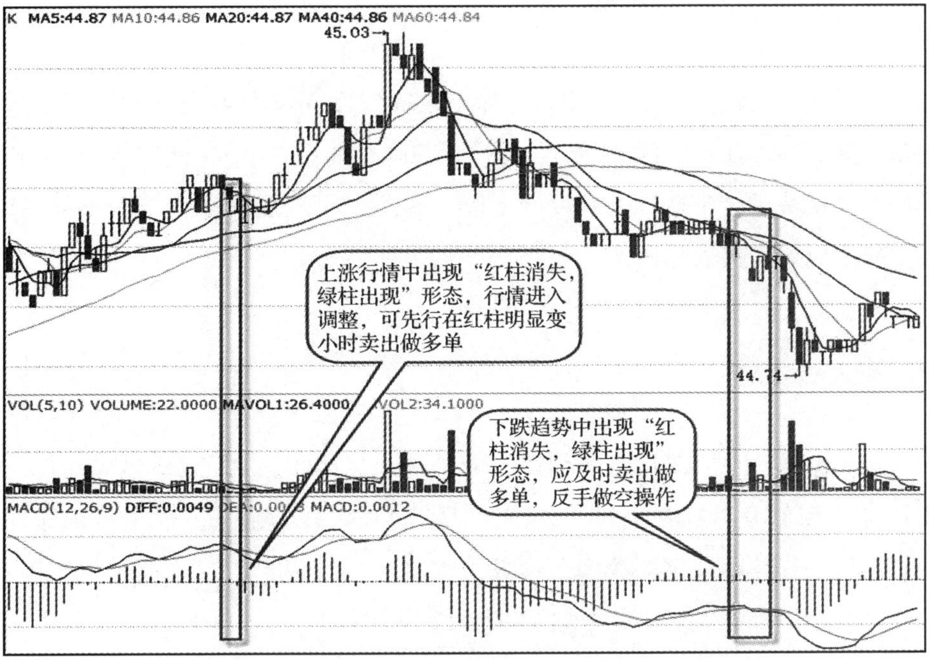

图 10－11　美原油连 1 分钟图

实战要点

1. “红柱消失，绿柱出现”形态出现时，投资者应首先判断好出现前的趋势，以便指导操作。

2. 如果“红柱消失，绿柱出现”形态出现时，趋势是上涨，此时往往是上涨行情中的调整行情的开始，可先行卖出做多单，其后止跌时再做多买入，但尽量不要选择做空操作，因上涨行情中的调整往往时间较短，尤其是在短期 K 线图上。

3. 如果“红柱消失，绿柱出现”形态出现时，趋势是下跌，此时说明反弹行情已经结束，应做空操作，但尽量不要在反弹开始时逆势做多交易，因弱势反弹时间短、幅度有限。

10.3.3 MACD 二次翻红

MACD 二次翻红，是指当价格在上涨过程中，MACD 红柱在逐渐缩小后，并未出现绿柱，而是继续出现了红柱的不断放大。这说明，此次调整的幅度极小，价格其后会出现较大幅度的上涨。因此，当发现 MACD 二次翻红出现时，应及时做多买入。

实战案例

在 2016 年 7 月 12 日原油行情 1 分钟图上，当价格在上涨趋势中时，于 10:10时，MACD 红柱缩小到了极致，但随后红柱并未消失，也未出现绿柱，而是出现了红柱继续逐渐放大，形成了 MACD 二次翻红。这说明，短线调整已经结束，应及时做多买入。如图 10－12 所示。

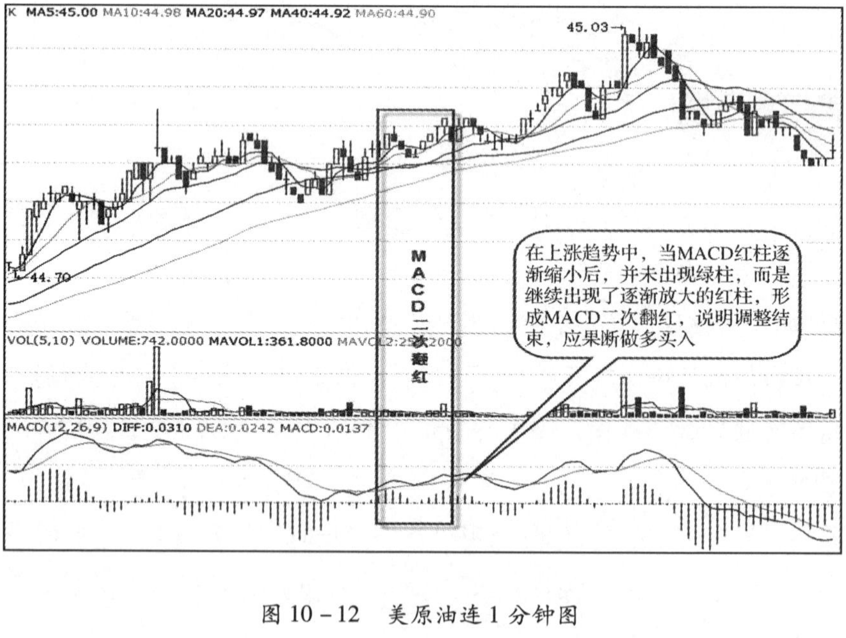

图 10－12　美原油连 1 分钟图

实战要点

1. 当 MACD 二次翻红出现时，说明调整已经结束，因此是做多买入的良机。

2. 如果是日线上出现 MACD 二次翻红，说明一轮较大级别的上涨已经拉开序幕，因此应积极做多持有。

3. 当 MACD 二次翻红出现时，必须确保趋势是向上的，如果是震荡行情或是下跌行情，MACD 二次翻红形态将无任何意义，只能说明行情依然会震荡。

10. 3. 4 MACD 二次翻绿

MACD 二次翻绿，是指价格在运行过程中，当出现下跌时，MACD 绿柱在出现逐渐缩小后并未消失，也未出现红柱，而是继续逐渐放大。这种情况的出现，说明调整行情仍然没有结束，应继续做空操作。

实战案例

在 2016 年 7 月 12 日原油行情 1 分钟图上，在上午的上涨趋势中，于9:37 出现 MACD 绿柱，价格同时出现调整，但随着 MACD 绿柱的逐渐缩小，红柱并未出现，代之而起的依然是逐渐放大的绿柱。这说明调整依然没有结束，应继续做空。

到了 10:40 以后，趋势转为下跌行情，当运行到 11:02 时，MACD 绿柱在缩小到一定程度后，未再继续缩小，而之后是逐渐放大的绿柱，形成 MACD 二次翻绿。这说明，下跌趋势依然未中止，后市看跌，投资者此时依然应做空操作。如图 10 – 13 所示。

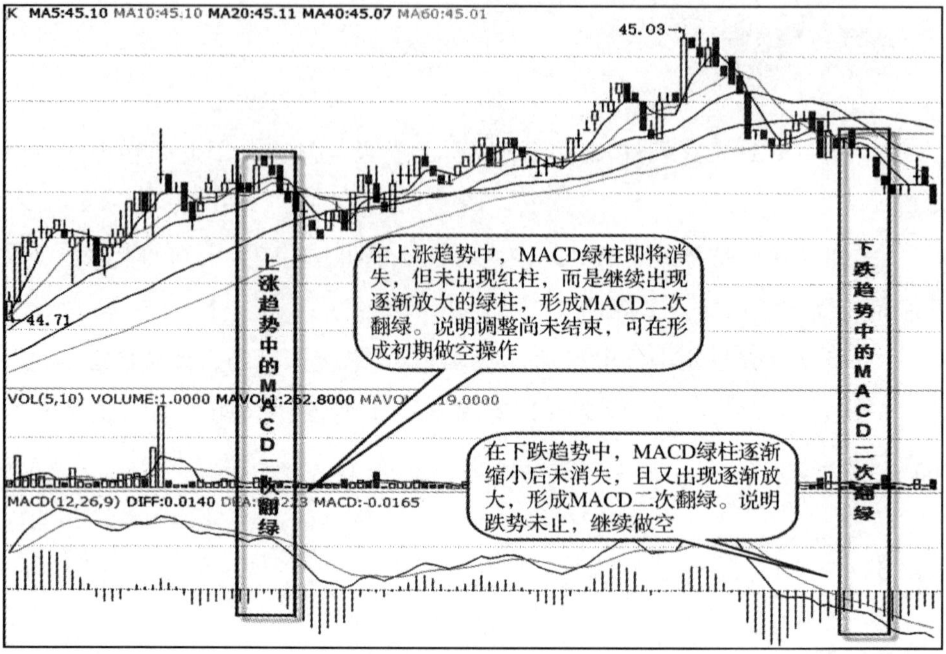

图 10－13　美原油连 1 分钟图

实战要点

1. MACD 二次翻绿形态，是一种明显的下跌继续的形态，因此应持续做空。

2. 如果 MACD 二次翻绿是发生在上涨行情中，尽管此时的短期趋势是下跌，但因大趋势是上涨的，所以下跌的幅度可能有限，因此应谨慎做空操作，且一旦止跌时，应果断平仓。

3. 如果 MACD 二次翻绿是出现在下跌趋势中，此时可大胆做空操作。

10.4 MACD 背离买卖形态

10.4.1 MACD 波峰背离

MACD 波峰背离，是一种顶背离，是指价格及 DIFF 线与 DEA 线在上涨趋势中，价格在一浪一浪地上涨，并不断创出新高，可 DIFF 线向上掀起的上涨浪却出现了一浪低于一浪的情况，从而与价格的运行形成了背离。

MACD 波峰背离的出现，说明随着价格的不断上涨，盘中许多投资者都在看空后市行情，纷纷卖出原油，所以才导致了 MACD 上涨波出现了一波比一波弱的情况。因此，后市会出现遇顶回落的趋势，所以 MACD 波峰背离是一种顶部形态，也是卖出做多、反手做空操作的良机。

实战案例

在 2016 年原油行情 2 小时图上，当价格在 6 月 17 日 8:00 开始上涨后，一路上涨到了 6 月 21 日 4:00，其后开始调整，但随后结束调整后再上涨时，不断刷新高度，至 6 月 22 日 18:00 时创出了 50.53 美元的价格，价格趋势呈一浪高于一浪的走势。但在 MACD 指标中，DIFF 线处于向上运行中，6 月 22 日18:00出现的上涨浪，浪峰却明显要低于 6 月 21 日的浪峰，呈明显的一浪低于一浪的趋势，与价格形成了 MACD 波峰背离。这说明，因盘中多数投资者均在高位看空后市，导致在逢高大举卖出原油，后市将出现价格反转。所以投资者应在 MACD 波峰背离出现后，及时逢高卖出做多单，并反手做空操作。如图 10－14 所示。

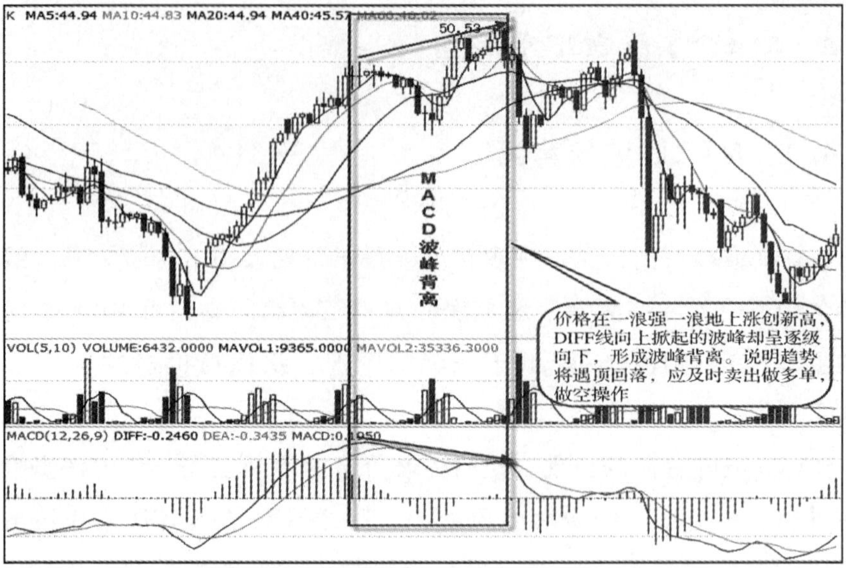

图 10－14　美原油连 2 小时图

实战要点

1. 当 MACD 波峰背离出现时，往往是投资者因看空后市而大举逢高卖出做多单所致，因此是价格遇顶回落前的征兆，所以也是卖出做多、做空操作的良机。

2. MACD 波峰背离，是一种趋势顶背离，是指标先于价格出现反转的现象。在波段趋势判断中，MACD 指标较为准确。

3. 投资者在利用 MACD 波峰背离判断行情时，可结合其他指标综合判断，以更为准确地掌握好高点。

10.4.2　MACD 柱线背离

MACD 柱线背离，是指当价格在向上（或向下）运行的时候，MACD 指标中的 DIFF 线与 DEA 线呈向下（或向上）的运行方向，与价格出现相反的运行方式。根据出现 MACD 柱线背离时出现的趋势，可以分为 MACD 柱线顶背离与 MACD 柱线底背离。

MACD 柱线顶背离，是指出现在上涨趋势中，价格向上运行、DIFF 线与 DEA 线向下运行，此时往往意味着价格已到达顶部，即将反转向下，因此是卖出做多、反手做空操作的时机。MACD 柱线底背离，是指价格向下运行、DIFF 线与 DEA 线向上运行，此时说明价格已触底，即将回升，因此应空单平仓，转为做多买入。

实战案例

在 2016 年原油行情 2 小时图上，在 6 月 17 日 8:00 开始的上涨行情里，至 6 月 22 日 18:00，原油价格创出 50.53 美元的新高，但此时 MACD 指标中的 DIFF 线与 DEA 线却呈明显的向下运行趋势，与价格的上涨趋势截然相反，形成 MACD 柱线顶背离。这说明，因价格在高位时，众多投资者均看淡后市，

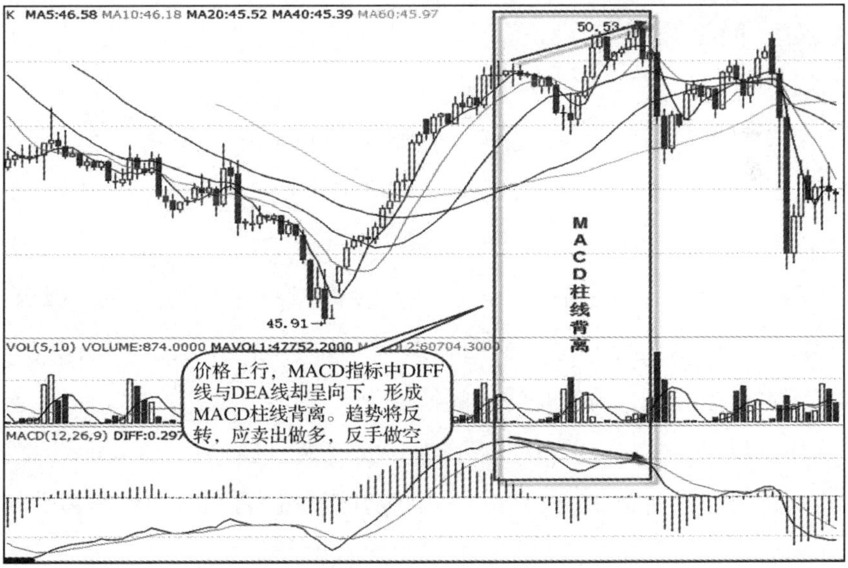

图 10－15 美原油连 2 小时图

所以在大举卖出做多，甚至转而做空，所以才出现了这种背离。因此，说明趋势即将反转向下。所以投资者应在 MACD 柱线顶背离出现时，果断逢高卖出做多，转手做空操作。如图 10－15 所示。

实战要点

1. 当 MACD 柱线背离出现时，投资者应先认清出现时的价格运行趋势，以分清是底背离还是顶背离，从而再决定操作方向。

2. 当 MACD 柱线顶背离出现时，往往是价格顶部反转的迹象，因此是卖出做多、做空操作的时机。而通常，MACD 指标只要出现一次顶背离，即可确认顶部。

3. 当 MACD 柱线底背离出现时，往往一次底背离不能确认价格正处于底部，因有时多次底背离出现后才能确认底部，因此投资者应结合其他指标提示综合判断行情。

10.4.3 MACD 隔山背离

MACD 隔山背离是一种顶背离，是指股价在上涨过程中，经过高位震荡上涨后，出现了三个顶，中间那个顶最高，左右两个顶是次高。中间那个顶，叫“山”，在左右两个次高点中间，“隔”着一座“山”。这是 K 线上的形态，但在底部 MACD 指标显示中，中间往往是多根 MACD 红柱，左边的红柱小于右边的红柱，或是左边的绿柱要明显短于右边的绿柱，甚至会出现在“山”的两侧，左边是红柱、右边是绿柱的情况。

这往往说明，价格在“山”形成时，是不断创新高的，但 MACD 指标却不支持这种上涨，所以形成了背离，说明其后价格将出现由涨转跌，因此是一种卖出做多、做空操作的形态。

实战案例

在原油行情日线图上，自2015年10月8日价格出现持续上涨后，开始在高位震荡，并相继出现了三个高点，其中2015年10月9日为最高点，创出50.90美元的高价，其余两个略低，大约在相同水平上。而此时MACD指标中，在价格创出新高期间，出现了数根较长的MACD红柱，像一座小山，左、右两侧均为MACD绿柱，但可以明显看出，右侧的绿柱要多于左侧，且较为长，形成MACD隔山背离。这说明，价格虽然不断创出了新高，但MACD指标却不支持这种上涨，盘中高位卖出的筹码很多，因此趋势即将发生反转。所以，投资者应在此时果断选择卖出做多，反手做空操作。如图10－16所示。

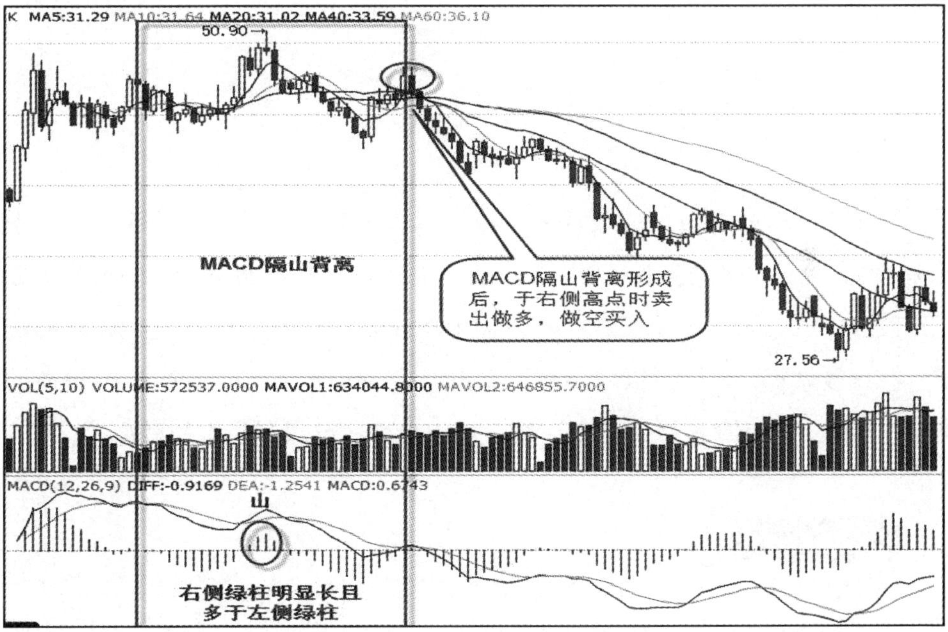

图10－16　美原油连日线图

实战要点

1. 在MACD隔山背离形态中，如果只是从MACD柱来看，中间价格在形成高峰时的红柱往往极短，既是MACD柱线转换的一种过渡，也是趋势反转前的临界点。因此，投资者应在形态确立后，选择在右侧次高点卖出做多，反手做空操作。

2. 当MACD隔山背离形态出现时，K线形态上往往会以头肩顶或是多重顶形式出现，因此投资者也可结合K线形态来确认顶部。

3. 当MACD隔山背离出现时，往往MACD指标中的DIFF线与DEA线也是呈向下运行的，若其运行趋势已与价格形成柱线顶背离时，投资者不必非要等到隔山背离形成后再选择操作，而应在柱线顶背离确认顶部后即可先行操作。

10.4.4 MACD波谷背离

MACD波谷背离是一种底背离，是指当价格震荡下跌时，MACD指标中的DIFF线向下掀起的波浪出现了一波比一波的低点在不断被抬高的情况，形成小波浪式的上涨。这往往意味着，盘中有较多投资者都已认可了此时的价位，在积极做多买入，所以才导致了MACD指标中波谷出现后被不断抬高的情况。因此，MACD波谷背离是波段操作中一种低位做多买入的良机。

实战案例

在2016年3月13日原油行情1分钟图上，在6:00～6:35之间，价格出现了震荡走低，6:10时出现的低点，其后被不断跌破，形成了一个低点，6:35后再次形成了一个低点区。从价格趋势看，是持续向下的，一波比一波低。但是从 MACD 指标中观察会发现，DIFF 线也在这两个时间点出现了两个向下的波谷，只是波谷低点不仅未随价格一起创出新低，反而呈一个比前一个高的状况，形成了 MACD 波谷背离。这说明，价格在持续走低的过程中，不断有投资者在逢低做多买入，说明其后趋势将出现反转，因此，投资者应在 MACD 波谷背离出现后，及时空单平仓，并做多买入。如图 10－17 所示。

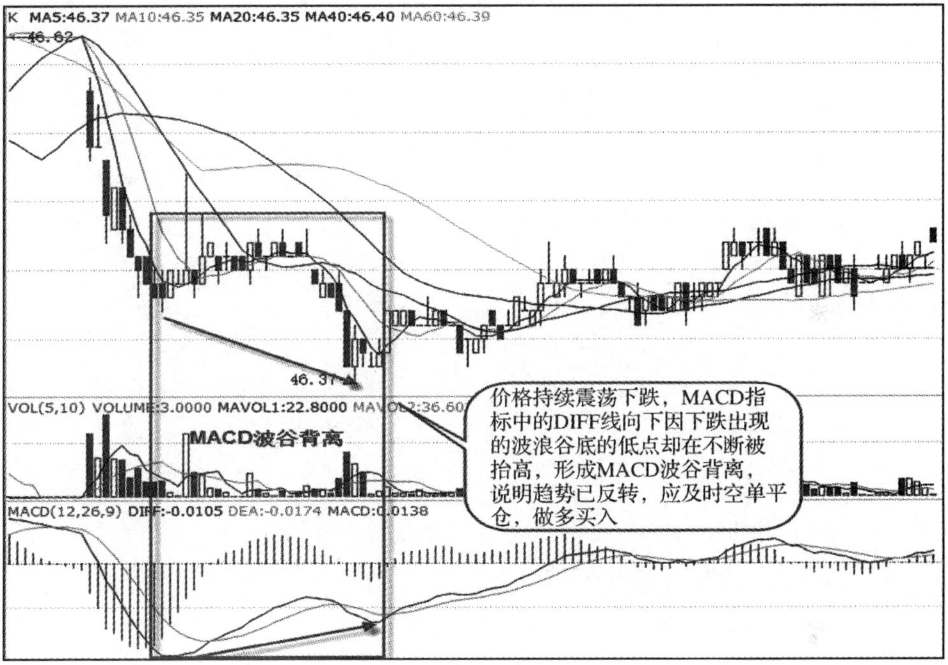

图 10－17 美原油连 1 分钟图

实战要点

1. MACD 波谷背离，往往出现在下跌趋势的末端，是指标先于价格止跌的表现，说明大多数投资者此时已感觉价格较低，纷纷在做多，因此是空单平仓及做多买入的良机。

2. 在震荡调整行情中时，也可能会出现 MACD 波谷背离，此时说明价格已结束调整，仍然是做多的信号。

3. 投资者在实际操作中，如果选择的是短周期的 K 线图，若是出现 MACD 波谷背离，其后的反转行情仍然会时间不长，因此，一旦发现价格上行乏力有顶部迹象时，应果断卖出。

第11章 原油投资KDJ实战

在原油短线实战中，随机指标KDJ更适合于投资者T+0交易，因为KDJ指标中的K线、D线、J线的快速变化，往往能够更为准确地向我们提示出其后价格会是冲高回落，还是由跌转涨。比如KDJ买入形态、KDJ卖出形态、KDJ背离买卖形态。这些KDJ形态，都精准地为我们的实战交易指明了方向，成为原油投资中不可缺少的拐杖。

11.1 KDJ买入形态

11.1.1 KDJ金叉

KDJ金叉，是指当价格在下跌过程中，KDJ指标中的K线与D线开始走平甚至向上，而快线J线在下方出现向上运行，并与K线与D线出现由下向上的交叉。这种形态的出现，说明众多投资者均已看好此时的低价，纷纷做多买入，所以才导致了指标先于价格的反转向上。因此，是做多买入的形态。

实战案例

在2016年原油行情15分钟图上，在7月12日13:35开始的上涨趋势里，当价格上涨到21:50时出现了调整，其后价格开始下跌，KDJ指标中三条线也开始向下运行，22:20 J线运行到了底部，开始出现反转向上运行，且K线与 D 线此时也开始走平，并出现转头向上，到了23:05 J 线开始由下向上与 K 线和 D 线出现了向上交叉，形成 KDJ 金叉。说明价格已结束调整，开始继续向上运行，投资者此时应及时做多买入。如图 11－1 所示。

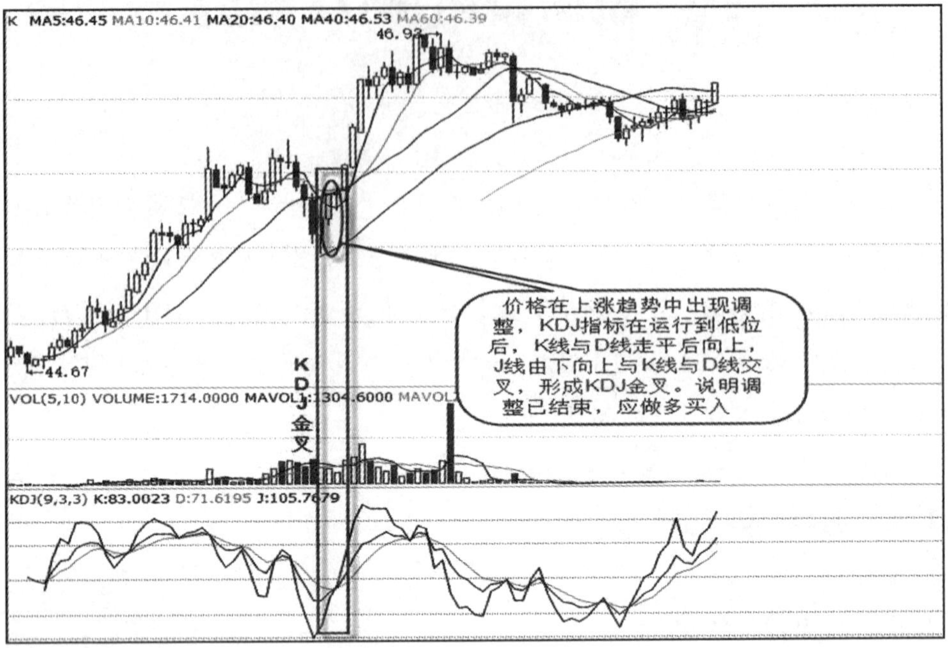

图 11－1 美原油连 15 分钟图

实战要点

1. KDJ 指标又叫随机指标，曾被广泛用于价格中短期趋势的分析，因此是原油投资中重要的操作指标依据。

2. 投资者在运用 KDJ 金叉决定做多操作时，不能只是从 KDJ 金叉形态上来决断行情，这样很容易失误，应结合 KDJ 金叉出现前的行情具体判断。

3. 如果是在上涨趋势的调整行情中出现 KDJ 金叉，往往是调整即将结束的信号。

4. 如果是在下跌趋势中出现 KDJ 金叉，通常是反弹的开始，但因此时趋势是主跌的，因此投资者应尽量避免逆趋势的做多操作。

11.1.2 KDJ 死叉后快速金叉

KDJ 死叉后快速金叉，是指价格在运行过程中，当 KDJ 出现 J 线由上向下与 K 线和 K 线交叉的死叉后，很快又出现了 J 线由下向上与 K 线和 D 线的金叉。这种形态的出现，说明价格只是出现了短暂的冲高回落，即受到了资金的再度青睐，大举逢低买入，因此是一种后市看涨的征兆。所以，投资者在遇到 KDJ 死叉后快速金叉时，应及时做多买入。

实战案例

在 2016 年 7 月 13 日原油行情 3 分钟图上，在 8:36 价格触底后出现快速上涨，但到了 8:57 时出现回落，且 KDJ 线三线出现了向下运行，并在9:00时出现 J 线由上向下与 K 线和 D 线的死叉，可是到了 9:12 时，又快速出现了 J 线由下向上与 K 线和 D 线的金叉，前后仅仅相隔了 12 分钟，形成了 KDJ 死叉后快速金叉形态。这说明，价格在短期调整时，很快受到投资者低位的做多买入，从而出现了金叉，后市看涨。所以，此时投资者应及时做多买入。如图 11 -2 所示。

实战要点

1. KDJ 死叉后快速金叉的出现，往往是价格经过短期快速上涨后的快速调整，是对前期快速上涨的修正，也是调整结束时的信号，因此应积极做多。

2. KDJ 死叉后快速金叉，如果是出现在下跌趋势中，往往是反弹行情

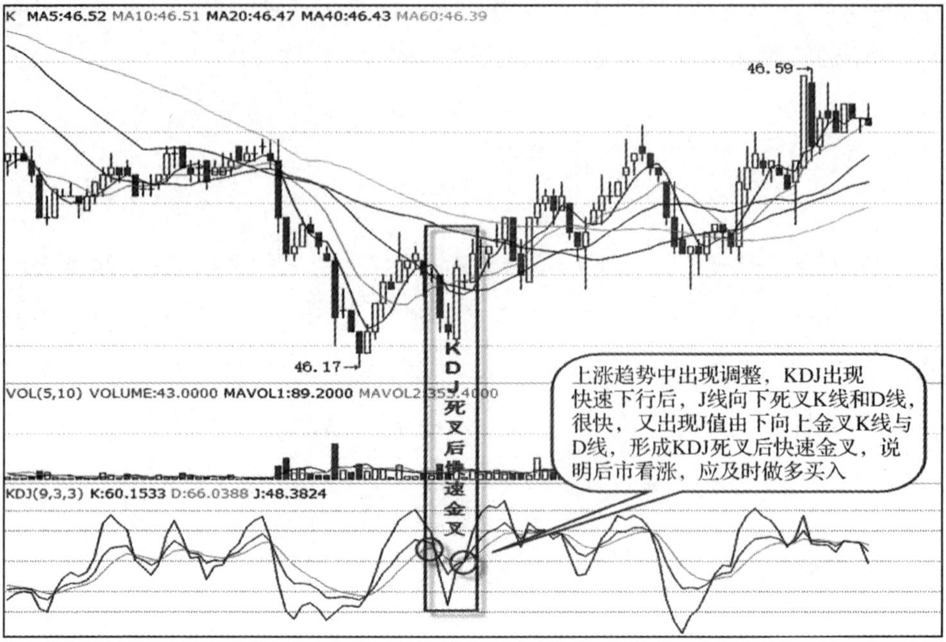

图 11－2　美原油连 3 分钟图

中的震荡行情，此时价格上下震荡幅度并不大，因此毫无意义，反而应避免做多。

3. KDJ 死叉后快速金叉，如果是出现在顶部区域时，往往是上涨行情的尾声，此时价格上下震荡较大，且易变，因此即使做多买入，也应快进快出。

11.1.3　D 值小于 20 的低位震荡

D 值小于 20 的低位震荡，是指当价格在下跌的过程中，KDJ 三条线也出现了向下运行，当 D 线运行到数值 20 以下区域时，开始震荡，甚至是震荡向上运行。因 D 值在 0～20 区间运行时，属于严重超卖区的极限运行，因此是一种超跌时做多买入的形态。

实战案例

在2016年原油行情5分钟图上，7月12日，当价格于21:30时开始下跌后，KDJ指标也开始转为向下运行，尤其是D线在22:10时，运行到了20以下，并一直在20以下低位震荡，运行到了22:25，形成D值小于20的低位震荡。这说明，此时已进入严重的超卖区，其后往往会出现逆转。因此，投资者应在D值在20以下低位震荡出现后，一旦发现D线开始出现转头向上运行时，及时做多买入，并空单平仓。如图11-3所示。

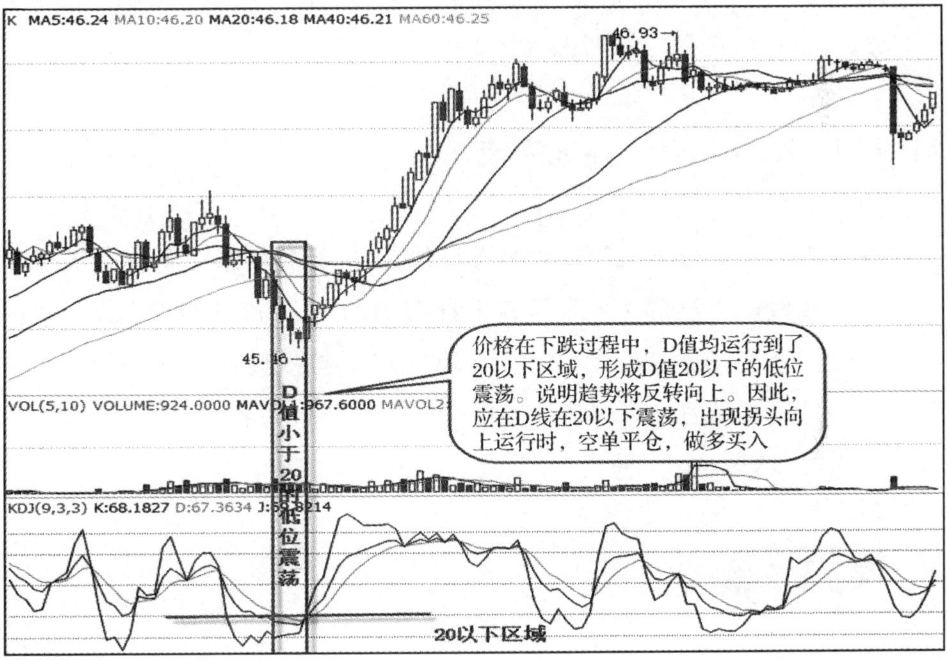

图11-3 美原油连5分钟图

实战要点

1. D 值小于 20 的低位震荡，往往是发生在上涨趋势中的调整行情，或是下跌末端时，因此，当形态出现时，是价格止跌回升的信号，一定要在 D 线拐头向上运行时空单平仓，再做多买入。

2. 当 D 值小于 20 的低位震荡出现在暴跌行情中时，往往无效，此时应结合其他指标综合判断行情。

3. 如果 D 值小于 20 的低位震荡出现在较低周期的 K 线图上时，往往因时间周期较短，其后的行情反转也会相应短，应及时观察短期趋势的演变，一旦发现有顶部迹象时，应果断选择卖出。

11.1.4 KDJ 三线“将死不死”

KDJ 三线“将死不死”，是指当日线上出现或是即将出现 KDJ 金叉时，短期 K 线图上出现了 J 线即将出现向下与 K 线和 D 线交叉时，尚未实现真正的交叉，形成死叉时，J 线即出现了再次转头向上运行。这说明，行情只是短线的快速调整，价格在其后将回归上涨。因此，这是一种做多买入的形态。

实战案例

在 2016 年原油行情日线图上，7 月 12 日，KDJ 三线在低位运行后出现拐头向上运行，并即将形成 J 线向上与 K 线和 D 线的金叉。如图 11－4 所示。

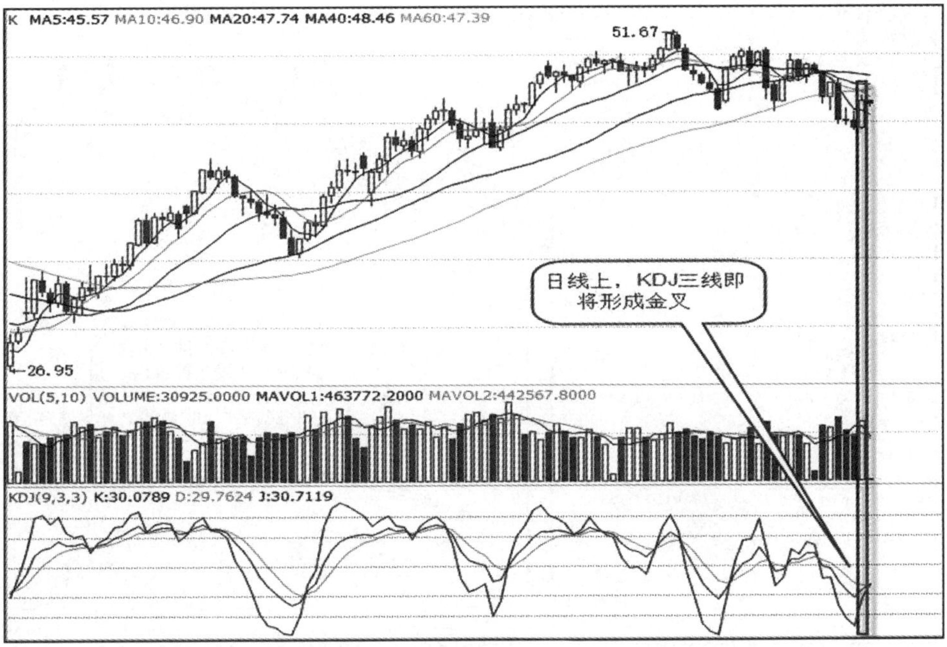

图 11－4 美原油连日线图

此时，再回到短周期图 5 分钟图上，会发现，在 7 月 12 日的 16:45，KDJ 三线出现了向下运行，并即将发生 J 线向下与 K 线和 D 线的死叉，但未及出现 KDJ 死叉，J 线即出现快速转头向上运行，形成了 KDJ 三线“将死不死”。这说明，价格已结束快速短线调整，即将恢复上涨。因此，投资者应在 KDJ 三线“将死不死”出现时，及时做多买入。如图 11－5 所示。

实战要点

1. KDJ 三线“将死不死”出现时，往往日线上会出现或即将出现金叉，且大多日线上会收阳。

2. KDJ 三线“将死不死”出现时，周期图周期越长，则后市涨幅越为可观。相反，周期越短，当做多买入后，见到遇顶时，应及时卖出。

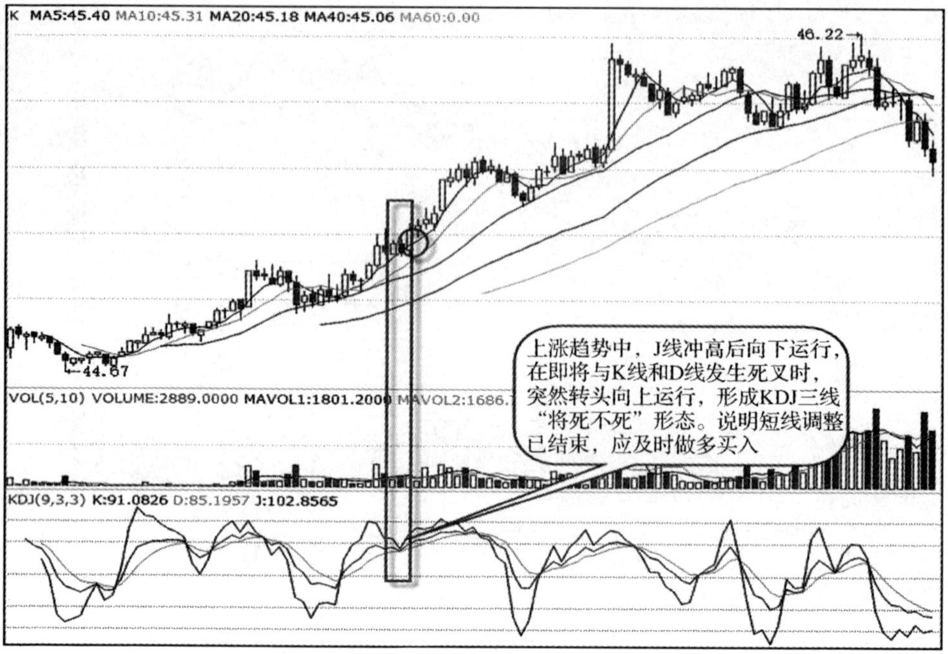

图 11－5　美原油连 5 分钟图

3. KDJ 三线“将死不死”出现时，如果是出现在上涨趋势中的调整行情时，往往更为可信，而在下跌趋势中出现，则不能作为判断行情的依据。

11.1.5　KDJ 周期金叉共振

KDJ 周期金叉共振，是指当 KDJ 发生金叉时，在同一时间内，不同周期的 K 线图上均出现了 J 线由下向上与 D 线和 K 线的交叉。这说明，投资者均在此时看多市场，因此后市看多。所以，投资者应在 KDJ 周期共振出现时，及时做多买入。

实战案例

在 2016 年 7 月 12 日原油行情 2 小时图上，于 14:00，价格在低位止跌企稳后的反弹过程中出现 KDJ 的金叉。如图 11 －6 所示。

图 11 －6 美原油连 2 小时图

此时，如果再观察 5 分钟图，即会发现，早在 13:45 时，价格即在企稳回升的过程中出现了 KDJ 金叉。如图 11 －7 所示。

因趋势转变都是从短周期 K 线图上显示出来的，而原油价格在 5 分钟图上出现 KDJ 金叉上涨的信号后，2 小时图上也出现了 KDJ 金叉。如此一来，形成了 KDJ 周期金叉共振。这说明，短线行情确实已经出现了企稳的上涨，投资者此时应及时做多买入。

图 11－7　美原油连 5 分钟图

实战要点

1. KDJ 周期金叉共振的出现，是用较长周期的 KDJ 指标去验证短期 KDJ 指标，因此是不同周期 K 线上的金叉助长，说明其后行情会持续上涨，即使是下跌中的止跌反弹，往往行情也可期，因此是做多的良机。

2. KDJ 周期金叉共振出现时，越长周期的 K 线图上出现了共振，则往往说明其后的上涨周期要略长，因此决定了做多后持有的时间与涨幅。

3. 如果周线上出现 KDJ 金叉，同时日线上及 1 分钟图上同样出现 KDJ 金叉，说明一轮时间较长的涨势即将开始。

4. 投资者在运用 KDJ 周期金叉共振判断行情时，应在同一周期内，KDJ 金叉出现的时间不能过多，否则将失去意义。

11.2 KDJ 卖出形态

11.2.1 KDJ 死叉

KDJ 死叉，是指当 KDJ 指标中的 KDJ 三条线在结束向上运行后，突然转为了向下运行，并且，此时位于上方的 J 线出现了由上向下与 K 线和 D 线的交叉。这种形态的出现，说明盘中投资者因短时看淡行情，因此在举抛售原油，从而其后会出现价格回落。因此，是一种高位做多卖出、反手做空操作的形态。

实战案例

在 2016 年原油行情 4 小时图上，在 6 月 30 日 10:00 经过了前期的上涨后，KDJ 指标此时已在高位出现回落后，突然位于上方的 J 线出现了由上向下与 K 线和 D 线的交叉，形成 KDJ 死叉。这说明，其后行情会反转向下，因此应当卖出做多、反手做空操作。如图 11－8 所示。

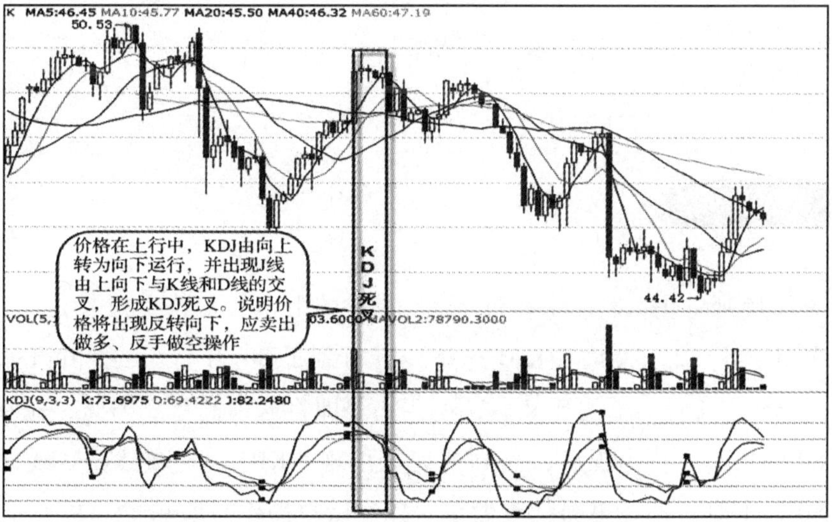

图 11－8 美原油连 4 小时图

实战要点

1. 投资者在利用KDJ死叉操作时，并不一定见到KDJ死叉就卖出，而是要在当价格上涨到一定程度出现死叉后再卖出。

2. KDJ死叉出现的周期图周期越长，往往代表的趋势反转周期也越长；相反，周期图周期越短，行情演变的时间也越短。

3. 投资者如果想运用KDJ指标选择波段操作，最好选择的周期图长一些，同时，在高位区出现的KDJ死叉，往往顶部反转的可能性更大。

4. 当KDJ死叉出现时，投资者最好能结合其他指标及K线形态综合来判断行情演变，准确率更高。

11.2.2 KDJ大于80的顶部运行

KDJ大于80的顶部运行，是指当价格在上涨过程中，KDJ也呈向上运行的趋势，但当KDJ三根曲线同时运行到80以上区域时，是一种价格强势的表现。因此应做多持有，只有KDJ三条线依然在向上运行，或是在高位震荡上行。但是，当J线与K线出现向下跌破D线时，则会形成KDJ高位死叉，成为卖出的信号。

实战案例

在2016年7月18日原油行情15分钟图上，当价格经过接连上涨后，突然在20:05～21:20时，KDJ三条线运行到了80以上区域，并开始高位震荡，形成了J线向下的死叉。这说明趋势即将遇顶回落。因此，应在KDJ大于80的顶部运行出现后，当高位死叉出现，KDJ线三条线中J线向下回落到80以下时，选择果断结束做多，选择做空操作。如图11－9所示。

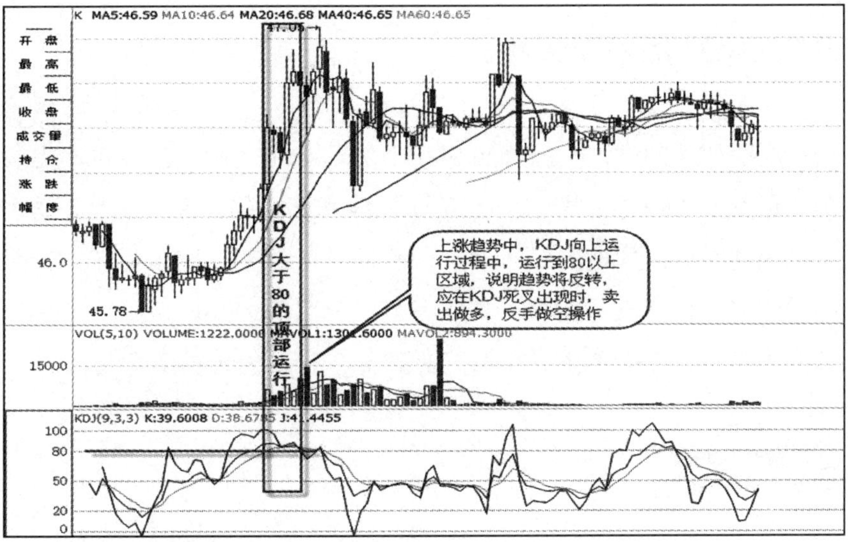

图 11－9　美原油连 15 分钟图

实战要点

1. KDJ 大于 80 以上的顶部运行，说明原油行情正处于极盛的状态，KDJ 三条线均是向上或高位震荡运行，只要 J 线与 K 线不跌破 D 线，而一旦向下跌破，则意味着行情即将反转，因此应在跌破时选择卖出做多单。

2. 在 KDJ 指标中，通常 K 值与 D 值永远会在 0 ～ 100 之间往返循环运行，而 D 值超过了 80 时，即为超买现象，但在实际行情中，一旦 KDJ 三线在 80 以上运行，D 值出现向下运行，且 K 线与 J 线向下跌破 D 线时，往往说明盘中筹码出现松动，因此是卖出的良机。

3. 在实际行情中，往往原油价格在上涨时，并不会即刻转头向下，因此，即使是出现 KDJ 在 80 以上顶部运行，价格在其后也可能会继续冲高，但时间也较短，因此应在 KDJ 在 80 以上顶部运行出现 K 线与 J 线向下跌破 D 线时选择卖出，而不能期待其后的价格反抽。

11.2.3 KDJ 周期死叉共振

KDJ 周期死叉共振，是指当价格在上涨趋势中，KDJ 指标也向上运行到了高位，但突然出现了 J 线由上向下与 K 线和 J 线的死叉，并且，这种 KDJ 死叉不是出现在同一周期的 K 线图上，而是同时出现在不同周期的 K 线图上。这往往意味着，价格已经遇顶，其后开始出现回落下跌。因此，当 KDJ 周期死叉共振出现后，投资者应及时选择卖出或反手做空操作。

实战案例

在原油行情 2016 年 7 月 13 日 15 分钟图上，1:50 时出现了 KDJ 指标中 J 线自上向下与 K 线和 D 线的死叉，如图 11－10 所示。

图 11－10 美原油连 15 分钟图

此时，如果再打开原油行情的1分钟图就会发现，在7月13日2:19时，同样出现了KDJ指标中J线自上向下与K线和D线的死叉。如图11－11所示。

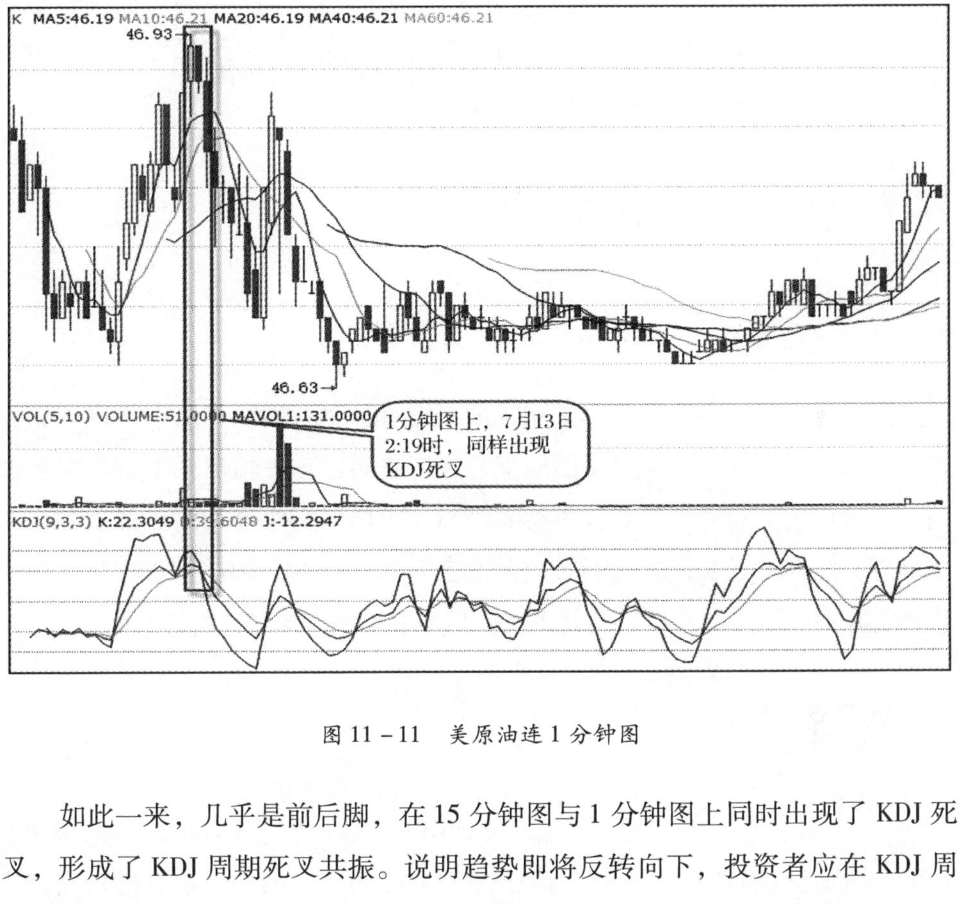

图11－11 美原油连1分钟图

如此一来，几乎是前后脚，在15分钟图与1分钟图上同时出现了KDJ死叉，形成了KDJ周期死叉共振。说明趋势即将反转向下，投资者应在KDJ周期死叉共振出现后，及时做多卖出，并转手做空操作。

实战要点

1. KDJ周期死叉共振出现时，往往是不同周期的K线图之间在同一时间，或是相隔时间不长的时间里出现的死叉，这样才更可信。若是时间上相隔太久，则不能说明同一时间的行情。

2. KDJ 周期死叉共振出现时，应果断做多卖出，并转为做空操作，因此时往往是价格的顶部高点区域。

3. KDJ 周期死叉共振出现时，如果是在低位区出现的 KDJ 低位死叉共振，或是暴跌中出现的低位死叉共振，往往有可能是 KDJ 指标出现了钝化，或是价格处于震荡行情，此时没有参与价值。

11.3 KDJ 背离买卖形态

11.3.1 KDJ 顶背离

KDJ 顶背离，是指原油价格在持续上涨过程中，不断刷新上涨高点，但 KDJ 指标中的三条线却呈明显的向下运行或平行。这种情况的出现，往往说明，经过持续上涨后，投资者纷纷看空后市，所以持续逢高卖出做多单，转手做空，才导致了 KDJ 指标与价格的相反运行。因此，KDJ 顶背离是一种价格即将在高位转势的信号，也是做多卖出与做空操作的形态。

实战案例

在 2016 年 7 月 15 日原油行情 1 分钟图上，在经历自 18:00 开始的持续上涨后，原油价格于 21:00 后，已经上涨了 1 美元多一桶，短期涨幅较大，且持续上涨的时间较长。而到了 21:12 时，原油价格依然在不断创出新高，但 KDJ 指标中的 J 线与 K 线、D 线相继出现了向下运行，与价格形成 KDJ 顶背离。这说明，在持续上涨与涨幅较大的情况下，盘中投资者纷纷看空后市，并卖出做多，转而做空，因此导致了 KDJ 指标先于原油价格的下跌。所以，此时应中止做多操作，及时卖出，并反手选择做空操作。如图 11－12 所示。

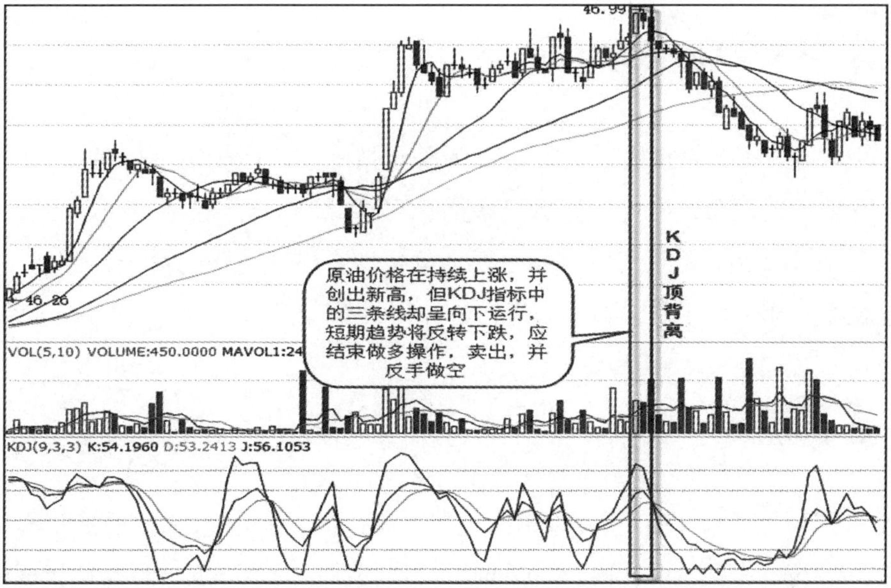

图 11－12　美原油连 1 分钟图

实战要点

1. 投资者在运用 KDJ 指标顶背离判断行情时，应先看清大的趋势运行方向，如日线上价格的趋势，及短期 K 线图上的趋势，以便综合确认 KDJ 顶背离出现时，是否是价格高位。

2. KDJ 顶背离出现在高位区时，如果日线上是下降趋势，往往说明此时的短期上涨只是反弹行情，且反弹已经结束，因此应做多卖出、反手做空操作。

3. 如果 KDJ 顶背离出现时，日线上为上涨趋势，短周期 K 线上的 KDJ 顶背离，往往是短期的调整行情的开始，此时即使卖出，也应谨慎做空操作，而应在日线上出现价格调整初期选择做空。若是根据短期 K 线图选择了做空，应在发现价格出现止跌时及时空单平仓，中止做空，转为做多买入。

11.3.2 KDJ 底背离

KDJ 底背离，是指当原油价格在下跌行情中时，KDJ 指标呈相反的向上运行趋势。这说明，盘中投资者已多数认可了此时的价格，在纷纷买入，因此导致了 KDJ 指标的上行。因此是原油价格即将出现止跌的信号，也是一种停止做空操作、反手做多买入的形态。

实战案例

在 2016 年 7 月 15 日 1 分钟图上，在原油行情于 2:05 开始下跌的过程中，价格持续下跌，但到了 2:38 ～ 2:40 时，价格仍然在持续下跌，而 KDJ 指标中，K 线与 D 线已转为平行，J 线呈向上运行的趋势，形成 KDJ 底背离。这说明，在经历了价格持续的下跌后，投资者已认可此时的价格，纷纷买进，从而导致了 KDJ 指标与价格运行的相悖，后市即将反转向上。因此，投资者应停止做空操作，转为做多买入。如图 11 – 13 所示。

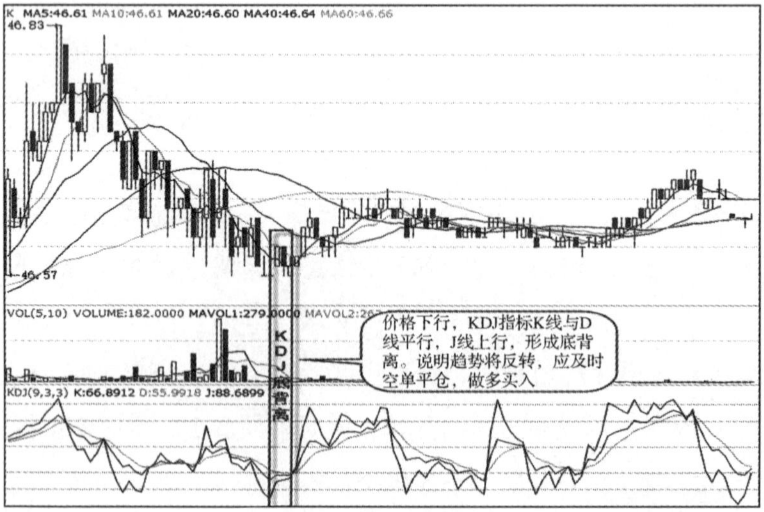

图 11 – 13　美原油连 1 分钟图

实战要点

1. KDJ 底背离在上涨趋势中的调整行情，或是价格经过深跌后出现时，止跌概率更高。

2. 在下跌趋势中，往往一次的底背离出现时，行情不会出现止跌，要多次底背离出现后，趋势才会出现反转，因此判断行情时，应结合其他指标综合判断。

3. KDJ 底背离出现时，若是出现在上涨趋势中的调整时，往往止跌信号较为准确，因此在单纯使用 KDJ 指标时，投资者应先行判断好大趋势后再应用。

4. 如果 KDJ 底背离是出现在下跌趋势中，应在价格出现止跌回升后再空单平仓或做多买入，并结合其他指标情况，具体判断行情演变。

11.3.3 指标共振背离

指标共振背离，是指当 KDJ 指标出现背离的时候，在同一时间内，其他技术指标也出现了背离。比如 KDJ 顶背离时，MACD 指标或 CCI、MACD 也出现了顶背离。

根据背离的种类，指标共振背离可分为指标共振顶背离与指标共振底背离。指标共振背离的出现，往往 KDJ 指标背离时，其他指标对这一背离状况的验证，因此准确率较高。在指标共振顶背离出现时，投资者应及时根据背离的种类，选择做多或做空操作。

当指标共振顶背离出现时，说明原油价格经过上涨后已到顶，即将反转向下，因此应中止做多，选择卖出，并反转做空；当指标共振底背离出现时，说明价格经过下跌，已调整到位，即将结束下跌趋势反为上涨，因此应中止继续做空操作，转为做多买入。

实战案例

在 2016 年 7 月 15 日原油行情 5 分钟图上，在上涨行情中，原油价格在 21:15 ~22:05 期间刷新前期高点，创出新高，呈震荡上行趋势，但 KDJ 指标中 J 线向上的反弹却未能刷新前高，出现了持续震荡下行的趋势，形成 KDJ 顶背离。如图 11 – 14 所示。

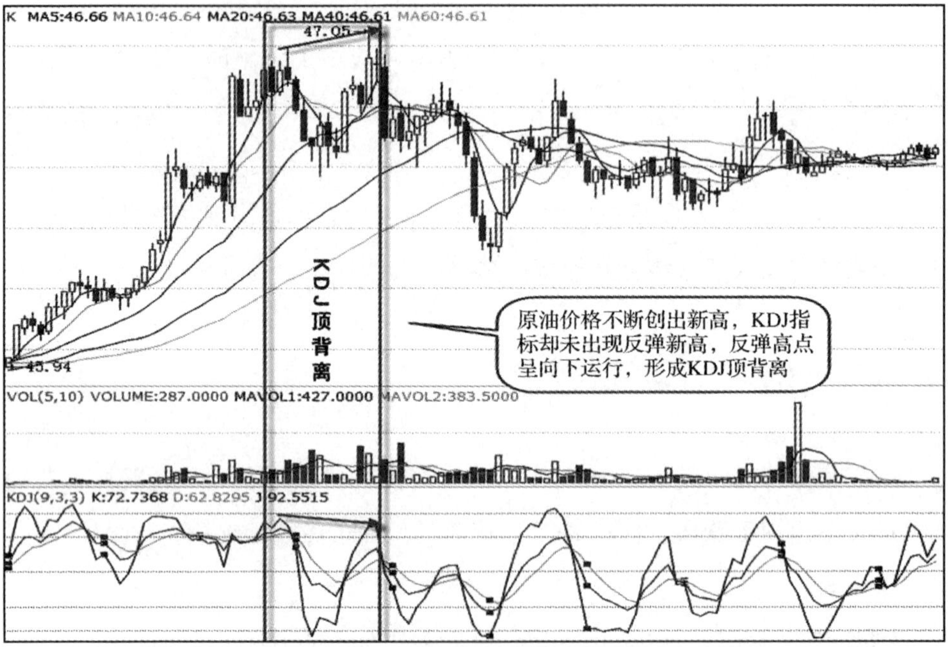

图 11 – 14　美原油连 5 分钟图 KDJ 指标

此时，如果再观察一下 5 分钟图上 MACD 指标的运行情况，就会发现，同样在 21:15 ~ 22:05 之间，价格在不断创出新高，刷新前期上涨高点，但 MACD 指标中的 DIFF 线与 DEA 线却呈明显的向下运行趋势，形成了 MACD 顶背离。如图 11 – 15 所示。

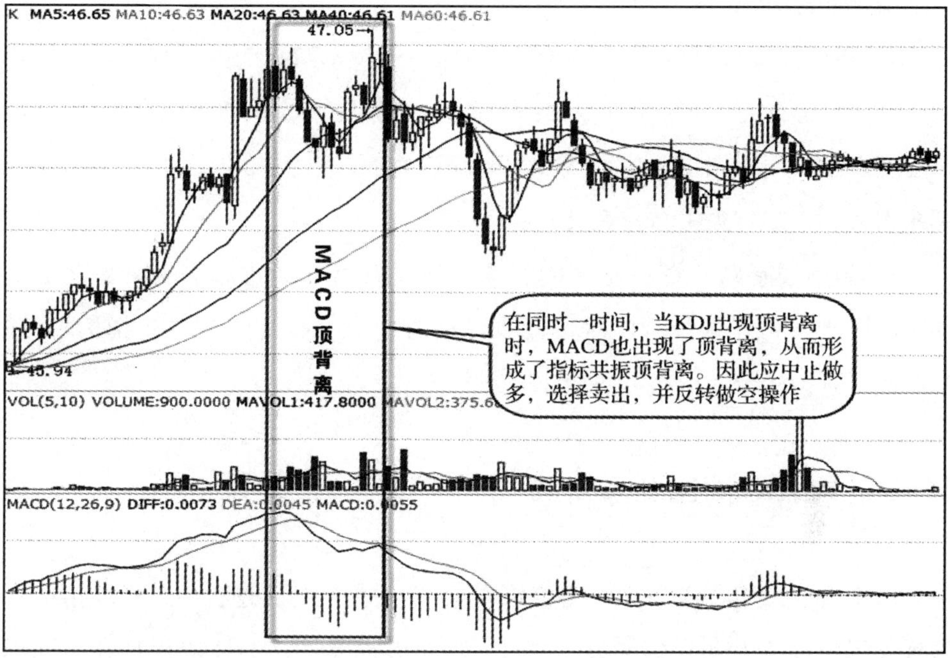

图 11－15　美原油连 5 分钟图 MACD 指标

如此一来，就形成了指标共振顶背离，说明行情即将转为下跌，因此应及时中止做多操作，及时选择卖出，同时可以选择做空操作。

实战要点

1. 指标共振背离出现时，投资者应首先看清当时的趋势，以判断是顶背离或底背离。如果是 KDJ 指标出现顶背离，而其他技术指标却出现顶背离，此时虽然同时出现不同指标的背离，但也无任何操作指导意义，属于技术指标的短暂失真。

2. 并不是只有 KDJ 指标与其他指标同时出现的相同背离状态后，才是指标共振背离，其他技术指标，如 CCI 指标与 ASI 指标等同时出现的相同背离也是指标共振背离。

3. 指标共振背离出现时，必须是两种不同技术指标在同一时间内发生相同的背离，但并不一定这种背离会同时出现在同一周期的 K 线图上，而是可以出现在不同周期图上，但要确保出现背离时的时间应在同一时间内，相隔不能太久，否则将失去参与意义。

4. 暴跌或暴跌行情中出现的背离，往往有指标钝化后的失真情况，如 MACD 指标或 KDJ 指标，此时不具有任何参与意义，应参考 ASI 指标、CCI 指标或 RSI 指标等其他指标的变化来判断行情。

11.3.4 KDJ 周期共振背离

KDJ 周期共振背离，是指当价格在上涨（或下跌）过程中，KDJ 指标却出现了下跌（或上涨）的背离。并且，这种背离是同一时间段出现在不同周期的 K 线图上。这种情况出现时，往往是同一指标 KDJ 在不同周期的相互印证，说明趋势将出现反转。根据背离的种类，KDJ 周期共振背离可分为 KDJ 周期共振顶背离与 KDJ 周期共振底背离。

实战案例

在原油行情 15 分钟图上，2016 年 7 月 13 日 10:15～11:30 时价格在上涨创新高，但 KDJ 指标却出现了反弹弱于前期的下降趋势，形成 KDJ 顶背离。如图 11－16 所示。

图 11－16　美原油连 15 分钟图

此时，如果再看一下原油行情 2016 年 7 月 13 日的 1 分钟图就会发现，在 11:18～11:19 期间，同样出现了价格上涨创新高、KDJ 指标下行的顶背离。如图 11－17 所示。

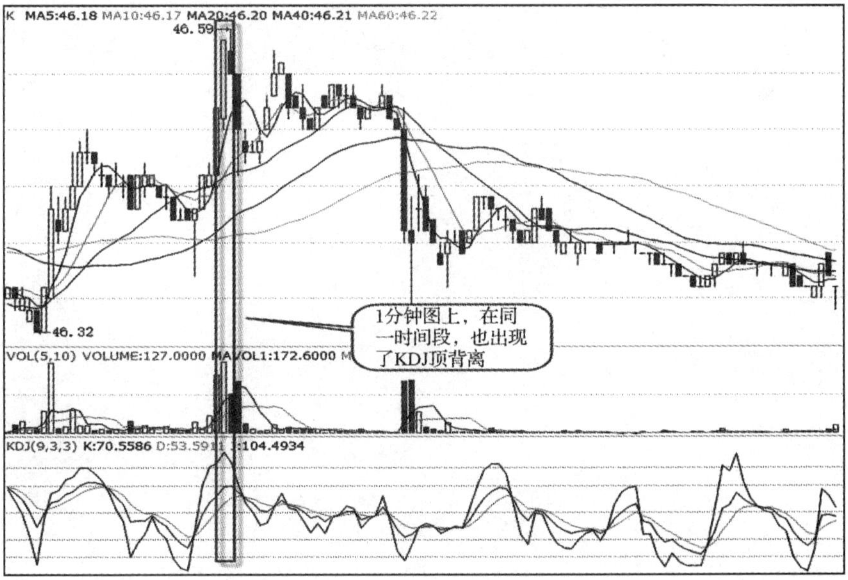

图 11－17　美原油连 1 分钟图

综合原油行情的 1 分钟图与 15 分钟图，就会发现，在这一时间段里，同时出现了 KDJ 指标顶背离，从而形成了 KDJ 周期共振顶背离。这说明，趋势确实在创出新高的同时，涌现出了较多的卖盘，因此，投资者应及时在 KDJ 周期共振顶背离出现后，及时做多卖出，并反手做空操作。

实战要点

1. KDJ 周期共振背离出现时，必须确保是在同一时间里不同周期图上发生的相同背离，时间不能相隔太久，否则将失去判断的意义。

2. KDJ 周期共振顶背离出现时，往往是趋势即将反转向下的信号，因此应选择做多卖出，并反手做空操作。

3. KDJ 周期共振底背离出现时，往往说明价格在低位区已企稳，即将出现反转向上，因此应选择空单平仓，反手做多买入。

附录

Appendix

国际原油价格趋势历史大事记

从1970年以来，国际原油价格的波动，大体经历了以下不同的四个历史阶段：

（1）20**世纪**70**年代，两次石油危机驱动油价持续暴涨**。

1970年，沙特原油官方价格为1.8美元/桶。

1974年，第一次石油危机，原油价格首次突破10美元/桶。

1979年，第二次石油危机，原油价格首次突破20美元/桶。

1980年，原油价格首次突破30美元/桶。

1981年年初，国际原油价格最高达到39美元/桶。

随后，国际油价逐波滑落，从此展开了一轮长达20年的油价稳定期。

（2）1983**年至**2003**年年初，**20**年油价一直徘徊在**30**美元/桶之下**。

1986年，国际原油价格曾一度跌落至10美元/桶上方。

1986 年年初至 1999 年年初，国际原油价格基本上稳定在 20 美元/桶之下运行，只是在 1990 年 9 ～ 10 月间，油价出现过瞬间暴涨，并首次突破 40 美元/桶，但两个月后很快又滑落至 20 美元/桶之下。

1998 年年底至 1999 年年初，国际原油价格曾一度跌至 10 美元/桶以下；

2000 年，国际原油价格曾短时间内冲至 30 美元/桶上方，但很快又跌落至 20 美元/桶之下。

（3）**第三次石油危机时期**（2003—2008 年）。**第一、第二次石油危机后，国际原油价格波动经历了长达 20 年的稳定期。20 年后，国际原油价格再次步入了一个全新的快速上升通道，第三次石油危机终于爆发。**

2003 年年初，国际原油价格再次突破 30 美元/桶，然后不再回头。

2004 年 9 月，受伊拉克战争影响，国际原油价格再次突破 40 美元/桶，之后继续上涨，并首次突破 50 美元/桶。

2005 年 6 月，国际原油价格首次突破 60 美元/桶，并加速前行。

2005 年 8 月，墨西哥遭遇“卡特里”飓风，国际原油价格首次突破 70 美元/桶。

2007 年 9 月 12 日，国际原油价格首次突破 80 美元/桶，随后，继续加速上涨。

2007 年 10 月 18 日，国际原油价格首次突破 90 美元/桶，并在年底直逼 100 美元/桶。

2008 年，国际原油价格出现大幅飙升，7 月 14 日，纽约商品交易所原油期货价格创出 147. 27 美元/桶的历史高点。

（4）**金融危机时代背景下的石油后危机时期**（2009—2016 年）。**自第三次石油危机结束后，虽然未出现新的石油危机，但金融危机的爆发，以及范围涉及全球的影响，造成了石油后危机，石油价格也出现了较大幅度的震荡。**

2009 年，受金融危机冲击，国际油价出现大幅回落，1 月 21 日，纽约商品交易所原油期货价格跌至 33. 20 美元/桶，创 2004 年 4 月以来的新低。

2011 年，国际原油价格震荡整理，先抑后扬。纽约市场原油价格全年累计上涨 8%，收于 98. 83 美元/桶。伦敦北海布伦特原油价格全年累计上涨 13%，收于 107. 38 美元/桶。2011 年 4 月 29 日，纽约商品交易所原油期货价格升至 114. 83 美元/桶，创近三年来新高。

2013 年，两市原油价格波幅继续收窄，但呈现略微分化走势，纽约油价全年上涨 7%，布伦特油价则小幅下跌 0. 3%。2013 年两市油价波幅继续收窄，但呈现略微分化走势，纽约油价全年上涨 7%，布伦特油价则小幅下跌 0. 3%。

2014 年 6 月至 2016 年 2 月，国际油价始终处于下滑状态，纽约市场原油价格最低跌到了 26. 05 美元/桶。

2016 年，全球经济慢慢复苏，国际油价开始上涨，2016 年 6 月 7 日，纽约市场原油价格重新站到了 50 美元/桶之上。